教育部人文社科规划基金(15YJA880098)资助成果

独立学院迁建县域发展的"浙江现象"研究
——现状、协同发展机理与政策建议

袁金祥 等 著

浙江工商大學出版社 | 杭州
ZHEJIANG GONGSHANG UNIVERSITY PRESS

图书在版编目(CIP)数据

独立学院迁建县域发展的"浙江现象"研究:现状、协同发展机理与政策建议 / 袁金祥等著. —杭州：浙江工商大学出版社，2019.5

ISBN 978-7-5178-3067-2

Ⅰ.①独… Ⅱ.①袁… Ⅲ.①地方高校－学校管理－研究－浙江 Ⅳ.①G647

中国版本图书馆 CIP 数据核字(2018)第 284957 号

独立学院迁建县域发展的"浙江现象"研究
——现状、协同发展机理与政策建议
DULIXUEYUAN QIANJIAN XIANYU FAZHAN DE ZHEJIANGXIANXIANG YANJIU：XIANZHUANG、XIETONGFAZHAN JILI YU ZHENGCEJIANYI
袁金祥 等 著

责任编辑　王黎明
封面设计　林朦朦
责任印制　包建辉
出版发行　浙江工商大学出版社
　　　　　（杭州市教工路 198 号　邮政编码 310012）
　　　　　（E-mail：zjgsupress@163.com）
　　　　　（网址：http://www.zjgsupress.com）
　　　　　电话：0571-88904980,88831806(传真)
排　　版　杭州朝曦图文设计有限公司
印　　刷　浙江全能工艺美术印刷有限公司
开　　本　710mm×1000mm　1/16
印　　张　15
字　　数　235 千
版 印 次　2019 年 5 月第 1 版　2019 年 5 月第 1 次印刷
书　　号　ISBN 978-7-5178-3067-2
定　　价　46.00 元

前　言

　　独立学院是我国高等教育体系的重要组成部分。它是世纪之交高等教育快速发展的产物，具有鲜明的中国特色。从20世纪90年代末开始出现后，经过短短二十余年的发展，目前独立学院分布在全国28个省区市，在我国高等教育的人才培养中发挥了重要作用。

　　作为独立学院的发源地之一，浙江省的独立学院发展一直走在全国前列。它的创办类型被学者称为独立学院的"浙江模式"，其实质就是以普通公办高校为主导的"国有民办"办学模式。而从浙江省独立学院的"独立"发展历程来看，它又是独立学院迁建规范办学的典型省份。即在教育部的"七独立"和规范办学要求下，浙江省有13所独立学院先后从省会城市、区域中心城市向周边县域迁建，这在浙江乃至全国独立学院发展史上都未曾有过，从而成为全国独立学院规范设置和发展过程中的"浙江现象"。

　　通过迁建县域来推动规范办学和转型发展，这是近年来浙江众多独立学院共同选择的一条发展道路。独立学院异地迁建使其从原来母体的二级学院转变为一所具有自主办学权的高校。独立学院异地迁建办学，既可能是寻求物理空间变化和拓宽后的新机遇，但也会涉及在新的地方如何扎根稳定、融合适应的问题。因此，在迁建发展过程中，如何处理好与母体高校、地方政府之间的关系，充分利用各自的优势资源，实现协同发展、多方共赢进而推动自身健康成长，是一个非常重要的研究议题。通过对独立学院迁建县域办学的浙江样本进行解析，探寻其迁建动因、发展问题，并进一步明确迁建策略，对推动独立学院的规范设置和健康发展具有重大而现实的意义。

　　本书是教育部人文社科课题"独立学院迁建县域发展的'浙江现象'研究：现状、协同发展机理与政策建议"的主要成果，课题组通过全面收集整理与独立学院相关的教育部网站数据、浙江省教育厅发布的文件以及浙江省各独立学院官网的资料，并对浙江省多所独立学院访谈基础上形成较详细的一手资料，在对全国独立学院发展背景、历程和规模回顾基础上，针对浙江省独立学院发展进行面上分析，并选取省内设立较早、发展较好的4所独立学院进行多案例研究,来对独立学院迁建县域的"浙江现象"进行深入剖析,探寻其迁建动因,梳理其迁建路径与策略,总结其迁建过程中的经验,为其他独立学院发展提供借鉴。

　　本书是课题组成员合作努力的成果。本书各章节写作的具体分工为:第一章由袁金祥和古家军负责,第二章由向永胜和王晓萍负责,第三章由施琳霞负责,第四章由向永胜和李春友负责,第五章由古家军和向永胜负责,第六章由袁金祥和向永胜负责,第七章由袁金祥和古家军负责。

　　在本书的调研过程中,感谢浙江工商大学杭州商学院、浙江工业大学之江学院、浙江农林大学暨阳学院、浙江财经大学东方学院的党政领导及学院所在地地方政府的大力协助与支持!在本书的写作过程中,也参考了许多同行专家的著作成果,在此表示深深的谢意。独立学院迁建发展无论在理论上还是在实践过程中都属于较新的领域和议题,加上作者的学术能力水平有限,研究中必定还存在诸多不足,恳请同行批评指正!

袁金祥

2018 年 12 月于浙江工商大学墨湖畔

目　　录

绪论

第1章

1.1　独立学院迁建的研究背景

独立学院的前身是公立大学下设的民办二级学院,它是教育部自上而下对公立大学民办二级学院进行规范而出现的新型高校办学模式[1]。它是中国世纪之交高等教育快速发展的产物,具有鲜明的中国特色。从 1999 年开始,随着高校扩招,江苏、浙江两省公办大学里开始出现了利用公办高校的师资、教学场所等优质办学资源,按照民办高校收费标准创办的二级学院。这种模式的出现,有效缓解了人民的教育需求与国家教育投入不足之间的矛盾,最大限度地满足了人们对高等教育的渴望,被认为是高等教育的一种创新尝试,因此这种模式一出现,就迅速被其他省市高校竞相模仿,在全国范围快速发展。截至 2003 年 4 月,全国共有 360 多所独立学院。

随着独立学院数量和招生规模的不断扩大,这些学院在产权、收费、教育质量等方面的问题也日益突出。为促进和规范独立学院的发展,2003 年 4 月,教育部出台《关于规范并加强普通高校以新的机制和模式试办独立学院管理的若干意见》,明确规定:"独立学院应具有独立的校园和基本的办学设施,实施相对独立的教学组织和管理,独立进行招生,独立颁发学历证书,独立进行财务核算,应具有独立法人资格,能独立承担民事责任。"即要求独立学院一共要做到 7 个方面的"独立"。2008 年 2 月,教育部又颁发了《独立学院设置与管理办法》(以下简称 26 号令),明确了独立学院的办学性质、设置标准、管理规范等。

之后,浙江省制订了《独立学院规范设置 5 年规划(2008-2012)》,根据全省 22 所独立学院的具体状况,按照"一校一策、分类规划、分步实施"原则,推出了"剥离规范""迁建规范""变更主体等其他规范"三种不同措施,来积极推进独立学院规范设置工作。其中,"迁建规范"指按照教育部 26 号令要求,重新选址进行独立学院的规划建设。浙江省涉及此类规划的有浙江财经学院东方学院、浙江工商大学杭州商学院等 13 所独立学院。2008 年以来,这 13 所独立学院先后从省会城市、区域中心城市向周边县域迁建。这是 26 号令颁布以来,全国独立学院规范设置和发展过程中出现的"浙江现象"。改革开放以来,浙江的县域经济经过二十余年的高速发展之后,县域经济社会已经具备了相当的基础和承载能力,有能力承接独立学院办学。

然而,近年来浙江县域经济"换挡减速",转入以 7%—8% 为中轴的中速增长通道,县域经济面临着转型发展的压力。同时,区域经济社会发展也需要生态、文化等方面的协同发展。在此背景下,独立学院与县域经济社会发展双方都有协同发展的基础和诉求。

1.1.1 迁建县域办学是独立学院的现实需要与理性选择

教育部 26 号令对独立学院的设置和管理提出了严格要求,其中规定"独立学院不少于 500 亩地的国有土地使用证",而浙江省的多数独立学院聚集在杭州和区域中心城市,大多无法满足这一要求,所以独立学院选择迁出主城区,迁入县域办学是满足 26 号令要求的现实选择。目前,浙江有 13 所独立学院先后从省会城市、区域中心城市向周边的县域迁建。这在浙江乃至全国独立学院发展史上都未曾有过。在迁建过程中,一些独立学院不仅实现了真正的独立,而且借迁建之机实现了跨越式发展。相反,一些独立学院出现水土不服现象,发展前景堪忧。总之,独立学院迁建办学的"浙江现象"值得深入剖析。

更为重要的是,浙江省独立学院经过十余年的发展,已形成独特的办学特色和办学模式,办学质量得到了社会的普遍认可。武书连 2017 中国独立学院排行榜显示,浙江省 21 所独立学院中有 12 所进入综合实力前 100 名。然而,这些独立学院如何实现可持续发展,如何走特色办学之路,成为各独立学院发展的战略要务。那么,迁址县域办学,拓展办学空间,实现与县域经济社会协同发展,无疑成为部分独立学院的理性选择。

因此,迁建县域办学是浙江独立学院贯彻教育部 26 号令的现实需要,更是独立学院实现可持续发展的理性选择。

1.1.2 承接独立学院迁建是县域政府的政治考量与现实考量

浙江高校大多分布在杭州、宁波和温州等地,从高等教育资源的分布来看,浙江西南部相对匮乏,这些县域迫切需要高等教育资源的布局。同时,独立学院迁入域后必将在多方面助推当地的生态、文化、经济和社会发展,主要包括:(1)助推县域经济的转型升级。浙江省县域经济正处于转型升级的关键期,独立学院的引入将突破县域经济的人才瓶颈,推动县域经济增长由主要依靠物质资源消耗向主要依靠科技进步、劳动者素质提高和管理创新方向转变。(2)为县域经济转型发展优化社会环境。独立学院不仅仅将在中观和微观层次上影响县域经济的转型进程,而且将在更深层次、更大范围上持续影响创新型社会的价值文化体系建设,客观上迎合了城市化进程背景下经济发展对更高水平的生态、文化、教育、医疗卫生等社会公共服务的需求。(3)有利于构建县域发展空间的新布局。西方发达国家成熟经验显示出高等学校的建设和发展是推进城镇化最有效的手段。迁入县域的独立学院往往被安排在城郊接合部或工业区,这些区域是主城区的延伸,是城镇化重点推进的方向。

因此,承接独立学院迁建是浙江部分县域政府追求高等教育资源全省均衡布局的政治考量,更是助推县域经济社会转型升级的现实考量。

综上所述,近年来,浙江独立学院出现了"群体性向县域迁建"现象。这一迁建进程现状如何?有哪些值得总结的经验教训?迁入后如何与县域经济社会协同发展?设计什么样的机制引导独立学院、县域政府和其他利益相关者实现多赢共荣?这已成为教育主管部门、独立学院、县域政府和学者们迫切需要研究的问题。

1.2　独立学院迁建与发展的研究意义

1.2.1　理论意义

独立学院迁入县域后,与县域经济协同发展研究尚未引起学界的高度关注,在独立学院迁建办学的背景下研究独立学院与县域经济社会协同发展机理的文献相对较少,研究也不够深入。本研究将在以下三方面弥补理论研究的不足:

1.对独立学院迁建办学过程及今后发展提供理论指导;

2.对县域经济提升发展质量,实现转型升级提供理论指导;

3.对县域政府在独立学院迁建办学与县域经济社会良性互动过程中所扮演的角色进行定位。

1.2.2　现实意义

独立学院目前已经成为我国大众化高等教育体系的重要组成部分,教育规划纲要提出,要探索独立学院管理和发展的有效方式,完善独立学院运行的机制。但是独立学院实行全新的民办性质的办学模式,在教育观念上,或者办学实践中都存在着先天不足,政策法令法规滞后,解读和操作与实际脱节,使独立学院继续发展面临许多困难和困惑。

而近几年,浙江省最初创办的22所独立学院,有13所都属于迁建办学类型。这些独立学院的迁建办学工作正在紧锣密鼓地筹备和实施中,各独立学院在此过程中还处于摸索阶段,本研究将立足于浙江省独立学院实际,从以下四方面提出切实可行的建议,进而为浙江省内以及国内其他省份独立学院的迁建办学提供实践借鉴:

1. 总结浙江独立学院迁建办学的经验教训,为其他独立学院迁建办学提供参考依据;

2. 总结独立学院迁入县域前后的办学理念、办学特色和办学模式的差异,为其他独立学院提供办学参考;

3. 为迁入县域的政府、企事业单位等利益相关方如何提高综合竞争力提供参考依据;

4. 为教育主管部门提供独立学院治理的对策和建议。

1.3 研究内容与技术路线

1.3.1 研究内容

1. 浙江省独立学院迁建办学诱因、现状、进程与经验总结

目前浙江共有21所独立学院,其中13所独立学院已经按照2008年教育部《独立学院设置和管理办法》(26号令)先后从省会城市、区域中心城市向周边的县域迁建,这在浙江乃至全国独立学院发展史上都未曾有过。对这12所独立学院迁建现状和进程的分析、总结,对推动其他独立学院的规范设置和健康发展具有重大而现实的意义。同时,也能对教育主管部门的政策制定提供现实依据。本研究拟对独立学院迁建县域的"浙江现象"进行深入剖析,探寻其迁建动因,梳理其迁建路径与策略,总结其迁建过程中正反两方面的经验,为其他独立学院发展提供借鉴。这部分主要研究以下问题:

第一,独立学院迁建诱因分析及县域接纳的影响因素分析。本研究将采用案例研究方法,深入剖析浙江省独立学院迁出主城区的诱因,主要包括主城区办学空间压力、县域产业集群吸引、教育部规范独立学院办学政策推动、县域配套优惠政策吸引以及其他原因。本研究还将分析下列因素与县域政府做出相关政策的相关关系,主要包括大学文化品牌的价值、优化人才结构、刺激县域基建投资、带动周边经济开发等。

第二,系统总结浙江独立学院迁建现状、进程和经验教训。这部分研究将通过重点访谈多所独立学院的领导和当地县域政府领导,采用规范的定性研究方法进行,形成调研报告,呈递教育行政主管部门,以供决策参考。

2.独立学院迁建办学与县域经济社会协同发展机理研究

(1)独立学院迁建办学对转型期县域经济社会转型升级的影响机理研究

本研究将运用案例研究、归纳演绎、逻辑推理等方法,探讨独立学院对县域经济发展的作用机理,重点关注独立学院的办学理念、办学特色、人才培养目标和专业设置在提高县域的人力资源水平、技术开发水平、市民文化素质、文化软实力过程中所发挥的作用。在此基础上,研究通过办学理念创新、办学特色创新、人才培养目标合理定位和专业设置创新提升县域经济发展水平的基本思路、主要路径和具体举措。

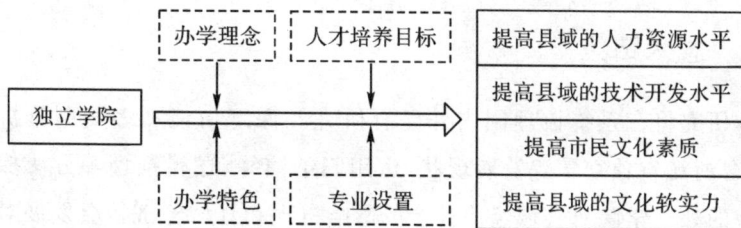

图 1-1 独立学院异地新建对县域经济发展的影响示意图

(2)县域经济社会发展转型升级对迁建办学的独立学院的影响机理研究

本研究运用案例研究、归纳演绎、逻辑推理等方法,探讨转型期县域经济社会发展对迁建办学的独立学院的作用机理,重点关注不同县域的经济、社会、生态和文化发展水平在为新校园提供资金支持、资助科学研究、提供实习实践基地和提供就业岗位等过程中所发挥的作用。在此基础上,研究利用不同县域的特点来促进独立学院发展的基本思路和具体举措。

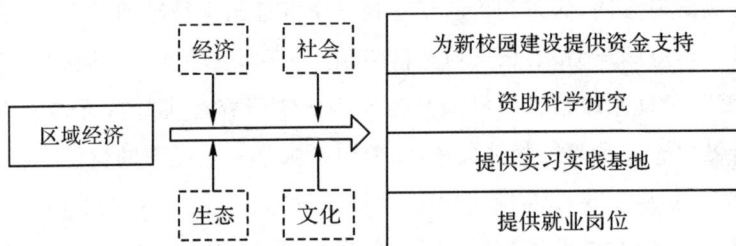

图 1-2　县域经济发展对异地新建的独立学院的影响示意图

本课题的研究将主要采用多案例分析,以浙江省 13 所已经迁入县域经济社会的独立学院为样本,深入剖析这些独立学院与当地经济社会发展的关系,提出相关的对策建议,供相关独立学院和政府部门决策参考。拟突破的重点和难点如下:

(1)独立学院迁入县域的现状如何？遇到哪些发展机遇与困难？有哪些经验教训？

(2)独立学院迁建办学与县域经济社会协同发展的机理是什么？各方主体在这一互动过程中是如何发挥作用的？

(3)独立学院适应当地经济社会发展的长期举措是什么？县域经济如何利用好当地的独立学院,应该制定怎样的长效政策机制？

1.3.2　技术路线

本研究将在系统梳理国内外已有研究及深度访谈和多案例分析基础上,结合浙江省独立学院发展现状,运用归纳演绎、逻辑推理等方法探讨迁入县域的独立学院对县域经济社会的影响机理和县域经济社会发展对独立学院的影响机理。在此基础上,研究独立学院异地新建与县域经济社会发展的互动机理,并明确县域政府、独立学院管理者和县域内的企事业单位在支持独立学院发展和提高县域经济社会发展质量过程中所扮演的角色,提出切实可行的对策和建议。研究技术路线如图 1-3 所示。

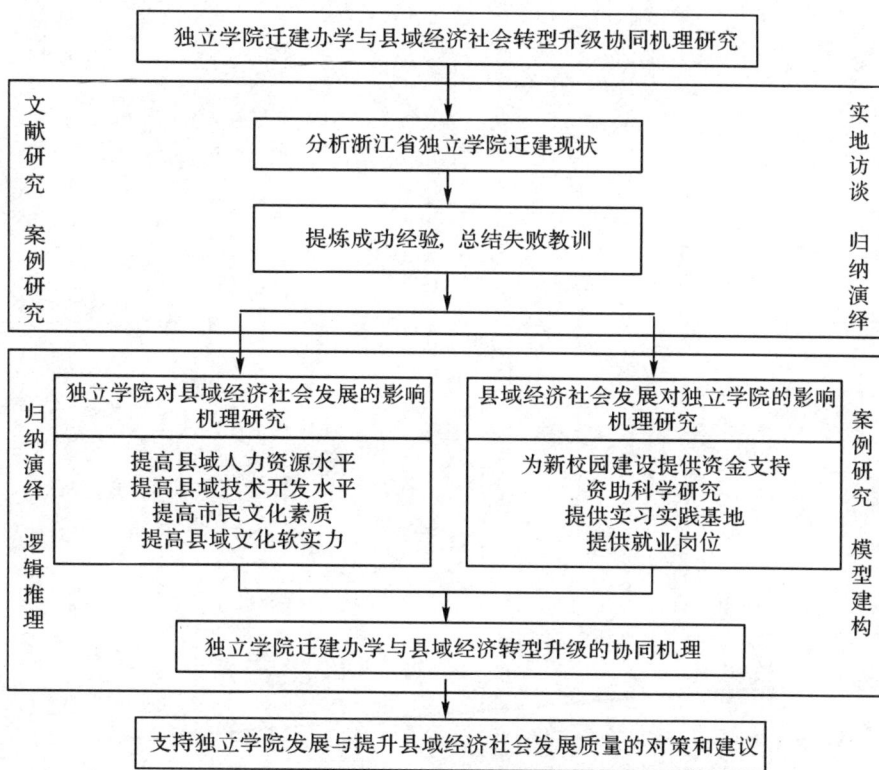

图 1-3　本研究的技术路线图

1.4　研究方法

1.文献研究法。广泛查阅并梳理国内外研究文献、统计资料和研究报告,为独立学院迁建诱因、影响因素的归纳总结及作用关系模型的构建提出理论依据。

2.实地访谈和多案例研究法。对独立学院管理者、当地企业高管和政府官员等进行深度访谈;并选择迁入县域的 4 所独立学院进行案例分析,深入了解独立学院现状和存在的问题。

3.系统分析和对策研究。综合文献研究、实地访谈、案例分析、专家访谈、学术交流,制定对策建议。

独立学院迁建与发展文献综述

第 2 章

2.1　独立学院发展综述

2.1.1　独立学院的内涵、特征与作用

2.1.1.1　独立学院的内涵与特征

独立学院的前身,是"公办大学下设民办性质的二级学院",在其出现初期,社会和学术界都有着各自不同的称呼,诸如"国有民办二级学院"[2]"公有民办二级学院"[3]以及"民营二级学院"[4]等。直到 2003 年,教育部颁布了《关于规范并加强普通高校以新的机制和模式试办独立学院管理的若干意见》首次对"独立学院"做出了明确界定,指出"独立学院是由普通本科高校按新机制、新模式举办的本科层次的二级学院"。而后,在 2008 年,教育部又审议通过了《独立学院设置与管理办法》,进一步对独立学院做出了更为清晰的界定,即"独立学院是指实施本科以上学历教育的普通高等学校与国家机构以外的社会组织或者个人合作,利用非国家财政性经费举办的实施本科学历教育的高等学校"。同时又补充强调,"独立学院具有公益性事业的特殊性质,是民办高等教育的重要组成部分"。从教育部两个重要文件规定解析可见,界定独立学院的基本条件包括:

(1)办学主体:独立学院的办学主体是实施本科以上学历教育的普通高等学校与国家机构以外的社会组织或者个人;其中普通高等学校主要利用学校名称、知识产权、管理资源、教育教学资源等参与办学;社会组织或者个人主要利用资金、实物、土地使用权等参与办学。

(2)办学经费来源:独立学院的办学主体必须利用非国家财政性经费举办。

(3)办学层次:独立学院实施本科学历教育。

(4)办学性质:独立学院的办学具有公益性;独立学院作为公益性的民办学校,资产属于学校法人财产,不属于任何投资者或单位,是社会公益性的教育,因此独立学院本质是公益性教育事业,和公办学校同样是国家教育事业的组成部分。

(5)学校类型:独立学院属于民办学校类型,即独立学院日常运行经费不再用国家经常性的财政拨款,而是依靠社会多方筹措资金,特别是学生的

学费来维持。

上述五个方面的条件,使独立学院和公办大学以及其他民办大学区别开来,进而诸多学者分析了独立学院自身的重要特征[5-7]。总结归纳起来,独立学院的特征包括:第一,具有民办色彩;第二,独立属性较强;第三,办学主体的多元化;第四,投资主体的社会化;第五,兼具公益性和营利性[6]。而其中,独立学院最大的特点就是其"独立"性,这主要体现在多个方面,如校园校舍等基建设施的"独立",人事、财务、物资以及教学管理体系的"独立",具有"独立"法人资格承担民事责任,拥有"独立"颁发学位证书的法律资质等。

2.1.1.2 独立学院的作用

对于独立学院这种新机制、新模式创办的二级学院,学术界对它的作用有着比较大的分歧,可谓毁誉参半。

对独立学院这一新模式持质疑和负面评价的学者基于独立学院存在的制度合法性和创建发展中存在的问题出发,指出其体制不顺、概念不清、产权及其界定不明晰、混合法人身份不符合有关规定、办学形式政策依据不明、国有民办办学体制不符合国情。典型的观点包括:"独立学院是一个'怪胎',有公办大学之名,少公办大学之实;有民办大学的筹资渠道,缺民办大学的监管机制。"从长远看,这不是一种制度创新,而是一种倒退[4]。独立学院制度存在着明显的"营利的伪装",是公立大学制度与私立大学制度折中、妥协与调和的产物,并没有真正实现制度创新,而是一种制度失范[8]。独立学院的出现和存在既不合理又不合法,独立学院大部分是先违法成立后补办手续,其出现是公立高校权力寻租,政府投入、管理严重不到位的结果。只能起到助长母体学校敛财、掩盖政府教育投入不足、方便富人花钱买文凭的作用。对于穷人、真正的民办高校、母体学校的学生是不公平的[9]。

相反,更多的学者对独立学院这一高等教育的新事物持肯定态度。他们认为,独立学院是我国高等教育改革和创新的产物,是高等教育的一种创举[10]。独立学院的产生是我国社会和经济发展的需要,独立学院的产生是实现我国高等教育大众化的需要[11]。它是将公办高校的优质教育资源与社会力量的雄厚资本有效结合,形成的一种全新的办学模式。因而,独立学院在扩大优质高教资源和解决高校扩大招生规模问题上发挥了积极的作用[1],是解决我国日趋尖锐的本科教育供求矛盾的有效途径[11],对实现我国高等教育大众化、深化高等教育改革发展发挥了重要作用[12]。

2.1.2　独立学院发展模式与阶段

2.1.2.1　独立学院发展模式划分

从办学主体出发,独立学院被划分为四种主要模式:(1)母体独办型(普通高校独立办学模式);(2)校企合办型(普通高校与企业合作模式);(3)政企合办型(普通高校和政府及企业的混合合作模式);(4)校政合办型(普通高校与政府联办的模式)[13]。也有学者将独立学院划分为五种模式:公办高校独家举办模式;公办高校与地方政府合作模式;公办高校与地方政府、国有企业合作举办模式;公办高校与民营企业合作模式;公办高校与个人合作模式。上述模式基本分属独立学院在发展过程中形成的两种基本类型:第一种是公立高校独自或结合其他公有力量按成本收费原则办学;第二种是公立高校与社会力量合作按成本收费原则办学,可以分别称为"公办型"独立学院和"民办型"独立学院[14]。

从办学主体与运作性质出发,独立学院被划分民有民营、国有民营、公有民营、混有民营[15]。

从资金来源与合作方式出发,独立学院可以被划分为四种模式:普通高校独家举办模式、普通高校与企业合作举办模式、普通高校与地方政府合作举办模式、普通高校与地方政府及企业合作举办模式。而不论哪种模式,公办普通本科高校都在扮演着主要角色[16]。

从以上独立学院的不同模式划分可以看出,尽管由于种种原因、背景,国有民办二级学院采取了多种不同的组建模式,但其母体高校,或是全盘进行投入;或是部分注入资金;或是以校舍等设施入股;即使是没有参与硬件设施建设,亦都无一例外地进行了师资、教学、管理等软件资源的大量投入。所以,无论以何种类型举办的国有民办二级学院,在其举办之初,其母体高校都当仁不让地成为最主要的投资者[17; 18]。

2.1.2.2　独立学院发展阶段划分

从外部宏观环境对独立学院发展的影响出发,学者们都较为公认的以教育部针对独立学院的两个重要政策文件的时间为节点划分,将独立学院的发展划分为三个阶段[19; 1; 20]。

第一阶段:快速发展期(1999 年－2002 年)。从 1999 年高校大规模扩招到 2002 年这四年间,是独立学院迅猛发展时期。随着扩招的潮流,全国许多省市便把独立学院作为实现高等教育大众化的主要捷径。从 1999 年出现公办学校创办的二级学院开始,这种新模式迅速被其他学校仿效,从全国范围来看,到 2003 年,全国有 25 个省市举办独立学院,独立学院数目达到 300 多个,本科在校生 40 多万人。

第二阶段:规范调整期(2003 年－2007 年)。从 2003 年后,随着独立学院数量的剧增,各省独立学院办学相继出现了教育质量、文凭等问题,教育部于 2003 年 4 月颁布了《关于规范并加强普通高校以新的机制和模式试办独立学院管理的若干意见》(以下简称"8 号文件"),2003 年 8 月又下发了《关于对各地批准试办的独立学院进行检查清理和重新报批工作的通知》,开始对这种自下而上诱致性制度变迁出现的新办学模式进行自上而下的强制性制度规范,在国家和地方政府对独立学院加强管理的基础上,独立学院本身也逐步认识到自身的问题,并不断采取措施进行调整,如提高教学质量、师资力量等。

第三阶段:转设完善期(2008 年－至今)。为进一步实现独立学院管理规范化、法制化,2008 年,教育部在"8 号文件"对独立学院的"七独立"要求基础上,秉承"积极支持、规范管理、改革创新"的指导思想,又颁发了《独立学院设置与管理办法》,进一步细化明确了独立学院的办学主体、办学性质、设置标准、办学条件及管理规范等,并对已设独立学院给予了五年的过渡期,考察验收合格核发办学许可证。这让很多独立学院的建设有了具体可参照的标准,同时也有了完善建设的危机感与紧迫感,由此独立学院的发展进入了转设为独立设置的民办普通本科高校,实现真正走向"独立"的转设完善期①。

还有学者从独立学院自身发展不同时期的成熟度出发,基于生命周期理论,对独立学院的发展阶段进行了探索。肖静和甘德安将其生命周期分

---

① 不同学者对独立学院发展阶段命名上有细微差别,如方路(2009)将三个阶段分别命名为自发探索发展阶段、积极规范引导阶段和深入体制完善阶段。路正南等(2012)将独立学院的发展划分为初创期(1999－2002)、建设期(2003－2007)和转型期(2008－)三个阶段。吴坚等(2014)则把独立学院的发展划分为兴起阶段、确认阶段和过渡阶段。郑晨梓(2015)将三个阶段分别称为依附试办期、规范调整期和转设完善期。

为三个时期,即孵化期、托管期和独立期[21]。闻曙明等则将独立学院的发展划分为四个阶段:低级阶段(纯民办高校)(1978 年－1998 年)、初级阶段(民办二级学院)(1998 年－2003 年)、中级阶段(新制独立学院)(2003 年－2020 年)、高级阶段(纯独立学院)(2021 年－　)[22]。

2.1.3　独立学院发展策略研究

2.1.3.1　独立学院发展中存在的问题分析

由于独立学院是高等教育中的新生事物,虽然经过了一段时间的摸索以及政策规范,仍然存在诸多问题。根据独立学院发展所处阶段不同,这些问题可以划分为在办学和发展过程两个阶段的问题。

在我国独立学院办学中,学者们指出独立学院存在的问题主要有:(1)投资主体单一,即独立学院投资主体仍是国有大学,学校办学定位不准确[11];(2)人才培养目标不清晰;(3)专业设置问题,专业与课程设置和母体高校雷同,设置缺乏科学性[23；11];(4)教师问题,师资队伍结构不合理[23],教师管理与调配过度依赖母体高校[11];(5)生源与毕业生就业困难等问题[23；11]。

独立学院在发展中也不可避免地遇到一些问题,其中最突出的是独立学院法人地位问题,独立学院属于独立法人,但在实践中由于投入的各种资产不明晰,产权界定混乱,因而国有公办的二级学院原来的母体高校仍然通过控制或影响独立学院人事决策权的形式在实际上指挥独立学院的各种重大战略决策,使独立学院无法真正实现独立,独立学院难以真正享有独立法人地位[11]。还有学者基于资源依赖理论视角分析独立学院的发展问题[24],指出高度的多重资源依赖性对独立学院的生存与发展提出了挑战:投资方不仅要获得合理的回报甚至想要掌控所有的产权;母体高校仍然希望按照当初的协议拿到提成,却越来越难以在师资等方面给予独立学院足够的支持;政府在赋予独立学院优惠政策的同时,对独立学院办学的要求日益严格和规范。实际上,独立学院也有着自身的利益诉求,而且民办高校也非常关注并在一定程度上影响着独立学院的发展走向。因此在独立学院该如何发展的问题上,事实上存在着多重利益之间的博弈关系。独立学院发展中的其他问题还包括独立学院与母体高校、投资方权、责、利不明晰,董事会制度不完善,办学体制机制优势发挥不明显等,这些都制约着我国独立学院的发展[20]。

2.1.3.2 独立学院发展策略研究

针对独立学院办学和发展中存在的诸多问题,学者们基于不同理论视角,提出了很多有针对性的发展策略。

有学者指出,独立学院的健康发展,明晰产权关系是前提,理顺管理体制是关键,培育办学特色是核心,加强师资队伍是重点,积极扶持是政府之责[25]。在理顺管理体制这个关键策略上,具体包括要理顺独立学院与母体高校之间的管理体制。通过建立并完善董事会、理事会等内部管理体制,明晰母体高校和独立学院的责、权、利关系,确保独立学院与母体高校之间的良性合作与独立运作。

独立学院转设为独立地方本科院校后,应当向应用性技术大学转型[26]。这要求地方本科院校应当从治理结构、人才培养、学科专业建设、师资队伍建设、科学研究、社会服务、办学条件等实现转型[27; 26]。教育部部长袁贵仁就推动部分地方本科高校转型发展,强调指出:转型的关键是明确办学定位、凝练办学特色、转变办学方式,把办学思路真正转到服务地方经济社会发展上来,转到产教融合校企合作上来,转到培养应用型人才上来,转到增强学生就业创业能力上来[28]。具体而言,地方本科高校必须坚持以地方需求和学生就业为导向,立足"地方性""应用型""重特色"的办学定位。引导地方本科高校围绕区域支柱产业需要,提高特色专业、优势专业集中度,加大应用型人才培养的力度[28]。从上述研究可见,独立学院的健康发展和全方位转型都离不开地方政府、行业以及母体高校的协作与支持,正确处理好独立学院与这些主体之间的关系,对于独立学院从规模扩张转入内涵特色发展,走向真正的独立,具有非常重要的意义。

2.2 独立学院迁建与地方发展综述

2.2.1 独立学院迁建地方办学的原因与困难

2.2.1.1 独立学院迁建办学的原因

在教育部8号文件和28号令的规定下,独立学院需要实现"七独立",并在办学主体、校园面积、管理机构设置等方面符合教育部的验收规范,在这样的背景条件下,很多原以公办高校"校中校"形式存在的二级学院开始了异地迁址办学。

学者们对独立学院"迁址办学"的原因进行了分析,归纳起来包括如下四个方面:(1)独立学院"迁址办学"是满足教学条件达标的需要。2008 年教育部 26 号令规定独立学院设置标准应参照普通本科高校执行,占地面积不少于 500 亩,但独立学院原当地政府却无法提供用地、资金等有效支持。在此背景下,"迁址办学"正式成为众多占地不达标独立学院的战略选择。(2)独立学院"迁址办学"是优化教育资源布局的需要。独立学院"迁址办学"有利于优化高等教育资源布局,改变本科高校过于集中在中心城市的状况,有助于提升高等教育薄弱地区的综合实力。(3)独立学院"迁址办学"是地方经济社会发展的需要,它有助于改善城市品位、促进经济转型升级、带动经济发展[29]。(4)独立学院"迁址办学"有助于独立学院走向真正独立。独立学院在完成从对母体高校的依附到依托的转型后,一是社会要求独立学院实现真正的独立,二是独立学院要求独立[30]。因此,通过"迁址办学",有助于独立学院改善办学条件,提升办学水平,带动地方发展[29],进而使独立学院走向真正的独立。

2.2.1.2　独立学院迁建地方办学的困难

虽然独立学院迁建办学具有主客观多方面原因驱动,并可能对独立学院自身和地方经济带来积极作用,但是从原有母体所在中心城市迁出后,可能带来地理环境变化、发展空间限制等困难[31],以及缺乏母体师资和教学场所后带来的包括师资队伍建设的挑战、生源数量质量的下降、持续经费投入压力巨大等诸多困难[29]。

2.2.2　独立学院迁建对地方经济作用机制研究

教育与经济发展之间有着内在的必然联系,这种联系主要表现为教育与地方经济发展相互促进、相互制约。教育推动经济的发展,经济发展又带动教育水平的提高;反过来,教育滞后则制约着经济繁荣,经济水平落后则会减少对教育的各种供给支持。

2.2.2.1　教育对经济增长作用的经济理论研究

在西方经济学的理论研究发展中,教育对经济增长的作用被不断重视和深入探讨。从现代经济增长理论的角度来看,真正把教育当成经济增长重要变量的是经济学家索洛(Solow),他在考察投入产出关系的生产方程中,把一些传统生产要素——除资本和劳动力作用外无法解释的"残余"贡献解释为是技术进步的作用,从而间接肯定了教育对经济发展的贡献[32]。在此之后,美国经济学家、诺贝尔经济学奖获得者舒尔茨(Schultz)提出了人力资本理论,该理论被认为是有关教育对经济发展作用的最全面、经典的理论。舒尔茨率先把资本区分为物质资本和人力资本,他认为人力资本存在于人的身上,表现为知识、技能及体力价值的总和;人力资本必须经过投资才能形成,人力资本投资是经济增长的主要源泉;教育投资是提高人口质量的主要途径[33]。可见,人力资本理论认为,教育与经济增长之间的关系主要表现为教育提高了人力资本,人力资本又通过两个渠道影响经济的增长:一是作为独立要素的人力资本的提高直接促进了经济的增长;二是人力资本存量水平的提高,有助于促进国内技术水平的研究与开发以及对国外技术的采用,从而间接地对经济增长产生了作用。

继舒尔茨之后,美国经济学家罗莫(Romer)[34]和卢卡斯(Lucas)等人通过大量的研究,提出了"新增长理论",该理论明确地把教育的作用放在了首要位置,认为教育促进知识和专业化的人才积累可以产生递增收益并使其他投入要素产生收益,进而总的规模收益递增,这是经济增长持续和永久的动力与源泉。也就是说,教育中的知识与技术不仅可以使人力资本本身获得收益,并且可以促进其他要素收益的增长,从而保证了经济的长期增长[35]。此外,曼昆(Mankiw)等人还提出了"扩展索洛模型",巴罗(Barro)提出了"扩展新古典模型",这些模型中,人力资本均被作为独立的投入要素引入总量生产函数,研究表明通过教育的人力资本投资可以导致产出提高,从而导致经济增长。

2.2.2.2 高等教育对区域经济作用的教育经济学研究

以 Caffry 和 Isaacs 为代表的美国学者在对高等教育与区域经济的关系研究中,指出高等教育消费可以在区域发展中创造出更多的就业机会;高等教育可以拓展区域的经济基础建设[36]。Bluestone 则修正了早先的基于传统经济影响的研究,提出了基于熟练劳动者的高等教育对区域影响的新领域。他研究指出,高等教育对区域的影响不仅包含有经济方面的直接影响,还包含有间接影响。如通过高等教育,大学可以培养出熟练的劳动者,他们可以比未接受高等教育的人得到更多的工资报酬,这样他们在税收中对区域可以做出更大的贡献[37]。因此,高等教育是区域发展的引擎[38]。

在国内研究方面,随着我国高等教育的快速发展,我国学者对高等教育和经济发展的关系进行了广泛深入的探索。厉以宁在 1984 年出版的《教育经济学》对我国后来的教育经济学研究产生了更为深远的影响[39]。高等教育经过长期的演化与发展,现在凭借自身在知识创新、人才智力、文化底蕴等方面的优势,对所在区域的人才培养、社会文化、科技进步和经济发展产生重要作用。具体而言,包括:(1)为地方培养高素质人才,提高劳动生产率,推动地方经济发展和地方产业升级[40;41],(2)通过参与地方政策规划和企业咨询等形式,为地方提供智力、人才资源支持[42];(3)发展科学技术与促进科技成果转化,推动地方科技进步和经济增长[43;41],高校科技产业成为推动区域经济发展的催化器[44;45];(4)创新地方文化、推进地方文化产业的构建,提高城市知名度和文化品位[40;42];(5)直接拉动地方消费,促进地方经济增长[40;41]。高校学生消费是区域经济发展新的增长点,高校基础设施的投入则是刺激区域经济增长的助推器[44;45]。

可见,高校在促进区域经济社会发展方面的作用主要有应用型人才培养、文化引领、咨询(参与政府的决策咨询、承担高层次项目和应用性课题研究、担任行政部门顾问等多种形式)、批判和创新(培养创新型人才、提供创新知识以及开展产学研合作)以及消费等[46]。

2.2.2.3　独立学院对区域经济作用的研究

独立学院教育的快速崛起离不开区域经济发展的推动,而区域经济的发展离不开独立学院人才的支持,独立学院是区域发展的引擎,它可以通过提高社会现有的人力资本和后备人力资本的知识和技能,推动劳动生产率的增长和科技的进步,从而促进区域经济的发展。王琳玮的实证研究结果也证明独立学院培养的大批人才为所在区域经济发展做出了重要贡献[47]。杨清红和李国年的研究则认为,独立学院可从社区服务、文化服务与智力服务三个方面推动地方经济社会发展[48]。姜帅通过对苏州大学应用技术学院的调研分析,认为独立学院可通过优化调整专业设置、创新人才培养模式及构建"政产学研"合作模式等措施,更好地为地方经济社会发展服务[49]。李光勤也类似指出,独立学院作为区域性较强的高等学校,应将独立学院的设立、独立学院的专业设置、独立学院的人才培养及独立学院的师资培养面向区域经济[50]。贾小鹏的研究则进一步提出了独立学院服务区域经济的三级目标体系:一级目标考核独立学院为区域经济培养应用型人才和为区域科技发展提供应用型科研支撑情况;二级目标考核独立学院的学科与专业设置、教育质量保障体系、学术环境、效率与效益、科教与实践基地;三级目标考核独立学院的生源质量与培养结构、师资队伍与学术团队、现代化的教学和研究设备、图书馆、管理体制、外部支撑[51]。

2.2.3 地方经济影响独立学院发展的作用机制研究

2.2.3.1 地方经济影响高等教育的作用研究

高等教育与区域经济的互动关系,不仅体现在高校能以多种形式影响区域经济的发展,同时也会受到区域经济发展的制约与推动。

首先,地方经济社会是高等教育发展的动因和条件,主要体现为:(1)高校发展离不开地方政府和社会财力支持;(2)公众对高等教育的投入高低依赖于地方经济的发展水平;(3)地方经济发展影响高校毕业生的就业状况[40]。具体而言,高等教育要发展,教育投资是最基本的物质基础和条件,而经济基础与经济发展水平则决定了教育投资。没有足够的教育经费,高等教育要获得长足的发展只能是一句空话。在我国现行的高教管理体制下,无论是教育部所属的高校,还是地方政府管辖的院校,地方财政无疑是高等教育投资的重要渠道,区域经济已成为支持当地高等教育事业发展的强大后盾。同时,区域经济的发展水平也影响着高等教育的发展效果。区域经济发展能加大公众对高等教育的投入、增加工作岗位促进高校毕业生就业、促进高等教育的规模发展。区域经济发展得越好,对劳动力的需求就会越大,大学生的就业前景也会越好,而高校毕业生的就业状况不仅直接影响着毕业生的预期收益,而且影响着家庭和个人对高等教育投资的积极性,进而影响着高等教育的发展效果[52]。所以,总的来讲,区域经济发展水平对高校经费投入水平有着直接影响,区域经济发展的规模和速度对高校发展及高校毕业生的就业形势起着重要的作用。

其次,区域经济结构、区位条件等对高校招生具有重要影响。一方面,高校招生的差异除了受学院专业设置、就业情况、师资力量、教学质量和学生管理的影响,还受到所处区位等软硬件、区位偏好等因素的影响[53]。另一方面,区域经济结构也会直接或间接地制约着教育结构内部发展变化的趋势,制约着教育结构内部调整改革的方向。高校的生存与发展在很大程度上依赖于生源,充足的生源能为学校提供资金保障,而学生为了有效应对人才市场的激烈竞争,会非常注重专业的选择。不同地区的经济结构不同、产业结构也大不同,从而使得不同区域对人才类型、知识技能、素质等的要求也不尽相同,这必然需要教育结构与其相适应,培养符合生产发展所需要的人才。这就迫使高校必须深入调研区域经济的产业层次、结构、技术要求及发展方向,根据区域经济发展水平与结构特征来确定专业设置,如果不能与产业结构相适应,不仅会影响高校的招生,还会影响地方经济社会的发展与进步,造成资源的闲置与浪费。

最后,地区经济发展影响高校的师资质量,从而影响高校的办学水平[54]。高校的快速稳步发展离不开优秀的师资队伍,这要求高校与区域对人才应当具有一定的吸引力。除去高校自身的名声、办学水平等因素以外,地区经济的发展同样是影响区域人才引进的重要因素。经济发达地区更能为人才提供优越的物质生活条件、能更好地为高素质人才发展提升空间,吸引力自然就比经济不发达地区要大。师资队伍素质的高低、结构是否合理,必然会影响到招生和高校规模的扩大。所以,一般而言,发达地区凭借其经济发展优势,高等教育事业发展也相对要比经济不发达地区快得多,高等教育的布局也会更合理。

2.2.3.2　地方经济影响独立学院的作用研究

区域经济发展对高校发展有正向影响。区域经济发展为独立学院发展提供了广阔空间,尤其是经济发达地区,在资金支持、人才招聘、招生就业等方面对独立学院有重要积极影响[55]。一流的独立学院以适应并促进当地经济社会发展为首要特征[56]。区域经济的发展会推动独立学院培养适应当地经济建设与社会发展需要的应用型人才,因为服务区域经济既是学校融入地方经济发展大环境的需要,也是独立学院解决学生就业的关键突破口[57]。

此外,与国内独立学院相类似的有关国外私立高等教育发展的影响因素研究,同样显示出区域经济发展对地方高等教育发展有直接的影响作用。美国私立教育研究专家詹姆斯(Jamse)在对私立教育规模研究基础上,发现社会向私立教育提供资助,有利于扩大私立教育的在校生规模所占的比例。Jamse 的研究还表明,如果一个国家公立学校提供的教育机会越少,根据教育机会的需要产生的私立学校越多；人们对教育质量的不同需求，会导致私立学校的发展。由此可见，区域的社会经济发展会对独立学院建设的需求、发展规模、速度及其人才培养目标等产生较大影响。

从高校与地方经济相互作用关系的分析可见，一方面，地方经济发展是高校建设的基础，地方高校的发展对本地区经济发展具有相应的依存和适应关系；另一方面，高校建设为地方区域经济发展提供了智力支持，高校的发展拉动了地方经济的发展，促进形成了与之相关产业或集群产业链的形成与发展，推动了区域经济的转型与升级[58]。

2.3 独立学院迁建与多主体协同研究综述

2.3.1 高校发展中多主体协同相关理论基础

2.3.1.1 三螺旋理论

三螺旋概念于 20 世纪 50 年代初最先出现在生物学领域。90 年代中期，纽约州立大学的社会学家亨利·埃茨科威兹和阿姆斯特丹科技学院的罗伊特·雷德斯多夫教授在三螺旋概念基础上提出了著名的官、产、学三螺旋理论，来分析在知识经济时代政府、产业和大学之间的新型互动关系[59]。

从三螺旋静态生成机制分析，三螺旋理论假定大学、产业和政府三个机构范围，每个都可以"起其他机构范围的作用"，每个螺旋都描述成具有内核区和外场域的机构范围。三股螺旋之间互动能促进它们彼此的提升，同时促进区域创新、产业发展和经济增长[59; 60]。

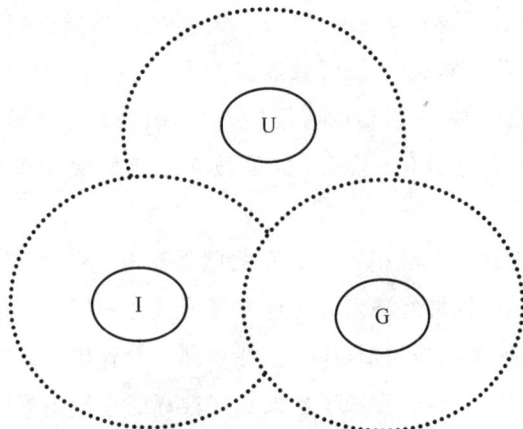

图 2-1 三螺旋场相互作用模型图

　　从三螺旋相互动态作用与运行机制分析,三螺旋具有宏观和微观两个层次的三螺旋循环。从纵向上看,三股螺旋呈现出进化形态:每股螺旋都在不断完善,谋求自身发展。这形成三螺旋的纵向进化特征。从横向看,这种循环由若干要素的流动形成,包括人员、信息和产品等。如大学的产品主要是毕业生、新科技研究成果和新思想等,产业的产品包括商品、缴税和资本等,政府的产品则包括政策、法规和资金等。这些要素在大学、产业和政府三者之间流动或转移,形成人员循环、信息循环和产品循环。三螺旋相互作用的结果是伴随着三股螺旋的纵向进化和横向循环实现的。宏观循环在三股螺旋间起作用,微观循环则只发生在每个螺旋内部。前者产生合作政策、合作项目和平台、网络,后者通过内部循环释放产品[60]。

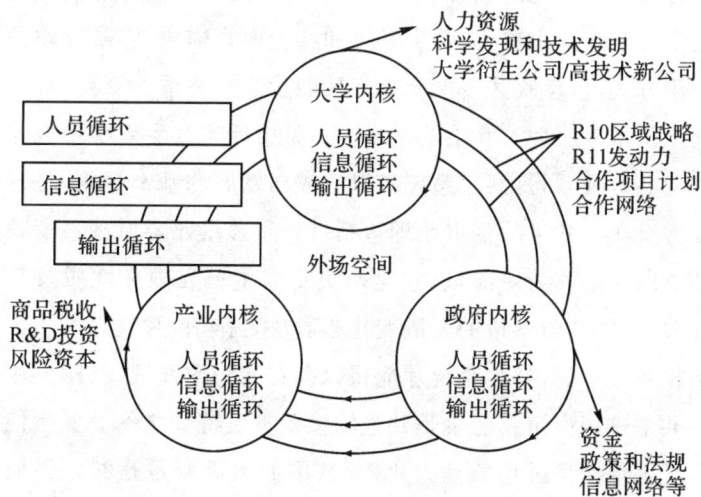

图 2-2　三螺旋的内部循环与外部循环图

　　该理论不刻意强调谁是主体,而是强调政府、产业和大学的合作关系,政府、产业和大学三方都可以成为动态体系中的领导者、组织者和参与者,三者相互作用、互惠互利、彼此重叠,三方共同参与、协同作战[61]。

2.3.1.2　共生理论

　　"共生"一词的概念源于生物学,共生指的是不同生物种群按某种物质联系生活在一起,进行物质交换、能量传递,一同生活相依为命的现象。该理论强调种群间的相互依存、相互促进、协调发展。

　　共生理论的主要理论主张包括三个方面:

1.共生的三要素。共生单元、共生模式、共生环境构成共生三要素。共生单元是指构成共生体或共生关系的基本能量生产和交换单位，是形成生物共生的基本物质条件，其特征在于种群的复杂属性。共生模式，也称共生关系，是指共生单元相互作用的方式或相互结合的形式，它既反映共生单元间的物质信息交流关系，也反映作用的强度。共生环境是指共生关系即共生模式存在和发展的外部条件，由共生单元以外所有因素的总和构成。共生的三个要素相互影响、相互作用，共同反映着共生系统的动态变化方向和规律。其中，共生模式是关键，共生单元是基础，共生环境是重要的外部条件。

2.共生系统。共生系统是指由共生单元按某种共生模式构成的共生关系的集合。共生系统的状态是由共生组织模式和共生行为模式的组合决定的。共生系统由共生单元、共生环境和共生模式构成，它既反映共生单元之间的作用方式，也反映共生单元之间的能量互换关系。

3.共生的基本原理。共生的基本原理是指反映共生系统形成与发展中一些内在的必然联系，是共生系统赖以形成与发展的基本规则，是理解共生关系的要害所在。共生的基本原理包括：(1)质参量兼容原理。反映共生单元内在性质的因素称为质参量，它是指决定共生单元内在性质及其变化的因素。在共生体中，质参量的发展变化起着决定作用，并且只有当共生单元的质参量相互兼容时，共生系统才能得以存在和稳定发展。(2)共生能量生成原理。共生过程产生新能量是共生的重要本质特征之一。共生能量生成原理揭示了生物共生进化的动力机制，其中的关键变量是共生界面和共生度。(3)共生界面选择原理。共生界面是共生单元之间物质、信息和能量传导的媒介、通道或载体，对共生关系的形成与共生系统达到均衡有着重要的影响。(4)共生系统进化原理。共生进化是共生系统的本质，对称性互惠共生是共生系统进化的终极方向[62；7]。

共生理论认为，共生是自然界、人类社会的普遍现象；共生的本质是协商与合作，协同是自然与人类社会发展的基本动力之一；互惠共生是自然与人类社会共生现象的必然趋势，等等。运用共生现象普遍性的观点来看待人类社会中的政治、经济、文化、教育等的关系，就会更加深刻地理解和把握这些关系存在的客观性，从而按照共生原理不断推进其向优化转变，从而实现社会的可持续发展[62；7]。

2.3.1.3　利益相关者理论

利益相关者理论(Stakeholder Theory)来自公司治理理论。利益相关者理论是在 1984 年 Freeman 出版的《战略管理：利益相关者管理的分析方法》一书中提出的。

根据弗里曼(Freeman)的观点，利益相关者是"能够影响一个组织目标的实现，或者受到一个组织实现其目标过程影响的所有个体和群体"[12]。它包括企业的股东、债权人、雇员、消费者、供应商等交易伙伴，也包括政府部门、本地居民、本地社区、媒体、环保主义等的压力集团，甚至包括自然环境、人类后代等受到企业经营活动直接或间接影响的客体。

利益相关者理论强调企业的经营管理者为综合平衡各个利益相关者的利益要求而进行的管理活动。与传统的股东至上主义相比较，该理论认为任何一个公司的发展都离不开各利益相关者的投入或参与，这些利益相关者与企业的生存和发展密切相关，企业追求的应当是利益相关者的整体利益[63; 12]。

弗里曼还认为，利益相关者由于所拥有的资源不同，对企业产生不同影响。根据他的分析思路，后续研究采取不同标准，将利益相关者划分为直接的、间接的利益相关者；确定型、预期型以及潜在型利益相关者等。利益相关者如何参与公司治理进而保障自身权益，有研究认为，在董事会决策中允许不同的利益相关者(债权人、供应商、客户和社区等)参与。如此一来，就建立了一个利益相关者共同参与的企业战略决策体系。由于不同利益相关者利益取向的差异性，对公司治理必然有着不同的要求，各利益相关者极有可能会基于自身效用的最大化做出不利于其他利益相关者的选择[64]。

2.3.1.4　协同理论

协同论(synergetics)亦称"协同学"或"协和学"，是 20 世纪 70 年代以来在多学科研究基础上逐渐形成和发展起来的一门新兴学科，是系统科学的重要分支理论。其创立者是德国斯图加特大学教授、著名物理学家哈肯(Hermann Haken)。

协同论被定义为一门关于"各类系统的各部分之间互相协作，结果整个系统形成一些微观个体层次不存在的新结构和特征"的学问。协同论认为，千差万别的系统，尽管其属性不同，但在整个环境中，各个系统间存在着相互影响而又相互合作的关系[65]。协同论的研究焦点是如何实现不同系统之间的协同。协同论的主要观点包括：

(1) 协同的研究对象。协同的对象是系统内多个相互具有影响关系的主体；从协同各方关系分析，协同各方是一种相互合作的关系，各主体之间是一种互补性联盟。各主体之间可以是契约关系，也可以是产权关系等[66]。

(2) 协同的方式。为了协调两个或者两个以上不同资源或者个体，协同一致地完成某一目标，协同的方式是各种平台、协议等。

(3) 协同的内容。协同的内容包括系统多主体的资源，如人、财、物、信息、技术等，协调组织及各实施环节的匹配关系；还包括协调各方的权责利等关系。

(4) 协同的目的。从协同目的分析，协同是通过优势互补、资源共享等途径实现协同效应，即由于协同作用而产生的结果，是指复杂开放系统中大量子系统相互作用而产生的整体效应或集体效应[67]，即协同的结果使个体获益，整体加强，共同发展[68]。

可见，协同应当是全方位、多层次的协作与融合。在一个系统内，若系统中各子系统（要素）能很好地配合、协同，多种力量就能集聚成一个总力量，形成大大超越原各自功能总和的新功能。

协同论的基本观点和主张被运用于多个研究领域。其中发展最为迅速的是将其运用于创新管理方面的研究，发展出了协同创新这一分支。协同创新是围绕创新目标，多主体、多因素共同协助、相互补充、配合协作的创新行为[68]。协同创新被认为是创新要素的全面协同[69]，实质是技术、人才、信息和管理等创新要素的有效整合[70]。

按照对协同创新的组织模式进行分类并给出选择的依据，分类的标准或视角包括合作紧密程度、合作方式、主体作用、契约关系安排等[71]。从主体作用的视角，协同创新组织模式分为政府主导型、企业主导型、大学与科研机构主导型、共同主导型四类[72]。按照合作紧密程度由松散到紧密，将其划分为技术转让、委托研究、联合攻关、内部一体化、共建基地、共建实体六种模式[73]。还有学者进一步将这些模式归类划分为项目式（技术转让、委托研发、协同攻关）、共建式（共建研究开发基地或研究院或中心、共建协同创新中心、共建高科技园区）、实体式、联盟式及虚拟式五类[74]。对于高校而言,高校协同创新类型多样,可利用其优势与多主体在多领域开展协同创新活动。按照合作主体可分为校校协同、校所协同、校企(行)协同、校地(区域)协同、国际合作协同等类型。按照协同领域可分为人才培养协同创新、科技研发协同创新、学科交融研究协同创新、产学研协同创新等[66]。

如何保障协同创新的顺利实施,有研究指出,协同创新强调协同创新主体之间通力协作,发挥各自的优势[75]。主体协同是协同创新的核心,目标协同是协同创新的前提和基础。组织协同是协同创新的支撑平台。体制机制协同是协同创新的制度保障。环境协同是协同创新的坚强后盾[69]。而高校产学研协同创新的机制构建则可以通过建立战略协同机制;建立资源协同机制,包括了人、财、物;建立利益协同机制;建立管理协同机制等实现[70]。

可见,协同论强调系统内多主体间通过良好的协同机制,实现资源共享、优势互补,最终带来 $1+1>2$ 的协同效应,形成协同发展。协同发展的思想来源于协同论、管理学、经济学、社会学等的有机融合。系统实现协同发展的关键在于:在特定目标的指引下,要不断适应内外部环境变化,通过整合多方资源,如人、财、物、信息、技术等,协调组织及各实施环节的匹配关系,以促使系统产生协同效应,实现系统内外部活动及过程的优化综合。协同发展的思想,强调系统内部相互作用的关系及系统演变时要素间的配合及耦合作用。

2.3.2　独立学院迁建与母体高校协同研究

2.3.2.1　独立学院与母体高校协同的重要性与基础

依托母体高校对于独立学院持续健康快速发展,对于实现独立学院、母体高校、合作方共赢具有十分重要的作用[17]。母体高校为独立学院的发展提供了最初的软硬条件;母体高校的品牌效应是独立学院赖以生存的重要基石,独立学院在很长一段时间内将依然需要依赖母体高校无形资源的衬托——深厚的文化底蕴、良好的社会声誉及优质的品牌[24],因此母体高校是独立学院产生和发展的基础[76]。独立学院依托母体高校,具有较好的办学条件,除了师资以外,独立学院在专业设置、课程安排等方面也依赖着母体高校[24],母体高校在专业、师资、管理等方面也有较强的实力[77]。特别是"公办型"独立学院这一群体规模庞大,与母体高校联系紧密,在长期办学过程中形成了资源共享、利益均沾、以大带小的合作架构,借助这一得天独厚的优势,其教学质量相对而言有保障,更受考生和家长青睐[78]。

可见,先天的亲缘关系保证了独立学院可以和母体高校实现资源的实质性共享,在师资、管理和设备等方面从母体高校获得全力支持。尤其是在独立学院的创办初期,与母体学校关系紧密表现出了更大的办学优势。通过依托母体学校的师资队伍、特色专业、管理体系、后勤服务、硬件设施等资源,使独立学院在办学初期就能够很快进入规范发展的轨道,办学质量能够得到较好保证,招生规模能够得到快速扩张,并且最大限度地节约了办学成本[15]。

2.3.2.2 独立学院与母体协同关系现状及问题

有学者从空间位置、学校内部领导体制、教学管理、招生与毕业文凭发放、财务管理等五个方面较深入地剖析了独立学院与其举办高校间的关系现状[11]。如,稳定的师资由举办高校提供,共享举办高校的优质教育资源(如教室、图书馆),学历证书由举办高校颁发[16]。

对于独立学院与母体协同关系存在的问题,则可以总结归纳为以下五个方面:

首先是独立学院办学的独立性问题。这又表现在三个方面:一是独立学院师资的依赖性;二是独立学院的校园独立性;三是独立学院的独立法人资格[6; 79; 76]。特别是母体独办型独立学院的法人代表一般由母体高校的校长或主管副校长兼任,院级干部由母体高校遴选和任命,教学和管理人员大都由母体高校输出。独立学院的人才引进、职称评审、课题申报、基本建设等项目均要上报母体学校,然后由母体学校对全校进行全盘规划后做出统一安排[15]。

其次是产权与治理结构问题。2008年初,教育部出台《办法》,要求独立学院"利用非国家财政性经费举办""合作方必须是国家机构以外的社会组织或者个人",而我国目前办学较为成功、运作健康的一些独立学院模式恰恰是一些由母体学校自身举办或与政府合作的办学模式。这类独立学院由于与母体学校、国有资产存在千丝万缕的联系,双方明晰产权难度很大,切断联系对母体学校和独立学院而言都将是巨大的挑战,甚至威胁"生存"[15]。同时,独立学院的领导机制是董事会领导下的院长负责制。这可能出现两种截然不同的情况:一是董事会缺失;二是董事会职能越位。前一种情况下董事会领导下的院长负责制未能落实,后一种情况下是实现独立性的现实困难[79]。虽然独立学院实行的是董事会领导下的院长负责制,但实际上是由母体公办大学领导作为独立学院法人代表的,独立学院院长权力的行使在很大程度上受到举办高校的牵制,甚至是控制。特别是"国有民营"独立学院的人事权、财政权由公办母体大学控制,独立学院根本不能独立办学。"有调研显示,某省一半的独立学院名义上实行董事会领导下的院长负责制,但实际上很多是由母体高校校委会代行董事会职能"。[80]

再次是收益分配问题。办学双方取得收益的分配比例不合法[79]。利益上的冲突及其带来转制障碍,独立学院需要将学费收入的较大比例以"管理费"的形式给母体高校,这给没有国家财政支持的独立学院带来了财务上的巨大压力;另外如果不推行转制,独立学院每年向其本校缴纳数额不菲的"管理费",这笔管理费对缓解母校自身办学经费不足起到很大作用,因此利益驱使,本部不愿意放弃真正的独立,成为转制的最大障碍[6]。

最后是权责划分不够明确。独立学院的举办者、管理者以及办学者之间的责、权、利划分得不够明确[81]。

从不同模式下独立学院与母体高校的关系分析,有研究指出,公办高校＋企业合作模式、公办高校＋地方政府合作模式、公办高校独办模式等不同模式下,独立学院和母体高校关系具有重大差异[79]。

从不同独立学院与其举办高校间关系的现状分析,则呈现出多种情况。有些独立学院已经在依托举办高校品牌、师资、学科优势的基础上走上独立自强的道路,创出自己的品牌;有少数独立学院仅仅是举办高校与合作者间经济利益的载体,独立学院与举办高校间仅存有经济关系;而多数独立学院还没有从依附举办高校的境况中解脱,除了以自己的名义招生和发放毕业文凭外,其他像财务、人事、教学、领导决策权等等依然掌控在举办高校的手里,而独立学院由于种种原因,想真正独立出去也无力为之,独立学院与其举办高校间的亲子之情影响着他们的平等对话[16]。内在原因是一方面有的母体高校对独立学院干预过多,制约了独立学院的改革与发展;另一方面,有的独立学院对母体高校过度依赖,忽略了自身的建设和积累,给双方的利益造成损失[12]。

2.3.2.3　独立学院与母体高校的协同发展

独立学院采用的领导体制理应为董事会领导下的院长负责制。母体举办高校不干涉独立学院的内部管理,但在教学方面给予帮助和进行监督。由于独立学院与举办高校相距较远,其必然要在发展中培植自己的管理队伍和师资力量[16]。

从独立学院与母体高校协同发展的关系定位出发,独立学院与举办高校,既应有相互帮助的亲情关系,又应有两个法人实体间的对等关系[16]。在法律上,独立学院与举办高校是平等独立的两个主体。独立学院如果失去了举办高校的大力支持与指导,独立学院将成为无源之水、无本之木,将失去前进与发展的原动力。然而,其最终目标是实现独立学院发展的独立运行机制[82]。母体高校仅是独立学院无形资产的投入者,独立学院并非其分校或下属机构,独立学院必将"独立"[12]。基于共生理论,有学者认为,独立学院和母体高校之间在教学、学生管理、科研、组织、人事、财务以及后勤管理等各个方面开展的优势互补、利益共享、相互合作、相互交流的关系是一种共生关系[7]。从独立学院发展的不同阶段出发,独立学院和母体高校两者由于协同的内容、投入和产出上的不同,共生关系具有较大差异,且表现出动态的演变。两者较为理想的关系演变为:(1)在独立学院筹建过程中,独立学院寄生于母体高校:母体高校投入人力、物力和财力帮助独立学院,确保独立学院首批学生进校、正常开学,维持基本教学秩序和教学质量的过程,即母体高校将独立学院"扶上马"的阶段。(2)在独立学院办学初期,两者的关系是偏利于独立学院共生:母体高校出台各种措施和政策向独立学院倾斜,扶持独立学院发展,使独立学院在校生规模迅速扩大,教学质量保持相对稳定,即"送一程"阶段。这种倾斜对独立学院有利,但并不影响母体高校自身发展。(3)在独立学院办学过程中,两者的关系是非对称性互惠于独立学院共生:母体高校与独立学院以分工为基础进行合作办学,尽量实现资源共享,从而产生明显的办学效益,但总体上母体高校付出多、得到效益少,而独立学院付出少、得到效益多一些。两者还存在一种理想的共生状态,即对称性互惠共生:母体高校付出与得到的效益之比,与独立学院的基本一致[7]。

从独立学院与母体高校协同发展的良好关系建构出发,有学者指出,独立学院对母体高校的过分依赖和母体高校对独立学院的过分干涉,是影响独立学院"独立"的直接原因[12]。因此应重塑独立学院与母体高校之间的关系,由"依赖"走向"依托",最终走向真正独立[12]。首先,应通过法律的手段,规定独立学院与母体高校之间的关系。从母体高校的角度讲,应该转变对独立学院的扶持监管方式,由扶持转向引导。从独立学院角度讲,应当找准定位,自主发展,抓质量,出特色[12]。还有学者认为,可以从三个方面探索建立与发展独立学院与母体高校的合作伙伴关系:(1)形成办学共识是发展合作伙伴关系的前提,必须在不同利益诉求主体间寻求共识,在矛盾中重建统一共识;(2)实现平等互惠是发展合作伙伴关系的基础;(3)建立契约管理是发展合作伙伴关系的保障。各相关利益主体应在提高观念和认识的基础上,按照权责对等原则,进一步完善独立学院章程,处理好独立学院与政府、教育行政主管部门之间,独立学院与举办高校、合作者(投资人)等之间的关系[18]。

　　从两者协同的内容和方式出发,2003 年教育部出台《关于规范并加强普通高校以新的机制和模式试办独立学院管理的若干意见》。《意见》指出:"独立学院的申请者应为普通本科高校。""申请者要对独立学院的教学和管理负责,并保证办学质量。"《意见》还要求"申请者要充分发挥校本部的智力、人才资源优势,切实加强独立学院的教师队伍和管理队伍建设,建立并不断完善独立学院教学水平的监测、评估体系"[83]。可见协同内容是母体优质教育资源,是指独立学院所依托的母体高校所具有的优良教学传统和教学资源(包括师资力量、管理模式等)。因此独立学院转设后,母体学校对独立学院的投入主要体现为三个方面:一是给予独立学院享受母体学校品牌的权利;二是向独立学院输入管理技术,保障其教育质量;三是支持独立学院迈进本科教育,减少其升级成本[8; 83]。由此可见,原来的国有民办二级学院必须真正地摆脱与母体举办高校的依附隶属关系,走向相对独立成为名副其实的独立学院,独立学院要在依托母体的基础上独立办学,而举办高校既要尽自己申请者的责任,又要放手让独立学院自主办学[16]。具体而言,举办高校要利用自身较好的办学和管理经验,帮助独立学院构建有效的内部管理体制,但不是控制独立学院的领导权、管理权,或者把独立学院隶属于自己进行管理。举办高校要利用自己的智力、人才资源优势,切实加强独立学院的管理人员队伍和教师队伍建设。举办高校要敢于放手,也要及时主动放手,独立学院才能自立自强。也只有这样,才能更好地处理与独立学院间的关系。独立学院只有根据自己的办学理念树立自己的特色品牌,才能建立良好的社会声誉,也才能不依附举办高校的品牌吸引考生[16]。

从协同效果看,独立学院的演变具有一个明显的特殊性,即在演变过程中始终与母体高校存在着密切的联系。首先,一方面通过母体高校,独立学院可以在教学计划的制订、教育改革等一系列学术问题方面得到指导,在提高教师水平方面得到帮助,在参加大学学术、文化及课外活动方面获得机会……从而使得独立学院迅速成长起来。另一方面,通过独立学院,母体高校就能实现学生和教师的有效分流,有效提高设备设施、仪器和器材的利用率,盘活闲置的教学资源,扩大后勤服务的规模、产生规模效益……从而增强学校的整体影响力和竞争力。为了各自更好、更快、健康地发展,独立学院和母体高校间都需要不断发生关系,这些关系涉及教学、学生管理、科研、组织、人事、财务以及后勤管理等各个方面[7]。

可见,依托母体高校的优质教育资源和品牌效应,是独立学院高起点实施本科学历教育的前提和基础,也是独立学院遵循教育规律、提高教育质量的重要保障。母体高校为独立学院的发展提供了品牌和社会声誉,无形之中提高了独立学院发展的平台。母体高校为独立学院提供的教师、教学设施设备等,既降低了独立学院的办学成本,又保证了教学的需要和质量,实现了资源的共享。母体高校为独立学院提供了管理经验,既保证了独立学院的办学方向,又缩短了独立学院的摸索过程。同样,独立学院的发展,也为母体高校的改革创新提供了"基地",充分利用了母体高校的闲置资源,给母体高校带来了经济收入,拓宽了其筹资渠道[12]。

母体高校的放权与监督是独立学院走向独立的前提;地方政府的大力扶持是独立学院走向独立的重要支撑;独立学院自身加强内涵建设,是摆脱依附关系,走向独立的根本。没有独立学院自身意识的觉醒和能力的提升,母体高校由于自身承担的监护责任,是不可能也不放心真正放权的;没有母体的放权,独立学院则没有机会去尝试独立的管理;而没有地方政府和母体高校的资金、办学经验等的支持,独立学院的独立也会走很多的弯路。

2.3.3 独立学院迁建与地方经济发展协同研究

地方高校与区域协同发展,是指地方高校以区域综合实力提升为宗旨,充分发挥自身人才、信息资源等优势,为区域经济、社会、文化、政治、科技、人力资源开发等提供全方位服务;区域内的政府、企业以及产业组织为地方高校发展提供信息、资源、经费、政策等方面的支持。

2.3.3.1　高校与地方经济建设的互动发展模式

从国外高校与地方经济建设的主导模式分析,有学者将其总结为三种类型:一是以"威斯康星"为代表的教师与顾问式高校主导模式;二是以"硅谷"为代表的产学研三结合模式;三是以"相互作用大学"为代表的地方大学与地方经济共生模式[84]。在高校与地方经济的互动关系中,威斯康星大学主要强调高校要以学识和专长为地方经济做贡献,是以高校为地方经济的单向服务为主导的,因此,可以将这种互动模式概括为教师与顾问式的高校主导模式。而以"硅谷"为代表的产学研三结合模式,主要建立以大学为中心的教育—科研—生产联合体,建立高新科技园或创新中心,校企联合办学、联合研究、委托培训以及开展各类技术咨询等方式,大学与地方经济实体、政府等达成了休戚与共的伙伴与兄弟关系。而以"相互作用大学"为代表的地方大学与地方经济共生模式,相互作用大学的生长机制是与当地社会经济发展紧密结合并谋求共同的利益,强调关注社区、地方等利益相关者。

从我国高校与地方经济互动的模式分析,主要有三位一体模式、协同式学习模式和职教合作模式[85]。三位一体模式是指高校将人才培养、社会科技服务和国际合作交流三项职能融为一体的创新办学模式,在此模式中,为区域培养人才是高校最基本的职能;协同式学习模式是地方高校主动服务、企业积极依靠、地方政府大力支持的三方互动的区域经济社会服务体系,协同式的核心是"产学研"合作的协调学习;职教合作模式指地方高等院校与区域各方以联合培养面向生产和技术开发的应用型和技能型人才,以提高学生的实际操作能力为主要任务的互动合作体系。从不同模式与不同大学类型的匹配关系看,三位一体模式适合科研型综合大学,协同式模式适合应用型地方本科院校,职教合作模式适合高职院校[85]。还有学者在总结山东省高校的实践后,将高校服务区域与区域发展的互动总结为五类模式,这五类基本上都是以高校为主导的。第一类是高校实施服务区域计划,推动互动发展的模式;第二类是建立服务区域工作机构,推动互动发展的模式;第三类是通过省市政府共建高校,促进校地互动发展的模式;第四类是高校发挥人才和学科专业特色优势,与区域发展紧密联系的互动模式;第五类是搭建合作平台,助力区域发展的互动模式[86]。

从国内外高校与地方经济的不同互动模式分析可见,不同模式下高校在地方经济发展中的职能,高校与地方经济的互动内容、互动方式、互动程度具有较大差异。

2.3.3.2 高校与地方经济发展的互动协同策略

(1)高校与地方经济互动中存在问题的原因。

在当前,地方高校与区域经济互动并不尽如人意,究其原因,主要包括:1.地方高校与区域经济发展的目标差异。主要指企业、地方政府和学校各自追求的目标不同。2.地方高校与区域互动机制不健全。主要指政府引导、协调机制与学校的适应机制不健全[87]。

(2)高校与地方政府互动协同的指导思想与职能措施。

协同发展强调围绕双方或多方共同的目标,多主体、多因素相互协作、补充与配合。新建地方本科院校和所在区域经济存在共生关系,地方高校与地方发展是一种互动双赢的关系[88]。学校以及区域企业、政府、社会都应以经营的眼光处理好相互间的互动问题,以期营造互利互惠、协同发展的良好局面。因此,校地互动合作是实现高校与地方发展协同的重要途径[89-91]。校地互动主要体现为资本、人力资源、物资、信息等社会经济要素在高等学校与地方政府、企业等社会组织之间的双向流动与优化配置,其最终落脚与归宿是形成校地共生共进、和谐发展的局面[89]。

在校地互动的指导思想上,应遵循互惠性、互补性、主动性和市场化等基本原则[89],高校服务区域经济社会发展应该是互动互惠的[86],因此强调重视政府、高校和企业三者之间的协同作用,顺应各方主体的不同利益诉求,充分整合和发挥各自的优势资源。

在校地互动双方职能定位上,地方政府应当是校地互动合作共建的主导者,高校发展战略规划的决策参与者,高校发展的有力支持者;高校应当是地方政府重大决策的智囊团,地方经济发展的服务者,企业技术创新的推动者,地方文化建设的引领者[90]。地方高校与地方政府必须相互协作,共同建构、互为依托,实现共生发展[91]。

在校地互动的主要措施中,地方高校与区域之间的互动发展是诸多因素与主体之间相互作用的过程,包含有高校、政府、市场等诸多主体,互动主体拥有相对独立的自主权,基于共同利益与各自需求,各自的主观能动性基本能得到充分发挥。但由于系统内掌握知识资源的高校与拥有物质资源的地方政府、企业分别属于不同的社会领域,他们在根据自身发展需要做决策时各自为政，容易导致资源使用的不协调。因此，要实现高校与区域的协同发展，关键一点就是要打破系统内各主体在各自领域内的规则和体制制约，使多方在决策时达成一致的价值取向，对多方的人才资源、知识资源和物质资源进行合理配置与优化整合，以实现高校与区域的协同发展[92]。具体而言，促进地方高校与区域经济发展之间的良性互动，应加强地方高校和区域经济发展之间的规划、监督和协调，建立健全地方高校和区域经济互动发展的政策和制度[87]。而双方发挥各自优势实现互补是关键，双方互动需要通过建立研究中心、科技园、咨询中心等一系列互动平台，加强科研合作是确保和提高互动发展实效的重要载体[87；86]。可见，促进地方高校与区域经济发展之间的良性互动，不仅要提高思想认识，而且要构建合作互动平台，建立和完善合作机制和政策环境，以促进地方高校与地方社会的人才和知识的联动、文化和环境的联动、科研和科研成果的联动[93]。

在地方高校与区域协同发展的路径上，高校与区域的协同发展，关键要在"点、线、面"上树立全面的协同发展观：构建高校与区域经济"面"上协同的基础——在生存条件和动力支撑上彼此依托；开拓高校与区域产业"线"上协同的思路——在互搭平台和资源支持上深度合作；依靠高校与区域人才资源"点"上协同的力量——在目标定位和人才输送上协调互补[94]。

因此政府主导是校地互动实施的基础，体制创新是实施的关键，机制创新是实施的保障，项目推动是实施的有效载体[89]。从实践做法看，有学者总结了清华大学与淮安市的产学研合作，双方形成了以市校全面合作协议为基础、产学研专项资金为引导、产学研合作办公室为中心的政府－高校－企业协同的产学研合作模式，有效推动了高校与地方的产学研合作以及企业的技术创新[95]。通过签署《关于加强全面合作的协议》，从合作内容、合作方式、运行机制以及经费等方面，为清华大学和淮安的产学研合作提供了强有力的机制保障；通过清华大学科技开发部和淮安市科技局共同建立了产学研合作办公室，构建了合作模式和平台；通过产学研专项资金引导，为合作提供了资金支持。

（3）高校在推动校地协同互动中的策略。

从高校角度出发，要实现地方高校与区域经济的协同发展，形成耦合效应，应当根据区域发展需要，提升服务区域经济能力是高校转型发展当务之急。转变办学观念，以服务求发展，创新运作机制，学科产业互动，改革人才培养模式等来有效助推地方经济发展[96]。主要的策略包括：立足本土，转变办学理念；地方高校学科与专业设置应与区域经济结构相适应；地方高校的人才培养模式和目标应与区域经济发展对人才的需求相适应；地方高校的教学科研与区域经济发展的层次阶段相适应[58;97]。还有学者基于共生理论，指出地方高校学科建设和专业设置应紧紧围绕地方经济发展的需求进行；地方高校为地方经济发展提供人才保障，为地方区域发展提供科技咨询服务[98]。

从高校角度出发，要实现地方高校与区域经济的协同发展，还应当拓展高校职能，促进地方社会进步和经济发展。主要措施包括：建立高校与地方经济社会密切合作的运行机制，如充分利用人才、学科和信息资源优势，为地方经济社会发展提供信息咨询和政府决策建议，在经济、社会、旅游、文化、教育、科技等方面进行多方位、多层次、多领域全面合作；抓准办学定位和特色，提供地方经济社会发展需要的人才[91;40]；与企业"主动联姻"，推进地方科技创新体系的构建；拓展高校的文化传播中心功能，推动地方精神文明建设[40]。

地方高校要实现与区域经济的协同发展，重点是构建协同人才培养模式，开展协同育人。协同人才培养模式是高校围绕人才培养目标，采取与国内外高校、行业企业、科研院所和政府等进行合作的形式，实现多主体、多要素、多环节的协同，通过校内外教育资源和要素有效汇聚和深度合作，促进优质教学资源共享，构建"开放、集成、高效"的协同培养模式，增强学生的实践动手能力，开拓学生的视野，提高人才培养的质量[99]。教育部高教司司长张大良指出，部分地方本科高校在转型发展过程中，要把协同育人作为重要机制，积极联合行业企业和科研院所，共同制定应用型人才培养标准，共同完善培养方案，共同构建课程体系，共同开发教材、更新教学内容，共同建设实习实训基地，共同组建教学团队，共同实施培养过程，共同评价培养质量，实现内涵发展、质量提升的实质性转型发展[28]。

可见，要实现区域高校与地方经济社会发展互动双赢目标，从高校角度出发，就要使区域高校以地方经济社会发展需要为导向，确立办学目标定位，合理增设新学科、新专业；积极探索提高质量和培养应用型人才的模式和途径；主动融入地方经济社会，增强为地方经济社会服务的实效性，促进地方经济社会综合实力的提升[100]。积极寻求地方政府支持，推进产学研结合;学科群与产业群互动,促进区域社会经济发展[101]。只有更好地融入和服务地方社会,才能得到地方政府和企业的支持。

(4)地方政府在推动校地互动中的策略。

高校服务区域经济社会发展离不开政府的支持和大力资助[86]。在推动校地互动中,地方政府可以营造地方高校服务地方建设的平台[91]。地方政府应树立教育优先发展的理念,重视区域高校对地方经济社会发展的推动作用,积极增加投入,创新服务方式,以实现地方经济社会和区域高校的可持续发展[100]。

2.3.3.3　独立学院迁建后校地互动研究

独立学院与区域经济发展之间呈现出明显的互动特征:一方面,区域经济的发展为独立学院发展提供了重要的物质基础和机制借鉴;另一方面,独立学院为区域经济的进一步发展提供了重要的对口性人力资源[102]。所以,高校与区域协同发展的实质就是在一定区域内的知识资源和物质资源的优化配置[103]。

校地互动是独立学院迁址办学后发展的战略选择。因此独立学院迁址办学后应全面对接所在区域的地方政府、企业、科研院所,开展校地合作、校地共建、校地签约,促进资源要素在独立学院与地方政府、企业之间的双向流动与优化配置,形成校地和谐共生、互动双赢的局面。[89]实施校地互动,体制机制创新是重要保障,"应建立由学校主要领导负责的校地互动领导小组,成立校地互动办公室,并落实相关职能部门,配备专职人员,与地方政府、行业企业和科研院所定期召开联谊会,统筹协调校地共建工作"[89]。而对于当地企业而言,不应只局限于发挥推广应用高新科技成果的作用,还应该成为高校培养、锻炼高素质人才的实训基地,并作为高校深化教育教学改革、人才培养模式变革的重要推动力量。

浙江省独立学院迁建办学现状调查

第 3 章

3.1　独立学院发展的"浙江模式"

3.1.1　独立学院的缘起

　　独立学院是我国在教育财政投入不足,并推动教育大众化前提下产生的市场需求的产物。随着生活水平的提高,人民大众对接受高等教育的需求不断增长,1999 年高校扩招和高等教育大众化进程启动,大部分公办大学的潜力已经充分发挥,容量已经接近饱和,部分高校甚至处于超负荷运转状态。1999 年 6 月召开的第三次全国教育工作会议提出:要进一步改变政府包办教育的状况,鼓励社会力量以多种形式办学。此后国家先后颁布《中华人民共和国高等教育法》和《关于深化教育改革全面推进素质教育的决定》等一系列政策法规,要求"进一步解放思想、转变观念,积极鼓励和支持社会力量以多种形式办学,满足人民群众日益增长的教育需求,形成以政府办学为主体、公办学校和民办学校共同发展的格局。凡符合国家有关法律法规的办学形式,均可大胆试验。在发展民办教育方面迈出更大的步伐"。在这样的背景下,独立学院的前身——二级学院开始出现。

　　独立学院现象最早出现在江浙地区,这是全国市场化进程发展最迅速的两个省。宁波大学最先提出利用综合性大学的优势发展民办高等教育事业的设想。通过对宁波大学西校区土地及教学设施的置换,兴办一所具有独立法人资格、独立校园、独立财务核算、相对独立办学的民办本科二级学院。1999 年 4 月 22 日,浙江省人民政府同意建立宁波大学科学技术学院,于是诞生了浙江省普通高校第一所二级学院[15]。1999 年 7 月,浙江大学试办的独立二级学院——浙江大学城市学院被教育部批准为"独立学院"。这是教育部批准的国内第一所独立学院。由于克服了国家公办高等教育的投入不足和民办高等教育发展艰辛的重重困难,将公办高校的优质教育资源与社会力量的雄厚资本有效结合,形成了一种全新的办学模式。这种模式的出现,有效缓解了人民的教育需求与国家教育投入不足之间的矛盾,同时还能为举办高校创收,减少地方财政对高校支持不足的压力,因此也受到了地方政府的许可。从此,"独立学院"作为公办高校教育资源外延性扩张的一种特殊形式,发展势头强劲。据不完全统计,1999 年浙江省 20 所公办本科院校中有 18 所创办了 19 所独立学院;江苏省设置了 23 所独立学院。浙江省独立学院 1999 年招生 4000 多人,2000 年达到 11000 人,2001 年招生规模超过 20000 人,使浙江省 2001 年的本科生入学人数增到 5 万人,毛入学率由 1998 年的 8.9% 上升到 2001 年的 15%,高考录取率也由 1998 年的 35% 上升到 2001 年的 68%,基本达到高等教育大众化水平[1]。

从独立学院的缘起看,独立学院是我国教育改革中一种新的办学形式,既区别于传统意义上的按学科组建的教学单位(学院),又区别于单纯由社会力量投资举办的民办学院。独立学院的前身被称为国有民办二级学院(亦称为国有民营二级学院、公有民办二级学院),它是以财政拨款以外的社会资源为主要经费来源,在原有公立普通本科高校中运用民办机制创设的新制二级学院,实行国有民营的运作方式,有较大的自主权,在相对独立的情况下与母体大学互相协调进行办学,实施本科教育[16]。2003 年 4 月教育部在对其进行规范管理后,将这类学院统一称为独立学院。

从创生的宏观背景看,独立学院的出现得益于我国高等教育快速发展情况下,国家对民办高等教育态度由"严格控制"向"积极鼓励"转型,为独立学院办学模式创生提供了政策语境;以省级政府为主的高等教育管理体制为独立学院办学模式创生提供了制度空间;高等教育发展的资金与质量双重困境为独立学院办学模式创生提供了客观依据[104]。

3.1.2 独立学院的总体发展情况与趋势

根据教育部最新统计数据,截至 2017 年 5 月 31 日,全国高等学校共计 2914 所,其中普通高等学校 2631 所,其中包括独立学院 265 所(见表 3-1)。

表 3-1　2017 年全国独立学院总体数量及地区分布一览表

学校名称	所在地区	总数量	学校名称	所在地区	总数量
南京大学金陵学院	江苏	25	浙江大学城市学院	浙江	22
中国传媒大学南广学院	江苏		同济大学浙江学院	浙江	
南京理工大学泰州科技学院	江苏		浙江大学宁波理工学院	浙江	
东南大学成贤学院	江苏		杭州师范大学钱江学院	浙江	
南京航空航天大学金城学院	江苏		浙江工业大学之江学院	浙江	
南京邮电大学通达学院	江苏		浙江财经大学东方学院	浙江	

续　表

学校名称	所在地区	总数量	学校名称	所在地区	总数量
南京信息工程大学滨江学院	江苏	25	宁波大学科学技术学院	浙江	22
苏州大学文正学院	江苏		浙江师范大学行知学院	浙江	
南京师范大学泰州学院	江苏		浙江工商大学杭州商学院	浙江	
南京理工大学紫金学院	江苏		杭州电子科技大学信息工程学院	浙江	
中国矿业大学徐海学院	江苏		上海财经大学浙江学院	浙江	
江苏师范大学科文学院	江苏		中国计量大学现代科技学院	浙江	
南京工业大学浦江学院	江苏		浙江海洋大学东海科学技术学院	浙江	
南通大学杏林学院	江苏		嘉兴学院南湖学院	浙江	
苏州科技大学天平学院	江苏		绍兴文理学院元培学院	浙江	
江苏大学京江学院	江苏		湖州师范学院求真学院	浙江	
南京财经大学红山学院	江苏		温州大学瓯江学院	浙江	
南京师范大学中北学院	江苏		浙江农林大学暨阳学院	浙江	
苏州大学应用技术学院	江苏		温州医科大学仁济学院	浙江	
扬州大学广陵学院	江苏		浙江理工大学科技与艺术学院	浙江	
南京审计大学金审学院	江苏		浙江中医药大学滨江学院	浙江	
江苏科技大学苏州理工学院	江苏		温州商学院	浙江	
南京医科大学康达学院	江苏				
常州大学怀德学院	江苏				
南京中医药大学翰林学院	江苏				
燕山大学里仁学院	河北	17	武汉科技大学城市学院	湖北	17
中国地质大学长城学院	河北		湖北经济学院法商学院	湖北	
河北大学工商学院	河北		湖北大学知行学院	湖北	
河北工业大学城市学院	河北		三峡大学科技学院	湖北	
华北理工大学轻工学院	河北		江汉大学文理学院	湖北	
北京中医药大学东方学院	河北		湖北工业大学工程技术学院	湖北	
河北农业大学现代科技学院	河北		武汉工程大学邮电与信息工程学院	湖北	
北京交通大学海滨学院	河北		长江大学工程技术学院	湖北	

续　表

学校名称	所在地区	总数量	学校名称	所在地区	总数量
河北经贸大学经济管理学院	河北	17	长江大学文理学院	湖北	17
河北医科大学临床学院	河北		武汉纺织大学外经贸学院	湖北	
河北科技大学理工学院	河北		湖北民族学院科技学院	湖北	
河北工程大学科信学院	河北		武汉体育学院体育科技学院	湖北	
河北师范大学汇华学院	河北		湖北工程学院新技术学院	湖北	
石家庄铁道大学四方学院	河北		湖北汽车工业学院科技学院	湖北	
河北地质大学华信学院	河北		湖北医药学院药护学院	湖北	
华北电力大学科技学院	河北		湖北师范大学文理学院	湖北	
华北理工大学冀唐学院	河北		湖北文理学院理工学院	湖北	
吉林大学珠海学院	广东	16	湖南商学院北津学院	湖南	15
北京师范大学珠海分校	广东		长沙理工大学城南学院	湖南	
华南理工大学广州学院	广东		湘潭大学兴湘学院	湖南	
中山大学南方学院	广东		中南林业科技大学涉外学院	湖南	
北京理工大学珠海学院	广东		湖南农业大学东方科技学院	湖南	
中山大学新华学院	广东		湖南师范大学树达学院	湖南	
电子科技大学中山学院	广东		湖南科技大学潇湘学院	湖南	
广东财经大学华商学院	广东		湖南工业大学科技学院	湖南	
广东技术师范学院天河学院	广东		吉首大学张家界学院	湖南	
广州大学华软软件学院	广东		湖南理工学院南湖学院	湖南	
广东工业大学华立学院	广东		湖南文理学院芙蓉学院	湖南	
广东外语外贸大学南国商学院	广东		南华大学船山学院	湖南	
华南农业大学珠江学院	广东		湖南中医药大学湘杏学院	湖南	
东莞理工学院城市学院	广东		湖南工程学院应用技术学院	湖南	
广州大学松田学院	广东		衡阳师范学院南岳学院	湖南	
广东海洋大学寸金学院	广东				

续　表

学校名称	所在地区	总数量	学校名称	所在地区	总数量
南昌大学科学技术学院	江西	13	西安交通大学城市学院	陕西	12
江西师范大学科学技术学院	江西		西安建筑科技大学华清学院	陕西	
华东交通大学理工学院	江西		西北工业大学明德学院	陕西	
江西财经大学现代经济管理学院	江西		西北大学现代学院	陕西	
江西理工大学应用科学学院	江西		西安工业大学北方信息工程学院	陕西	
南昌大学共青学院	江西		陕西科技大学镐京学院	陕西	
东华理工大学长江学院	江西		长安大学兴华学院	陕西	
江西农业大学南昌商学院	江西		西安财经学院行知学院	陕西	
江西中医药大学科技学院	江西		西安科技大学高新学院	陕西	
南昌航空大学科技学院	江西		延安大学西安创新学院	陕西	
景德镇陶瓷大学科技艺术学院	江西		西安电子科技大学长安学院	陕西	
江西科技师范大学理工学院	江西		西安理工大学高科学院	陕西	
赣南师范大学科技学院	江西				
山东财经大学燕山学院	山东	11	大连理工大学城市学院	辽宁	10
青岛理工大学琴岛学院	山东		大连医科大学中山学院	辽宁	
烟台大学文经学院	山东		辽宁中医药大学杏林学院	辽宁	
北京电影学院现代创意媒体学院	山东		大连工业大学艺术与信息工程学院	辽宁	
中国石油大学胜利学院	山东		辽宁师范大学海华学院	辽宁	
聊城大学东昌学院	山东		锦州医科大学医疗学院	辽宁	
济南大学泉城学院	山东		中国医科大学临床医药学院	辽宁	
山东财经大学东方学院	山东		辽宁石油化工大学顺华能源学院	辽宁	
青岛农业大学海都学院	山东		沈阳工业大学工程学院	辽宁	
山东科技大学泰山科技学院	山东		沈阳航空航天大学北方科技学院	辽宁	
山东师范大学历山学院	山东				

续　表

学校名称	所在地区	总数量	学校名称	所在地区	总数量
天津大学仁爱学院	天津	10	河海大学文天学院	安徽	10
南开大学滨海学院	天津		安徽师范大学皖江学院	安徽	
北京科技大学天津学院	天津		安徽财经大学商学院	安徽	
天津师范大学津沽学院	天津		安徽建筑大学城市建设学院	安徽	
天津商业大学宝德学院	天津		阜阳师范学院信息工程学院	安徽	
天津财经大学珠江学院	天津		安徽大学江淮学院	安徽	
天津外国语大学滨海外事学院	天津		安徽农业大学经济技术学院	安徽	
天津医科大学临床医学院	天津		安徽医科大学临床医学院	安徽	
天津理工大学中环信息学院	天津		安徽工业大学工商学院	安徽	
天津体育学院运动与文化艺术学院	天津		淮北师范大学信息学院	安徽	
四川大学锦江学院	四川	9	广西大学行健文理学院	广西	9
四川大学锦城学院	四川		北京航空航天大学北海学院	广西	
西南财经大学天府学院	四川		广西师范大学漓江学院	广西	
电子科技大学成都学院	四川		桂林理工大学博文管理学院	广西	
成都理工大学工程技术学院	四川		广西科技大学鹿山学院	广西	
四川外国语大学成都学院	四川		广西民族大学相思湖学院	广西	
西南交通大学希望学院	四川		桂林电子科技大学信息科技学院	广西	
西南科技大学城市学院	四川		广西师范学院师园学院	广西	
成都信息工程大学银杏酒店管理学院	四川		广西中医药大学赛恩斯新医药学院	广西	
山西大学商务学院	山西	8	贵州大学明德学院	贵州	8
中北大学信息商务学院	山西		贵州师范大学求是学院	贵州	
山西农业大学信息学院	山西		贵州大学科技学院	贵州	
太原理工大学现代科技学院	山西		贵州财经大学商务学院	贵州	
山西财经大学华商学院	山西		贵州民族大学人文科技学院	贵州	
山西师范大学现代文理学院	山西		贵州医科大学神奇民族医药学院	贵州	
太原科技大学华科学院	山西		遵义医学院医学与科技学院	贵州	
山西医科大学晋祠学院	山西		贵阳中医学院时珍学院	贵州	

续　表

学校名称	所在地区	总数量	学校名称	所在地区	总数量
厦门大学嘉庚学院	福建	7	云南师范大学商学院	云南	7
集美大学诚毅学院	福建		云南大学滇池学院	云南	
福建农林大学东方学院	福建		云南师范大学文理学院	云南	
福建师范大学协和学院	福建		云南大学旅游文化学院	云南	
福州大学至诚学院	福建		昆明理工大学津桥学院	云南	
福建农林大学金山学院	福建		昆明医科大学海源学院	云南	
福建师范大学闽南科技学院	福建		云南艺术学院文华学院	云南	
重庆大学城市科技学院	重庆	6	长春理工大学光电信息学院	吉林	6
重庆邮电大学移通学院	重庆		东北师范大学人文学院	吉林	
四川外国语大学重庆南方翻译学院	重庆		长春工业大学人文信息学院	吉林	
重庆师范大学涉外商贸学院	重庆		吉林建筑大学城建学院	吉林	
重庆工商大学派斯学院	重庆		长春大学旅游学院	吉林	
重庆工商大学融智学院	重庆		吉林师范大学博达学院	吉林	
北京工业大学耿丹学院	北京	5	河南师范大学新联学院	河南	5
北京邮电大学世纪学院	北京		河南大学民生学院	河南	
首都师范大学科德学院	北京		中原工学院信息商务学院	河南	
北京工商大学嘉华学院	北京		新乡医学院三全学院	河南	
北京第二外国语学院中瑞酒店管理学院	北京		河南科技学院新科学院	河南	
兰州财经大学陇桥学院	甘肃	5	新疆大学科学技术学院	新疆	5
西北师范大学知行学院	甘肃		新疆农业大学科学技术学院	新疆	
兰州财经大学长青学院	甘肃		新疆财经大学商务学院	新疆	
兰州理工大学技术工程学院	甘肃		新疆医科大学厚博学院	新疆	
兰州交通大学博文学院	甘肃		石河子大学科技学院	新疆	
内蒙古大学创业学院	内蒙古	2	中国矿业大学银川学院	宁夏	2
内蒙古师范大学鸿德学院	内蒙古		宁夏大学新华学院	宁夏	
上海师范大学天华学院	上海	2	青海大学昆仑学院	青海	1
上海外国语大学贤达经济人文学院	上海				

资料来源:整理自 http://www.moe.gov.cn/srcsite/A03/moe_634/201706/t20170614_306900.html。

2008 年后,随着教育部 26 号令出台,独立学院纷纷开始按照规定要求进行规范发展,国内独立学院调整、规范与优化的步伐越来越快,2010 年全国共有独立学院 323 所,2011 年 309 所,2012 年 303 所,2013 年 292 所,2014 年 283 所,2015 年 275 所,2016 年 266 所,而截至 2017 年 5 月总量已达 265 所。

3.1.2.1 独立学院在不同省市的分布情况

从独立学院在全国不同省份的分布情况分析,体现为以下几个特点:

(1)独立学院在全国各省市分布广泛。截止到 2017 年 5 月,265 所独立学院遍布全国 28 个省市。这一新模式在全国遍地开花,说明它被各个省市广为接受,逐渐被市场检验,具有了较强的生命力。

(2)独立学院在全国各省市分布和发展不均衡。江苏、浙江是全国最早创办独立学院的两个省份,也是目前独立学院数量最多的两个省份,分别有25 所和 22 所独立学院。独立学院数量超过 10 所的省市依次还包括河北、湖北、广东、湖南、江西、陕西、山东、辽宁、天津、安徽。从这一排名具体分析,独立学院数量较多的省市,一类是经济发展水平较高、市场观念较强且地方政府较为开明和扶持的省市,如江苏、浙江、广东、山东、天津;另一类是属于经济发展水平不高,但区域人口数量众多,社会对高等教育需求强烈的省市,如湖南、江西、陕西、辽宁和安徽。

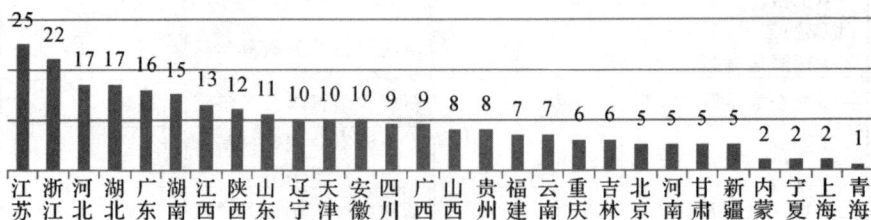

图 3-1 独立学院在全国各个省市的分布数量汇总图

3.1.2.2 独立学院在不同区域的分布数量

从独立学院在全国东部、中部和西部的数量分布分析,东部地区 11 个省市,除海南外,北京、天津、河北、辽宁、上海、江苏、浙江、福建、山东、广东等 10 省市都有独立学院,总计 125 所,占据了全国独立学院的近半壁江山。中部地区除了黑龙江省外,山西、吉林、安徽、江西、河南、湖北、湖南等 7 省都有独立学院,总计 74 所。西部地区除西藏外,四川、重庆、贵州、云南、陕西、甘肃、青海、宁夏、新疆、广西等 10 省市都有独立学院,总计 66 所。东部、中部和西部独立学院数量占比分别为 47%、28% 和 25%。

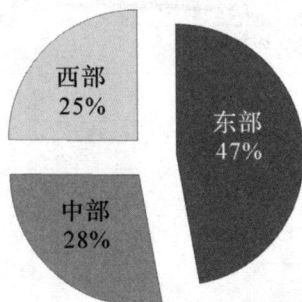

图 3-2　独立学院在全国不同区域的分布比例图

3.1.2.3　独立学院发展的最新趋势

(1)总体发展速度减缓,发展重心从数量扩张转到质量提升。

独立学院经历了"从默许办学到整顿最后到规范"的国家办学政策演变,呈现出快速发展、整顿降速和规范特色发展的阶段特征。从 1999 年开始在浙江、江苏两省率先出现独立学院这一新模式后,迅速被全国其他省市借鉴,到 2003 年教育部整顿前,达到最高峰 360 所。此后,针对数量快速扩张中存在的诸多问题,教育部颁布了《关于规范并加强普通高校以新的机制和模式试办独立学院管理的若干意见》,同年 8 月又下发了《关于对各地批准试办的独立学院进行检查清理和重新报批工作的通知》,并组织力量根据 8 号文件的要求,对全国独立学院办学失范行为进行了清理整顿,最后取消了 100 多所,重新备案最终确认了 249 所。独立学院数量开始逐渐减少。2008 年后,随着教育部 26 号令的颁布,国家对独立学院进一步明确了独立学院创办、管理等实质性与细节性规定,从这一时间段后,独立学院的总体规模进一步逐年小幅下降,国内独立学院调整、规范与优化的步伐越来越快。2010 年全国共有独立学院 323 所,2011 年 309 所,2012 年 303 所,2013 年 292 所,2014 年 283 所,2015 年 275 所。独立学院的发展进入到了"质量建设和内涵建设并重"的阶段。

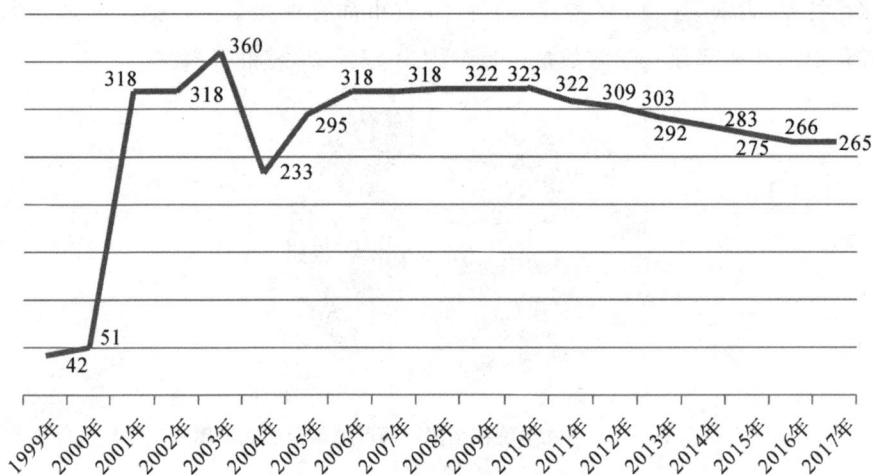

图3-3 独立学院发展历年数量统计图

注:1999—2004年数据来源于相关文献整理,2002年数据无法确定,沿用了2001年的;2003年360个独立学院是教育部整顿前的,整顿后该年为249。2005—2017年数据来源于教育部网站相应年度教育事业发展统计公报。

(2)总体规范发展进度较为缓慢,但近年转设逐渐提速。

根据教育部2008年发布的《独立学院设置与管理办法》第九条规定,"独立学院的设置标准参照普通本科高等学校的设置标准执行"。并在5年过渡期内给予6条规范路径:第一,继续举办独立学院;第二,转设为民办普通本科高校;第三,以公办高校为主举办,"合作方"虚置,不具备独立校区,财产关系模糊,具有"校中校"特征的独立学院可以并入公办高校,也可以引入新出资方迁址实现规范;第四,合并继续举办独立学院;第五,由当地政府支持转为公办高校,转设后继续与政府合作;第六,转为其他层次的民办学校或终止办学,并根据规范建设结果进行验收。2013年5月,教育部把独立学院规范验收的最后期限延迟到2016年。

从实际进展看,2008年到2010年三年时间里,采取转设规范途径的独立学院总数共5所,不到总体数量的2%。截止到2013年3月31日届满时,当时全国315所独立学院中只有23所申请转设为独立设置的民办本科高校,另有8所独立学院进入转设考察、公示期,约占独立学院总数的10%,说明在教育部规定的5年过渡期里,才总共约10%的独立学院实现了转设。但相比于前3年,从2011年开始到2016年,近6年来,全国已有56所独立学院正式脱离母体高校,自立门户办学,约占全国独立学院总数的 20%,这意味着独立学院通过转设这一途径实现规范的工作逐渐提速。

可见,从近年来,全国独立学院正式脱离母体高校和自立门户转设办学情况分析,从进度安排上来看,转设比例整体偏少;从地区布局来看,转设区域分布不均;从办学条件来看,基础设施相对完善;从转设效果来看,发展态势稳中趋好[78]。

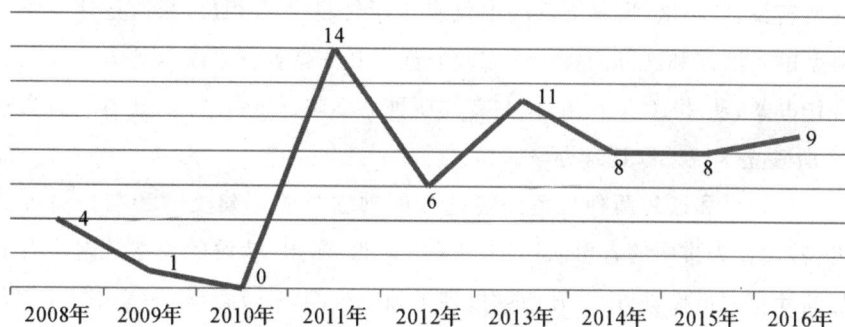

图 3-4　全国独立学院历年转设数量统计图(2008－2016)

(3)转设和迁建是独立学院普遍采取的两条规范路径,但不同省份、不同创建模式的独立学院的规范路径选择具有差异。

虽然教育部 26 号令确立了 6 种独立学院的规范路径,但在实际发展中,转设和迁建是独立学院普遍采取的两条规范路径。转设是将独立学院完全脱离母体高校,自立门户,转设为民办普通本科高校。而迁建指的是由于原办学场地等受限,独立学院迁往其他地方办学,仍继续和母体高校保持着关系,如上缴管理费等。

从 2008 年开始,截止到 2016 年底,全国共转设的独立学院数量为 61 所,约占独立学院总量的 20%;而还有相当一部分独立学院则选择了异地迁建办学这一途径,虽然目前没有相关的调查统计数据,但异地迁建办学数量目前大致与转设持平。后续迁建将成为更多独立学院的规范选择。独立学院转设比例之所以偏低,主要是因为独立学院转设为民办本科院校,是一次重大的利益调整,涉及公办高校、投资企业、政府部门、师生员工等利益相关者的切身利益诉求,各方意见不一、立场不一、认识不一,因此形成了多方博弈的格局[78]。

虽然独立学院规范建设的两条路径中,都有相当数量的学校会选择,但是不同省份、不同创建模式的独立学院的规范路径选择上具有明显差异。从转设情况看,东三省独立学院转设居多,其中:黑龙江省有 8 所,占该省独立学院总数的 88.9%;辽宁省有 11 所,占全省独立学院总数的 50%;吉林省有 5 所,占全省独立学院总数的 45.5%。湖北省是全国独立学院数量最多的省份,共有 31 所,其中有 11 所转设,数量居全国第一,所占比例达35.4%。但值得关注的是,作为独立学院大省,浙江省 22 所独立学院中无一所转设,江苏 25 所独立学院中仅有 1 所转设[78]。相反,采取迁建办学最典型的是浙江和江苏两省。两省政府鼓励和支持独立学院与地方人民政府合作办学,从 2010 年开始,江苏有 6 所独立学院迁址办学,浙江省则有高达12 所独立学院采取迁址办学。

从转设和迁建两种规范路径选择的独立学院创建类型和初始情况分析,转设较为集中的省份如辽宁、吉林、湖北、四川,转设的独立学院均有真正的社会力量投资方,一开始就做到了独立校园、独立教学、独立财务,公办高校只投入了无形资产,产权结构比较清晰。这些独立学院一般属于民间资本参与的校企合办、校政企合办的"民办型"独立学院。而转设较少的省份多数独立学院属于"国有民办"性质,公办高校是其最初的唯一投资主体或者主要投资主体,公办高校不仅投入了无形资产,而且还投入了土地、校舍、实验设备等,由于长期与母体高校处于依附关系,这类独立学院办学指标难以达到普通高等学校的设置条件。例如,浙江省的 22 所独立学院中,有 16 所是公办高校自己举办的;江苏省现有 25 所独立学院中,有 17 所是由母体高校教育发展基金会举办的,比例高达 65.4%[78]。同时,一些人文底蕴不足、文化产业薄弱、经济实力较强的地方政府有意吸引高校进驻,以推进本地城市化建设和产业结构调整,营造人文氛围,提升城市品位。地方政府通常以解决独立学院迁建的土地、基础设施建设问题以及提供资金支持等方式作为吸引,有效规避了举办高校置地兴办校区、投资基础设施建设所带来的财政压力,这为独立学院外迁异地办学提供了历史机遇和外部环境[105]。因此,异地迁建办学便成为这些独立学院的理性选择。

3.1.3 独立学院发展的"浙江模式"分析

3.1.3.1 独立学院"浙江模式"的办学概况及与母体关系

宁波大学科学技术学院是独立学院"浙江模式"的开创者[77]。该校提出,通过对西校区原宁波师范学院土地及相关教学设施的置换,兴办一所具有独立法人资格、独立校园、独立财务、相对独立办学并按教育成本收费的民办二级学院。浙江省人民政府在 1999 年 4 月同意建立宁波大学科学技术学院后,于同年 8 月又批复了"关于浙江工业大学等 8 所高校组建民办二级学院"的申请。仅浙江省来看,据不完全统计,1999 年浙江 20 所本科院校中有 18 所创办了 19 所独立学院[1];到 2002 年,浙江省共有 22 所普通高校获准进行二级学院办学试点。这些二级学院绝大部分属于母体独办的类型,对浙江的高教发展起到了很大的作用[15]。

表 3-2 浙江省国有民办二级学院获准办学时间一览表

学校名称	批准单位	批准时间
宁波大学科学技术学院	浙江省人民政府	1999-4-22
浙江大学城市学院	教育部 浙江省人民政府	1999 年 7 月
中国计量学院(现中国计量大学)育英学院(现现代科技学院)	国家质量技术监督局	1999-7-5
浙江工业大学之江学院 杭州电子工业学院(现杭州电子科技大学信息工程学院) 温州医学院(现温州医科大学)仁济学院 浙江财经学院(现浙江财经大学)东方学院 杭州商学院国际经贸学院(现浙江工商大学杭州商学院) 杭州师范学院(现杭州师范大学)钱江学院 浙江师范大学行知学院 温州师范学院求真学院	浙江省人民政府	1999-8-4
杭州应用工程技术学院科技学院 浙江工程学院(现浙江理工大学)设计与艺术学院	浙江省人民政府	1999-10-10
浙江中医学院(现浙江中医药大学)滨江学院 浙江海洋大学东海科学技术学院 浙江林学院天目学院(现浙江农林大学暨阳学院) 温州师范学院(现温州大学)瓯江学院 绍兴文理学院元培学院	浙江省人民政府	2000-1-5
浙江大学宁波理工学院	国家教育部	2001 年
嘉兴学院南湖学院	浙江省人民政府	2003 年

从二级学院与母体高校关系分析,浙江省二级学院(独立学院前身)和母体之间关系大致有四种类型:一是完全独立型,基本做到了独立法人、独立办学、独立财务和独立校区;二是完全融合型,二级学院和母体其他类型学院没有任何区别;三是"教""学"分离型,二级学院只管学生管理,不管教学工作;四是基础部型,这类二级学院只负责一、二年级学生的教学,三、四年级又回到其他二级学院[106]。

3.1.3.2 独立学院"浙江模式"的办学实质及优缺点

独立学院"浙江模式"的实质就是以普通公办高校为主导的"国有民办"独立学院办学模式[25;77]。独立学院的产权为国有,按民办机制进行管理,学校按教育成本收取学费,国家不再投入。独立学院共享母体高校的部分师资,并把学费收入的一部分上缴母体,作为土地、校舍、师资等办学资源的使用费。独立学院与母体高校之间合作办学、互利互惠[77]。区别于主要以社会力量出资办学的外生型办学模式,它是一种内生型办学模式[25]。内生型独立学院是当前我国独立学院群体中的主体,包含母体独办型、校企合办型、政校合办型和混合举办型等多种类型[77]。但无论哪种举办形式,内生型独立学院的举办母体学校都对独立学院的实际办学起到主导作用,独立学院办学的重大决策以母体学校为主。由于内生型独立学院办学过程中母体学校起到了主导作用,大多数这类独立学院走的是一条"依附发展"的办学道路,独立学院在学科专业、师资队伍、教学管理、质量监控等方面大都依附母体学校进行办学[77]。这种内生型独立学院发展能够很快进入规范发展的轨道,办学质量能够得到较好保证,招生规模能够得到快速扩张。但这一办学模式也同样暴露出办学条件不足、办学投入不足、办学体制不顺、办学特色缺乏、产权过户困难、发展空间堪忧、独立依附两难等问题,亟待寻找新的出路[25]。

3.1.3.3 独立学院"浙江模式"的发展特征与阶段趋势

浙江独立学院的发展特征表现为:(1)先办学后规范;(2)以公办二级学院的办学模式为主。浙江省最初创办的 22 所独立学院,按照办学模式可以分为三类:第一类是公办高校与校属企业合办,实质上是公办高校自己举办,共 16 所;第二类是公办高校与地方政府或国企合作;第三类是公办高校与私企合作办学,共 4 所。无论哪一种类型的独立学院,从与公办高校的关系来看,独立学院的人事权和财务权没有独立性。独立学院的院领导由举办学校本部任命;独立学院的学费收入首先上缴省财政、转拨后再经举办学校审批使用;独立学院的核心活动——教学工作和学生工作,也没有和母体学校完全分离[107]。

自 1999 年 4 月至今,浙江独立学院 10 年的发展历程大致可以分为三个阶段:1999－2002 年为大胆试水期,2003－2007 年为独立规范期,2008年至今为提升完善期[108]。经过十多年的发展,浙江省独立学院的发展已经由规模扩张转入到内涵提升,注重办学质量和探索办学特色已经逐渐成为新的发展趋势[107]。

3.2　浙江省独立学院迁建概述

3.2.1　浙江省独立学院基本情况

从 1999 年开始,浙江省人民政府先后批准 18 所普通本科高等学校依托原有的师资、教学、管理等优势,通过社会力量投资、银行贷款等方式筹措资金,成立了 20 所独立学院。2008 年 5 月,经教育部批准正式建立同济大学浙江学院、上海财经大学浙江学院。截止到 2015 年,全省独立学院已达到 22 所。

2015 年,浙江省独立学院招生 4.32 万人,占全省普通本科高校招生数(15.28 万人)的 28.27%;在校学生 17.41 万人,占浙江普通本科高校在校生(60 万人)的 29.02%。独立学院的设置,大大推进了高等教育的大众化与普及化。浙江省独立学院经过十余年的发展,已形成独特的办学特色和办学模式,办学质量得到了社会的普遍认可。武书连 2013 中国独立学院排行榜显示,浙江省 22 所独立学院中有 14 所进入综合实力前 100 名。

独立学院,属于民办高等教育,其办学主体多元化正是其区别于公办本科教育的主要特征。目前浙江省独立学院主要有三种类型:一类是普通高校与地方政府以及国有大型企业共同举办模式;一类是先期由普通高校独立举办,后改为普通高校与校办企业等合作举办;还有一类是普通高校与社会力量共同举办模式。

表 3-3　浙江省独立学院名录

序号	院校	序号	院校
1	宁波大学科学技术学院	12	绍兴文理学院元培学院
2	湖州师范学院求真学院	13	浙江中医药大学滨江学院
3	温州大学瓯江学院	14	浙江理工大学科技与艺术学院
4	浙江海洋大学东海科学技术学院	15	温州医科大学仁济学院
5	嘉兴学院南湖学院	16	温州大学城市学院（现温州商学院）
6	杭州师范大学钱江学院	17	中国计量大学现代科技学院
7	浙江师范大学行知学院	18	浙江农林大学暨阳学院
8	浙江财经大学东方学院	19	浙江大学城市学院
9	浙江工业大学之江学院	20	浙江大学宁波理工学院
10	杭州电子科技大学信息工程学院	21	同济大学浙江学院
11	浙江工商大学杭州商学院	22	上海财经大学浙江学院

3.2.2　浙江省独立学院迁建背景

3.2.2.1　迁建的宏观背景：教育部对独立学院的规范发展要求

为促进和规范独立学院的发展，2008 年 2 月，教育部颁发了《独立学院设置与管理办法》。随后，浙江省制订了《独立学院规范设置 5 年规划（2008－2012）》，根据全省 22 所独立学院的具体状况，按照"一校一策、分类规划、分步实施"原则，推出了"剥离规范""迁建规范""变更主体等其他规范"的措施，积极推进独立学院规范设置工作。其中，按照教育部 26 号令"独立学院不少于 500 亩地的国有土地使用证"，浙江省的多数独立学院聚集在杭州和区域中心城市，大多无法满足这一要求。涉及此类规划的有浙江财经大学东方学院等 13 所独立学院。2008 年以来，这 13 所独立学院先后从省会城市、区域中心城市向周边县域迁建，即采取"迁建规范"。这是 26 号令颁布以来，全国独立学院规范设置和发展过程中出现的"浙江现象"。

表 3-4　22 所独立学院分类规范设置一览表

规范设置类型	独立学院
剥离规范	7 所独立学院：宁波大学科学技术学院、湖州师范学院求真学院、温州大学瓯江学院、杭州师范大学钱江学院、浙江海洋大学东海科学技术学院、嘉兴学院南湖学院、浙江师范大学行知学院
迁建规范	11 所独立学院：浙江财经大学东方学院、浙江工业大学之江学院、杭州电子科技大学信息工程学院、浙江工商大学杭州商学院、绍兴文理学院元培学院、温州医科大学仁济学院、浙江理工大学科技与艺术学院、浙江中医药大学滨江学院、温州大学城市学院、中国计量大学现代科技学院、浙江农林大学暨阳学院
变更主体等其他规范	4 所独立学院：浙江大学城市学院、浙江大学宁波理工学院、同济大学浙江学院、上海财经大学浙江学院

资料来源：《关于浙江省独立学院五年过渡期工作进展情况的汇报》。

注：宁波大学科学技术学院、浙江师范大学行知学院等两所在本表中确定为剥离规范的学院后来也采取了迁建规范的方式，所以浙江省实际实行迁建规范的独立学院最后一共是 13 所。

3.2.2.2　迁建主体背景：独立学院可持续发展的理性选择

迁建县域办学不仅是浙江独立学院贯彻教育部 26 号令的现实需要，更是独立学院实现可持续发展的理性选择。我省独立学院经过十余年的努力，办学规模不断扩大、学校布局不断优化、内涵发展不断强化、办学水平走在了全国前列，但存在学校性质不够清晰、管理体制不够明确、办学特色不够突出、办学经费来源过于单一、队伍建设比较薄弱、人才培养与经济社会发展需求契合度不高及办学活力与竞争力总体不强等问题。同时，在独立学院发展过程中，独立自主办学的意识在增强，它希望能够争取到独立自主权，其中最核心的是人的独立和财的独立，在原来属于母体学校范围内这种可能性不大，而只有通过外迁才可能实现。

2016 年 4 月，浙江省出台《关于支持独立学院发展的若干意见》（以下简称《意见》），明确独立学院坚持应用型高校发展方向，以服务地方经济社会发展和毕业生就业创业为导向，以培养高素质应用型人才为目标，努力实现独立学院的特色化发展。那么，迁址县域办学，拓展办学空间，实现与县域经济社会协同发展，无疑成为部分独立学院的理性选择。

3.2.2.3　迁建地方政府背景：推动地区经济发展的政治和现实需求

承接独立学院迁建，是浙江部分县域政府追求高等教育资源全省均衡布局的政治考量，更是助推县域经济社会转型升级的现实考量。浙江高校大多分布在杭州、宁波和温州等地,从高等教育资源的分布来看,浙江西南部相对匮乏,这些县域迫切需要高等教育资源的布局。另一方面,改革开放以来,浙江的县域经济经过二十余年的高速发展之后,县域经济社会已经具备了相当的基础和承载能力,有能力承接独立学院办学。然而,近年来浙江县域经济"换挡减速",转入以7%—8%为中轴的中速增长通道,县域经济面临着转型发展的压力。独立学院迁入县域后,必将在多方面助推当地的生态、文化、经济和社会发展,主要如下:

(1)助推县域经济的转型升级。浙江省县域经济正处于转型升级的关键期,独立学院的引入将突破县域经济的人才瓶颈,推动县域经济增长由主要依靠物质资源消耗向主要依靠科技进步、劳动者素质提高和管理创新方向转变。

(2)为县域经济转型发展优化社会环境。独立学院不仅仅将在中观和微观层次上影响县域经济的转型进程,而且将在更深层次、更大范围上持续地影响创新型社会的价值文化体系建设,客观上迎合了城市化进程背景下经济发展对更高水平的生态、文化、教育、医疗卫生等社会公共服务的需求。

(3)有利于构建县域发展空间的新布局。西方发达国家成熟经验显示出高等学校的建设和发展是推进城镇化最有效手段。迁入县域的独立学院往往被安排在城郊接合部或工业区,这些区域是主城区的延伸,是城镇化重点推进的方向。

同时,浙江省高等教育"十三五"发展规划提出:"到2020年,全省高等教育竞争力和综合实力进入全国省(市、区)前列,高等教育错位发展、特色发展的格局基本形成。"同时,实施本科教育"优势特色专业建设计划",做大做强与浙江经济社会发展相适应的专业。独立学院作为本科教育不可忽视的一个重要平台,只有深化改革、优化结构、稳定规模、注重内涵、强化特色、提升质量,寻找一条与地方社会经济协调发展的道路,强化专业与产业、专业与社会发展、专业与就业的结合,加快培养一大批复合型、应用型高素质人才和社会紧缺急需人才,才能实现"十三五"提出的重要目标。与此同时,浙江的县域经济目前也具备了相当的基础和承载能力,有能力承接独立学院办学,促进产学研相结合的教育发展。由此可见,浙江省独立学院的迁建,从宏观层面分析,是国家宏观政策变化下的产物;从区域范围分析,是地方政府、独立学院、母体高校多方利益主体,从将独立学院办好,转型规划好这一共同意愿下出发的结果。

3.2.3 浙江省独立学院迁建现状

2009 年,浙江省对依托母体高校办学,条件比较充足的独立学院,采取"剥离规范"方式;对办学条件不足,拓展空间受限的独立学院,采取"迁建规范"方式;独立办学且条件基本符合的,采取"投资主体规范"方式。

目前,浙江 22 所独立学院中,有 13 所已外迁办学或明确将从省会城市、区域中心城市向周边的县域迁建。如浙江财经大学东方学院、浙江工业大学之江学院、浙江农林大学暨阳学院、浙江工商大学杭州商学院已分别迁建到海宁、柯桥、诸暨和桐庐等地办学。又如,杭州电子科技大学信息工程学院、浙江师范大学行知学院、温州医科大学仁济学院、宁波大学科技学院、浙江理工大学科艺学院、浙江中医药大学滨江学院将分别迁建至临安、兰溪、洞头、慈溪、上虞、富阳等地办学。

表 3-5 浙江省 13 所独立学院迁建现状一览表

序号	院校	合作办学主体	新校区地点	迁建阶段
1	宁波大学科学技术学院	宁波大学与慈溪市人民政府	宁波慈溪	2015 年 8 月,签署迁建协议 2015 年至今,准备新校区筹建工作
2	浙江师范大学行知学院	浙江师范大学与兰溪市人民政府	金华兰溪	2013 年 12 月,签署迁建协议 2014 年 5 月,省政府办公厅批复同意迁建 2015 年 9 月,新校区奠基开工
3	浙江财经大学东方学院	浙江财经大学与海宁市政府所属的浙江金海洲建设开发有限公司	嘉兴海宁	2008 年,新校区奠基开工 2010 年 9 月,整体迁址 2014 年 11 月,新校区建设全面完工
4	浙江工业大学之江学院	浙江工业大学与绍兴县教育投资有限公司	绍兴柯桥	2012 年 5 月,新校区奠基开工 2013 年 9 月,整体迁址
5	杭州电子科技大学信息工程学院	杭州电子科技大学与临安市政府	杭州临安	2014 年 4 月,新校区奠基开工
6	浙江工商大学杭州商学院	浙江工商大学与桐庐县国有资产投资经营有限公司	杭州桐庐	2012 年 12 月,新校区奠基开工 2014 年 9 月,迁址办学

续　表

序号	院校	合作办学主体	新校区地点	迁建阶段
7	浙江中医药大学滨江学院	浙江中医药大学与富阳市城市建设投资集团有限公司、富阳市人民医院、富阳市中医骨伤医院3家单位	杭州富阳	2009年4月,浙江中医药大学与富阳市人民政府签署《共建浙江中医药大学滨江学院框架协议书》 2010年7月,确定新校址 2012年12月,新校区奠基开工 2016年9月全面竣工
8	浙江理工大学科技与艺术学院	浙江理工大学与上虞市政府	绍兴上虞	2015年2月,签订共建协议 2015年7月,新校区奠基开工
9	温州医科大学仁济学院	温州医科大学与洞头县人民政府	温州洞头	2011年9月,新校园项目正式签约 2012年初,开工建设
10	温州大学城市学院	温州大学与温州文博教育投资有限公司	在原址扩建	2009年9月,新校区扩建开工; 2012年9月,扩建二期工程全面竣工并投入使用 2015年9月,更名为"温州商学院"
11	中国计量大学现代科技学院	中国计量大学与义乌市人民政府	义乌	2018年,义乌市人民政府与中国计量大学签订了全面合作协议,合作迁建中国计量大学现代科技学院
12	浙江农林大学暨阳学院	浙江农林大学与诸暨市人民政府、诸暨市教育发展投资有限公司	绍兴诸暨	2011年8月,决定迁址办学 2013年9月,整体迁址
13	绍兴文理学院元培学院	绍兴文理学院与中国绍兴黄酒集团有限公司	绍兴市越城区	2015年7月,整体搬迁至镜湖校区

　　这在浙江乃至全国独立学院发展史上都未曾有过。在迁建过程中,一些独立学院不仅实现了真正的独立,而且借迁建之机实现了跨越式发展。相反,一些独立学院出现水土不服现象,发展前景堪忧。总之,独立学院迁建办学的"浙江现象"值得深入剖析。

3.3　浙江省独立学院迁建进程：基于四所高校的实践分析

3.3.1　浙江工商大学杭州商学院迁建分析

3.3.1.1　迁建总体情况概述

浙江工商大学杭州商学院(以下简称学院)是 1999 年首批经浙江省人民政府批准设立,2004 年经教育部重新确认的全日制本科独立学院,原与母体学校合址办学(浙江省杭州市下沙高教园区学正街 18 号)。根据浙江省发展与改革委员会〔2012〕134 号文件,学院改由浙江工商大学与桐庐县国有资产投资经营有限公司合作办学,校区整体迁至桐庐,由浙江工商大学校长陈寿灿担任董事长。2011 年,校企双方拟定合作办学协议;2012 年 12 月,学院正式奠基并开工建设;2014 年 9 月,学院完成新校区第一届学生招收工作;于 2016 年秋季,新校区基本建设完成,全日制在校学生规模达到 8500 名左右。学院的迁建属于边建设边办学的模式,即一边在桐庐建设新校区,一边在老校区教工路和新校区同时办学,桐庐校区于 2014 年开始迎接新生,到 2017 年,四届学生全部入驻桐庐新校区。

根据教育部 26 号令有关规定,具备教育部确认的"按照新机制和新模式举办本科层次的独立学院",即杭州商学院迁建至桐庐后,将具有独立校园和基本办学设施,实施相对独立的教学组织和管理,独立进行招生,独立颁发学历证书和学位证书,独立进行财务核算,具有独立法人资格,独立承担民事责任。

3.3.1.2　新校区规模

新校区坐落于桐庐,成为桐庐县第一所高等院校。新校区项目规划用地面积 557 亩,另预留用地 260 亩(山地),规划建筑面积约 22 万平方米。学校于 2012 年 12 月正式奠基并开工建设,总建设期为 5 年,分 4 期建设,规划一期建筑面积约 6 万平方米,建设项目包括一号食堂、图书馆、体育馆、3 幢学生宿舍、管理分院、公共教学楼等。2016 年基本完成新校区建设,新校区可满足师生教学、生活、运动及其他配套服务等要求。目前校区内的主要单体建筑包括图书馆、公共教学楼、管理分院楼、经法分院楼、人文分院楼、行政楼、综合体育馆、大学生创业中心楼、师生活动中心楼、食堂、7 幢 6

层学生宿舍楼、1幢11层教师宿舍楼及辅助用房等。校区北临春江路,南至320国道,距杭千高速凤川出口3千米,西面是规划保留山体塘坞山山脉,东沿凤川大道(柴埠大桥引桥)。学校离桐庐县城中心广场3.5千米,5—10分钟车程。新校区建设采取的是边建设边使用的模式,2012年动工,2014年开始有第一届新生入驻新校区就读。

3.3.1.3 学科设置

学院现有5个分院和3个基础教研部,全日制普通本科在校学生8000余人。学院科学定位,以相近专业为支撑,紧密结合了学院办学条件及区域经济发展对人才的需求,充分依托母体良好的学科基础、师资条件和教学资源,已经形成了以经管类学科为主体,经、管、文、法、工、艺六大学科协调发展的本科专业总体布局与结构。学院现有的24个本科专业中,经济学门类专业5个,管理学门类专业10个,文学门类专业4个,法学门类专业1个,工学门类专业1个,艺术学门类专业3个,专业布局与结构符合学院发展定位,符合经济社会发展需要。

表3-6 浙江工商大学杭州商学院现有专业设置一览表

序号	专业(类)名称	所属学院
1	工商管理	管理学院
2	市场营销	
3	人力资源管理	
4	会计学	
5	财务管理	
6	旅游管理	
7	经济学	经法学院
8	经济统计学	
9	金融学	
10	国际经济与贸易	
11	贸易经济	
12	法学	
13	英语	外语学院
14	商务英语	

续　表

序号	专业(类)名称	所属学院
15	新闻学	人文分院
16	广告学	
17	公共事业管理	
18	行政管理	
19	环境设计	
20	产品设计	
21	视觉传达设计	
22	计算机科学与技术	理工学院
23	物流管理	
24	电子商务	

3.3.1.4　师资队伍

学院拥有一支师德优良、素质全面、富有活力、海外背景雄厚的高水平师资队伍,现有教职工约 400 人,其中专任教师近 300 人,超过 2/3 具有海外名校或 211、985 高校学习经历,高学历高职称的教师占专任教师的比例超过 50%。随着 2017 年近 80 位母体学校高学历高职称教师分流到杭州商学院,学院的整体师资队伍的年龄、学历和职称都有了显著的提高。

3.3.1.5　人才培养

学院坚持"质量首位、规范管理、严活结合、办出特色"的办学理念,全力实施"教书育人、管理育人、服务育人",不断深化人才培养模式改革,不断强化提高学生的应用能力、创新意识和创业能力,努力为社会培养具有扎实理论基础,较强实践能力和创新精神的高素质应用型"大商科"人才。学校在人才培养上充分发挥财经类院校优势,强调应用型技能和职业化发展,以提升学生的五大能力为目标,即人文精神、职业素养、创新意识、国际视野、专业技能。

3.3.1.6　专业特色

工商管理(重点方向:创业管理与服务管理)、国际经济与贸易(重点方向:跨境电子商务)、新闻学(重点方向:财经新闻)等 3 个专业获得省教育厅

"十二五"普通本科高校新兴特色专业建设项目立项。学院在办学中注重特色培养,开设有会计学(ACCA方向)特色班、国际经济与贸易(中美澳学分互认班)、创业孵化班等,并成为我省第一所开设金融学CFA(国际特许金融分析师)班的独立学院。

3.3.1.7 国际化办学

目前,学院与国外合作院校共同开展了多个留学项目,这些项目分为合作院校的交换项目和学位项目,如本科"2+2""3+1"及硕士项目等。学院与美国加州大学伯克利分校/河滨分校、美国圣地亚哥大学等十余所高校开展学生交流和交换合作。学位项目主要包括与布里奇波特大学合作开设MBA预备课程班、南澳大学2+2双学位项目、英国考文垂大学3+1+1本科硕士项目、美国印第安纳大学普渡大学韦恩堡分校2+2双学位项目。同时,为了鼓励更多的学生出国交流,学院设立了对外交流特别奖学金、寒暑期对外交流奖学金、学院国际项目特设奖学金、雅思/托福奖学金等,对品学兼优的学生进行奖励,这些措施极大地激发了学生出国学习的热情。以此更好地适应江浙地区外向型经济特征明显和民营经济发达的区域社会需求,培养更多具有国际化视野和国际经验的应用型人才。

3.3.2 浙江财经大学东方学院迁建分析

3.3.2.1 迁建总体情况概述

浙江财经大学东方学院,1999年8月经浙江省人民政府批准组建为民办二级学院,并于当年招生,是全省第一批被批准的8所民办二级学院之一。2004年经国家教育部批准和确认为独立学院,是一所以经济、管理学科为主体,经、管、文、艺、法、理、工多学科协调发展的应用型本科院校。2015年底,学院获批为浙江省应用型建设试点首批示范学校。

为响应教育部26号令对独立学院规范性办学的要求,东方学院作为全省首家外迁的独立学院。2008年1月,经省政府同意,办学合作方由浙江文华教育服务有限公司变更为海宁市政府所属的浙江金海洲建设开发有限公司。2010年3月,浙江财经学院东方学院新一届董事会成立,校内各项制度不断建立和完善,按新体制新机制运转,实现教育部"6独立"办学要求。2008年选定新校址后,校园基建正式启动。2010年9月,学院从杭州市文华校区整体迁址至浙江省海宁市连杭经济开发区长安新校区。2012年底,新校区竣工验收后土地、房屋产权证已办至该独立学院名下。2014年11月,学院隆重举行建校15周年庆典大会暨新校区全面落成典礼。

3.3.2.2　新校区规模

新校区位于杭州湾北部的海宁市连杭经济开发区高新区内,占地984亩,建筑面积31万余平方米,目前已全面建成并投入使用。学院交通便利,紧临沪杭高速公路和杭浦高速公路,离浙江财经大学下沙校区直线距离10余千米。新校区拥有教学楼11幢,体育馆、影剧院、学术交流中心、风雨操场设施完备。其中,2011年投入使用的图书馆设有18个阅览室和1个海宁特色文化阅览室"仰山文苑",图书馆与浙江财经大学本部实现数字资源共享,有中外文各类数据库近百个。2015年12月,为了进一步推进校园文化建设,东方影剧院校园电影院线正式运行,成为浙江省内继浙江大学、浙江海洋大学之后第三个拥有先进数字放映设备的大学。据悉,东方影剧院总面积7985.24平方米,可容纳观众950人,采用先进的视听设备和放映设备,宽阔整洁的大厅设计和沙发式座椅,观影软硬件条件跻身国内高校前列。另外,新校区还建成有跨专业综合实训中心、大学生创业实践园、创意工坊、模拟法庭、金融实训中心、外语自主学习交流中心等多个校内实训场地。现有教职工近800人,其中专任教师512人,在校生0.8万人,仪器设备2460.9万元,生均3000元,图书43.9万册,生均58册。

3.3.2.3　学科设置

东方学院顺应浙江经济和社会发展需要,设置满足社会需求前景看好的专业,努力构建起"按社会需求设专业,按学科打基础,按就业设模块,使学生横向可转移、纵向可提升"的本科培养体系。学院设有金融与经贸分院、财税分院、工商管理分院、会计分院、信息分院、法政分院、人文与艺术分院、外国语分院、体育中心等9个教学部门。现有财政学、税收学、行政管理、劳动与社会保障、劳动关系、会计学、审计学、财务管理、资产评估、金融学、保险学、工商管理、工程管理、市场营销、人力资源管理、物流管理、信息管理与信息系统、计算机科学与技术、电子商务、应用统计学、法学、经济学、国际经济与贸易、英语、商务英语、日语、汉语言文学、广告学、视觉传达、环境设计、产品设计、服装与服饰设计等32个本科专业。

表 3-7　浙江财经大学东方学院现有专业设置

所属分院	开设专业			
金融与经贸分院	金融学	保险学	经济学	国际经济与贸易
财税分院	财政学	税收学	劳动与社会保障	劳动关系
工商管理分院	工商管理	人力资源管理	市场营销(营销策划及市场推广方向)	
	物流管理	工程管理(工程项目管理方向)		
会计分院	会计学	财务管理	资产评估	审计学
信息分院	信息管理与信息系统	计算机科学与技术	电子商务	应用统计学
法政分院	法学	行政管理	社会工作	
文化传播与设计分院	服装与服饰设计	产品设计	环境设计	视觉传达设计
	广告学	汉语言文学(文宣方向)		
外国语分院	日语(经贸方向)	英语(含经贸、翻译方向)		商务英语

3.3.2.4　师资队伍

学院实行董事会领导下的院长负责制。截止到 2016 年 9 月,学院共有教职工 800 余人,其中专任教师 512 人;正高级职称教师占 13.7%,副高级职称教师占 30.5%;专任教师中博士学位教师 120 人,占 23.3%;硕士及以上学位 444 人,占 86.7%。学院现有普通全日制在校生 9900 余人。

表 3-8　浙江财经大学东方学院 2013 年师资建设大会专题报道

序号	主题	内容概要	二级分院
师资建设大会系列报道之一	政产学研相结合,外引内培两手抓	根据工商管理学科实践性和应用性比较强的特点,多次组织分院教师下基层、走企业,开发教学与实践案例。截至 2013 年 12 月,该分院政产学研基地已达 14 个,年实训学生达 1000 余人。坚持"科研抓点、教学抓面"的工作思路,积极通过青年教师成长计划、课题申报专题讲座、助教导师全程指导等措施为分院教师开展科研活动提供平台	工商管理分院

续　表

序号	主题	内容概要	二级分院
师资建设大会系列报道之二	依托专业特色,加强师资培养	在分院"十二五"发展规划中凝练出计算机、电子商务、信息管理及统计学 4 个专业的特色方向分别为服务外包、电子商务贸易及互联网金融、金融信息及会计信息、金融统计,指明将结合专业特色加强师资队伍建设。与浙大网新、财通证券、招商证券、同花顺、海宁市商务局、许村家纺协会等与特色方向相关企业联合,开展校企合作,并选派相应教师进入企业帮助其建立电子商务网站、服务外包基地,积极与企业、培训机构共同开发课程资源,以提高教师教学实习质量	信息分院
师资建设大会系列报道之三	树典型建平台重培养,创条件掘资源促成长	师资结构可谓"三多",即青年教师多、新手多、女教师多。同时,承担大量专业课程和英语公共课程的教学任务 希望通过完善制度、树立典型、搭建平台、整合资源等多措并举,建立一支高素质的青年教师队伍	外国语分院
师资建设大会系列报道之四	师德为先,多维联动打造国际化应用型师资队伍	加强青年教师培养教育成为师资队伍建设的重点,通过"引进来,走出去"战略,对青年教师进行多层次、全方位的培养,以德先行,多维联动地拓展师资队伍的综合素养 "引进来"主要通过举办青年教师教学观摩活动、教师技能培训;"走出去"主要体现在参与学术研讨会、听取名家讲座、企业实地考察、境外学习参观等 4 个方面	会计分院
师资建设大会系列报道之五	统一思想观念,教学科研并重	在师资紧张、教学压力大的情况下,通过"教学科研并重的自我培养与积极引进高端人才并举""年长教师与年轻教师组成团队"的模式走出了一条别具特色的师资队伍建设之路	财税分院
师资建设大会系列报道之六	提高教师实践能力,打造"双师"型师资队伍	坚持人才培养与地方法制建设需求相结合,紧紧围绕理论与实践两条主线,设立既有校内实训基地又有校外实践基地的教学互动体系,积极探索"走出去,请进来"的开放式"双师"型师资培养新途径	法政分院

3.3.2.5　人才培养

东方学院遵循"立足浙江,依托母体,创新发展,塑造特色"的办学方针,依托浙江财经大学的办学优势,旨在培养具有较强创新意识和能力的高层次应用技术型人才。学院围绕"发挥经管专业优势、强化综合实践能力培养"的要求,深入探索"两课堂、七平台、实践持续、专业复合"的特色人才培养模式,运用学分制统筹第一、第二课堂的教育教学活动,着力建设"课程、实习、竞赛、科研、讲座、社团、社会活动"等七大能力发展平台。

在新校区,东方学院围绕人才培养的定位目标,全面修订人才培养方案,在教学计划中增加了实践环节的学时学分,设置了能力拓展课程模块。2014年学院面向全院2300多名毕业生全面铺开跨专业综合实训,以经济与管理类专业"跨专业综合实训平台"和"大金融综合实训平台"、法学专业"海宁市中级人民法院巡回法庭"、文学与艺术类专业多专业综合实训"创意工坊"等各类特色实训平台的建设为抓手,加强实践教学的指导和管理,提高实践教学课时比例,深化实践教学方法改革,着力培养学生的动手能力、应用能力和创新意识。

学院一直高度重视创新创业教育,创新和实施"创业启蒙教育、创业知识教学、创业模拟实训、创业经管实践、创业孵化落地"五个层次的创业教育体系,并将该教育贯穿人才培养全过程,也作为学院应用型大学建设的突破口。2015年12月,浙江财经大学东方学院获批浙江省应用型建设试点示范学校。2016年3月9日,东方学院与香港中文大学、上海财经大学等10所高校以及高等教育出版有限公司等7家企事业单位正式成为"中国高校创新创业教育联盟"①新一批成员单位。足以见得,学院在创新创业教育与应用型人才培养模式上的探索已渐有成效。

---

① "中国高校创新创业教育联盟"由清华大学、北京大学、浙江大学、复旦大学、上海交通大学、南京大学、哈尔滨工业大学、西安交通大学、中国科技大学、中国人民大学等137所高校和英特尔、微软、腾讯、百度、阿里等50家创新型企业、部分事业单位和社会团体共同组成,于2015年6月11日在清华大学正式成立,清华大学校长邱勇担任联盟理事长。

表 3-9　浙江财经大学东方学院关于应用型人才培养的进程表

时间	主题活动	内容概要
2014 年 12 月	学生培养好消息频传，应用型人才培养成效初现	人文与艺术分院在学院"多平台协同培养机制"主导下，广告学专业以"工作室"为抓手，以"课堂、竞赛、实践"为内核，外围辅助以"讲座、社团、科研"，好消息频传：1）黄文孟、王丽婷等同学组成的久耀团队，打造的校内学生创业微信公众平台——微商城，获得了 2014 年地方高校国家级大学生创新创业计划项目立项；2）费嘉润、周玲姿等同学组成的 DY 工作室，承接了哈罗贝贝国际幼儿园、浙商银行与市政府签约活动、绿城之江一号活力宝贝活动、杭州网成长励志夏令营、新越皮具等企业及政府机构的宣传片拍摄及商业拍摄业务，创收 6 万余元；3）吕鹏等同学组成的 SOS＋团队的淘宝店，在开业不到 3 个月的时间里，取得了营业额 6 万元的佳绩
2015 年 10 月	"加强应用型建设学习大讨论活动"专家报告会	商丘师范学院党委书记、原黄淮学院院长介晓磊教授应邀做了题为"产教融合、校企合作、培养高素质应用人才"的专题报告。报告主要包含了三方面内容：1）培养应用型人才——时代的呼唤；2）实施产教融合战略——必然的选择；3）搭建校企合作平台——黄淮的实践。并阐述了如何从"产教融合—校企合作—工学结合—行知合一"四个方面培养创新创业型的应用型人才
2015 年 11 月	信息分院关于加强应用型建设专题报道	信息分院提出应围绕应用型办学定位，以社会需求、学生就业为导向，以专业的特色方向建设为突破口，深化校企合作，创新人才培养模式。从转变观念、明确专业定位、产教融合、科研创新四个方面入手，加强地方合作，服务地方经济
2015 年 12 月	浙江财经大学东方学院获批浙江省应用型建设试点示范学校	从《浙江省教育厅办公室关于公布应用型建设试点示范学校名单的通知》（浙教办高教〔2015〕109 号）获悉，经评审，遴选确认浙江财经大学东方学院等 10 所学校（6 所普通本科高校，4 所独立学院）作为应用型建设试点示范学校 随后，学院拟定《浙江财经大学东方学院加强应用型建设试点实施方案》。同时，在全院范围内开展了为期两个月的"加强应用型建设"学习大讨论活动，并邀请省内外顶级专家、行业专家举办了多场全院性专题报告，多次组织教师到对口行业企业、高校考察学习

续　表

时间	主题活动	内容概要
2016 年 5 月	召开应用型学科建设与社会服务研讨会	浙江省教育厅高科处、浙江省金融办人教处、浙江省地方税务局科研处、浙江省司法厅律师管理处、浙江省注册会计师协会、浙江会计学会、海宁市发改局、海宁市经信局、海宁市商务局、浙江金融职业技术学院、浙江农林大学暨阳学院、杭州华桐广告有限公司、浙江海利得新材料股份有限公司、海宁皮革城等多方政府、院校、企业代表出席本次会议。从社会人才需求、人才输送渠道、学科队伍建设、学科建设与社会服务相融合等角度分享、交流

3.3.2.6　专业特色

2013 年,学院正式启动"一院一品一特色"品牌活动立项工作,截至 2015 年 12 月,各二级分院在项目建设思路、项目品牌凝练、项目实施内容和项目实施成效等方面进行了有益探索和创新实践,均取得不错的成绩。人文与艺术分院"微系列主题创作活动"通过搭建四大平台,在提高学生专业学习能力、创作创新能力的同时,拓展了分院学科建设和专业建设。工商管理分院"营销策划大赛"立足创新创业,致力于"文化活动—专业素养培养—创业实践"的无缝链接,对学院培养应用型人才做出了积极的探索。会计分院"会计周系列"、法政分院"法政文化月"和金融与经贸分院"银行三项基本技能大赛"则依托专业学科,整合校地资源,将理论学习与专业实践紧密结合,既加强了学生学以致用的能力,也提升了其职场竞争能力。作为志愿服务类项目,外国语分院"外语爱心家教创新活动"注重学生德育培养,很好地将"博爱、奉献、提升"的理念渗透到志愿服务中去。信息分院"信息技术嘉年华"将学术竞技与社团活动结合,不但提高了社团活力,而且还营造出积极的学术氛围。

另外,东方学院于 2013 年正式与美国注册管理会计师协会 IMA 以及上海高顿财经合作,开展 CMA 全日制教育项目。该课程班将采用美国注册管理会计师资格考试 CMA 的教学内容体系,通过中英文双语授课,部分课程将邀请持有美国管理会计师资质的,富有企业财务、管理工作经验的 CMA 执照会员进行教学。

3.3.2.7　国际化办学

与美国弗洛斯堡州立大学、马歇尔大学、内华达大学雷诺分校、法国英赛克萨瓦高等商学院等高校建立了合作关系,按照"游学—交换和实习—攻读硕士学位"三个层次,为不同年级和需求的学生量身定做了适合学生发展愿景的国际游学、国际交换生和研究生三大类国际交流项目。2014 年,学院与加拿大亚岗昆学院签署"3+1 合作学习"项目协议,学生在完成 3 年的东方学院学习课程以后,最后一年在加拿大亚岗昆公立学院就读研究生课程。学生毕业后将获得东方学院本科学历以及加拿大亚岗昆公立学院研究生文凭证书。

3.3.3　浙江农林大学暨阳学院迁建分析

3.3.3.1　迁建总体情况概述

浙江农林大学暨阳学院前身为浙江林学院天目学院,是 2000 年由浙江林学院(浙江农林大学前身)申请,经浙江省人民政府、教育部批准的全日制本科独立学院。原与浙江吴越教育发展有限公司合作办学,后因企业资质不符合教育部 26 号令要求,于 2011 年 8 月 8 日,校方与诸暨市人民政府、诸暨市教育发展投资有限公司正式签约,开启合作办学新进程。2013 年 9 月,学院从杭州临安整体迁址到绍兴诸暨办学。

表 3-10　浙江农林大学暨阳学院规范设置及迁建进程表

时间	迁建进程
2008 年 5 月	在教育部 26 号令要求下,学校向浙江省教育厅上报《浙江林学院天目学院五年过渡期规划》开始规范设置工作
2008 年 6 月	从 2008 届学生开始,独立发放毕业文凭
2009 年 12 月	学院向浙江省教育厅上报《浙江林学院关于上报天目学院规范设置方案的报告》,根据省里的指导意见,学院立足临安现址选择剥离规范形式
2010 年 6 月	学院更名为"浙江农林大学天目学院"。
2011 年 8 月	学院与诸暨市人民政府合作共建、与诸暨市教育发展投资有限公司合作举办学院
2011 年 9 月	浙江省教育厅、发改委、财政厅共同批复,同意学院迁建规范设置的请示,学院于 2013 年整体迁址诸暨办学
2012 年 3 月 31 日	学院新建工程奠基仪式在诸暨市暨阳街道侣东新村举行,学院新校区建设拉开序幕
2012 年 4 月	浙江省学位委员会审核批准学院为具有学士学位授予权单位

续　表

时间	迁建进程
2013 年 8 月底	学院完成从浙江省临安整体迁址到诸暨市办学工作,9 月 7 日在诸暨新校区正式开学
2014 年 5 月 28 日	学院更名为"浙江农林大学暨阳学院"

3.3.3.2　新校区规模

　　暨阳学院位于浙江省诸暨市城北教育园区,占地面积 500.24 亩,校舍建筑总面积 26.7 万平方米,总投资 13 亿元;其中,暨阳体育中心总建筑面积 3.8 万平方米,集篮球馆、游泳馆、网球馆为一体,能承担国际性体育赛事;图书馆总建筑面积 2.8 万平方米,能馆藏 150 万册图书资料;教室安装先进的多媒体教学设施,可同时容纳 16000 名学生上课;实验教学大楼总建筑面积 1.9 万平方米,建有基础实验教学平台和创新创业实训平台,计算机实验教学中心为省级实验教学示范中心,实验室设备设施先进。学生公寓配备空气源太阳能热水器、空调和网络宽带,设施齐全先进、设计新颖、明净舒适。校园与设施为学生的成长成才创造了良好的环境和条件。另外,学院建有 3900 平方米的产学研中心,国家林业局香榧工程技术研究中心、生态环境发展研究中心、浙江农林大学诸暨创新发展研究院等科研机构先后落户学院,提升了学院科学研究水平和社会服务能力。学院立足浙江,面向全国 11 个省(市、自治区)招生,现有全日制本科生 6169 人,成教学生557 人。

3.3.3.3　学科设置

　　暨阳学院根据社会发展需要设置 31 个本科专业,涵盖经、法、文、理、工、农、管、艺等八大学科门类。学院按照学科专业一体化的建设思路,做强机电装备,做大商贸服务,做特园林艺术,做精食品环境;农业工程、风景园林学是浙江省一流学科,工商管理专业是省级重点专业,机械制造及其自动化、中药学和计算机科学与技术 3 个专业是省级新兴特色专业;机械电子工程、园林植物与观赏园艺和宪法学与行政法学 3 个学科是绍兴市重点学科。

表 3-11　浙江农林大学暨阳学院现有专业设置表

系（部）	专业名称
园林艺术系	园林
	环境设计
	土木工程
	产品设计
	视觉传达设计
经济管理系	财务管理
	国际经济与贸易
	市场营销
	旅游管理
	会计学
	电子商务
	工商管理
人文系	法学
	英语
	公共事业管理
	广告学
	城市管理
工程技术系	机械设计制造及其自动化
	计算机科学与技术
	交通运输
	汽车服务工程
	电子信息工程
	信息管理与信息系统
生物环境系	人文地理与城乡规划
	中药学
	食品科学与工程
	环境工程

3.3.3.4 师资队伍

现有专兼职教师 450 人,专任教师 356 人;专任教师中具有研究生学历的为 276 人、占 77.53％,副高级以上职称 173 人、占 48.60％,正高级职称 54 人、占 15.17％,博士 83 人、占 23.31％。学院拥有浙江省高等学校教学名师 2 人,全国优秀教师 1 人,浙江省师德先进个人 1 人,浙江省"151 人才" 17 人,浙江省优秀辅导员 1 人。近年来,学院通过实施百名博士引进工程、干部素质能力提升工程、创业型师资队伍建设工程等,打造了一支德才兼备、专兼职相结合、学历职称结构合理的师资队伍。

除此之外,学院非常重视科研与教学并重。2014 年,中国科学评价研究中心发布了国内首个"独立学院科研竞争力评价研究报告"和"2013 中国民办本科院校科研竞争力评价研究报告",报告对全国 292 所独立学院和 95 所民办本科院校 2011—2012 年科研发展状况从论文、课题、专利、奖励等四个维度进行了定量分析,学院位居全国 292 所独立学院科研强校前 10 名。

3.3.3.5 人才培养及办学特色

暨阳学院按照"求真敬业、经世致用"的办学理念,实施"通识教育＋专业教育＋个性化教育"的人才培养模式,推行学分制,让学生自主选择专业、选择课程、选择教师;实施弹性学制,基本学制为 4 年,弹性学习期限为 3—6 年,在学院规定的学习期限内达到最低毕业学分要求,经考核合格,颁发浙江农林大学暨阳学院毕业证书,符合学位授予条件的毕业生授予浙江农林大学暨阳学院学士学位。学院积极开展国际化教育,现与 8 个国家的 20 余所高校开展学分互认和交换生项目,拓展学生国际化培养途径。学院开设创业实验班和产教融合的人才培养特色班,突出学生实践和创业能力的培养,努力培养知识、能力、素质协调发展的应用型创业人才。

迁址诸暨办学以来,在诸暨市政府的支持下,暨阳学院充分利用互联网资源,建成了全省首家依托云桌面平台的高校商科类跨专业综合实训中心。该中心通过仿照一个企业进行运营,让商科类所有专业的学生在实训课程里了解企业各个岗位的工作内容、各岗位跨内外部门之间的联系与协作,大大减少了学生职场培训的成本和费用。为渲染浓厚的学术氛围,学院着力建设"暨阳红"论坛这一高端文化品牌,先后邀请孙优贤、吴澄、张齐生、王天然、沈寅初、谭建荣 6 位院士来做客,已经成为学院文化建设的亮丽名片。

3.3.4　浙江工业大学之江学院迁建分析

3.3.4.1　迁建总体情况概述

　　浙江工业大学之江学院是 1999 年经浙江省人民政府批准、教育部确认、浙江工业大学举办的全日制本科独立学院,2012 年起由浙江工业大学与绍兴县教育投资有限公司合作举办。在教育部 26 号令要求下,因校园面积不足,于 2013 年 9 月学院整体迁至绍兴柯桥办学,该年新生在绍兴校区就学。新校区于 2012 年 5 月开工建设,2014 年 5 月竣工并投入使用。2012 年 4 月 18 日双方签了动迁新校区的协议,总投资 10.7 亿元,其中工大和之江学院投资 1.8 亿元,其中固定资产投资 5000 万元,现金投资 1.3 亿元,其他都由柯桥出资。

3.3.4.2　新校区规模

　　校园总占地面积 820 亩,其中水域 220 亩,建筑面积 26 万平方米。为提高教学效果,保证教学质量,学院先后建成 8 个实验中心,下设 80 余个实验室,教科仪器设备达 9756 台(件),教科仪器设备总值 6500 余万元。全日制在校本科学生近 7500 人。

3.3.4.3　学科设置

　　之江学院现有 10 个二级学院 1 个教学部,即商学院、信息工程学院、人文学院、机械工程学院、外国语学院、建筑学院、设计学院、理学院、中旅(旅游)学院、成教之江分院(继续教育学院)和体育军训部。专业设置紧密结合浙江省经济建设和社会发展需要,现有 36 个本科专业,涉及工、理、文、法、管理、经济、艺术七大学科门类。现有 9 个校级科研机构,11 个院级科研机构,省级重点学科 1 个,绍兴市重点学科 3 个,院级优势学科 10 个。其中,"机械工程及自动化专业"为省级重点建设专业,旅游管理、电子信息工程、财务管理等 3 个专业被列为省级普通本科高校新兴特色专业建设项目。

表 3-12　浙江工业大学之江学院现有专业设置一览表

学院	专业	
商学院	工商管理	工程管理
	国际经济与贸易	市场营销
	财务管理	金融工程
信息工程学院	电子信息工程（综合实验班）	电子信息工程
	计算机科学与技术	软件工程专业综合实验班
	自动化	
人文学院	产品设计	环境设计
机械工程学院	机械工程	车辆工程
	工业工程	
外国语学院	英语语言文学	外国语言学及应用语言学
	翻译学	日语语言学
建筑学院	建筑学	城乡规划
	风景园林	
设计学院	工业设计	产品设计
	环境艺术设计	数字媒体艺术
理学院	信息与计算科学	高分子材料与工程
中旅（旅游）学院	旅游管理	酒店管理

3.3.4.4　师资队伍

之江学院在依托浙江工业大学师资优势的基础上，着力引进海内外高层次人才，聘请国内外高校的知名教授和企事业单位的专家、学者、高级技术管理人才为学科带头人和兼职教授，实施"青年教师进修学校"制度，以提高教师队伍综合素质，全面提升教学与科研水平。现有专任教师 445 人，其中具有博士学位或高级技术职务的教师占 41.8%，超过 90% 的教师具有硕士及以上学位；硕士生导师 54 人，依托浙江工业大学学位点招收硕士研究生。2013 年以来，柔性引进了国家"千人计划"人才 1 人、省"千人计划"人才 2 人、绍兴市"330 海外英才计划"人才 7 人。

3.3.4.5　人才培养与办学特色

之江学院遵循"依托母体、相对独立、办出特色"的办学方针，致力于培养"知识结构合理、富有创新和实践能力"的高级人才。第一,学院非常重视学生创新创业教育,学院成立商学院电子商务研究中心,首次尝试在校园里将课内学习与课外实践相统一的教学模式;成功举办"心怀创业梦·共推创业潮"柯桥区大学生创业论坛,促进实践经验的交流与共享。迄今为止,每年备案在册的大学生创业团队近 80 支,近 1000 名学生参与创业活动,在校生注册公司 50 余家,其中产值超过 1000 万元的有 3 家。学院先后被中华全国青年联合会、国际劳工组织命名为全国大学生 KAB 创业教育基地、KAB 创业俱乐部。第二,学院立足"差异化办学"指导思想,于 2014 年开设电子信息工程综合实验班、软件工程综合实验班、旅游管理综合实验班 3 个综合实验班及英语专业"英—日双外语方向"特色班,面向考生直接招生。第三,学院积极开展国际交流与合作办学。现有校际合作项目包括美国威廉帕特森大学本科生"2＋2"项目、研究生"4＋1"项目;美国布里奇波特大学本科生"2＋2""3＋1"项目,硕士研究生联合培养项目;美国东伊利诺斯大学本科生"2＋2.5"项目;英国邓迪大学研究生"3＋1＋1"项目;比利时鲁汶工程联合大学本科生"2＋2"项目等,与美国、英国、比利时和日本等多国高校合作。同时,共享浙江工业大学与美国麻省大学、英国约克大学等国外高校开展的 32 项各类学生国际交流项目。

3.4　浙江省独立学院迁建经验总结

在教育部 26 号令的规定下,浙江省 22 所独立学院有 12 所都采取了迁建规范这一模式。从结果看,除了浙大两所独立学院不需要迁建外,目前浙江省发展较好的独立学院都是迁建规范类型,这种独立学院发展的"浙江模式"到底有哪些经验值得学习和借鉴? 在对浙江省独立学院整体迁建背景、现状分析基础上,结合对浙江工商大学杭州商学院等 4 所迁建规范独立学院的进一步典型研究,我们可以得出如下结论:

1.浙江省独立学院迁建的外在制度动因是教育部的 26 号令文件规定;迁建的内在动因是为了独立学院能更好地通过异地迁建,实现融入当地区域、进行差异化、特色化的独立发展;迁建能够得以顺利实现则是迁入地基于经济发展和高等教育资源获取诉求下给予的大量优惠条件吸引;独立学院通过搬迁新校区来获得未来发展机遇的"新通道"。

2.浙江省迁建独立学院基本都遵循了"依托母体、相对独立、规范管理"的原则,特别是独立学院的院系设置和师资力量最初大都依托于母体高校。在院系设置上沿用了母体高校中的传统优势专业或当前具有吸引力的专业;在迁建最初的管理骨干和教学骨干上也主要依托母体高校。

3.能够"引进"独立学院或得到独立学院"青睐"的城市,大多是经济实力较为雄厚或地理区域优越的城市。如浙江工业大学之江校区所在的绍兴和浙江财经大学东方学院所在的海宁都是中国的百强城市,浙江农林大学暨阳学院所在的诸暨是浙江省首批科技强市、首批教育强市,浙江工商大学杭州商学院所在的桐庐则更是隶属杭州市,也是浙西地区经济实力第一强县。

4.浙江省迁建的独立学院迁建前的投资主体都是母体高校,属于国有民营类型,异地迁建后,上述 4 所独立学院都引入了第三方投资主体:地方政府投资的公司(实质是国有资产)进行投资到独立学院的形式进行,这与教育部 26 号令中非国有社会力量参与投资不一致,但这种形式却很好地保证了独立学院迁建所需的土地、资金等独立学院异地迁建迫切需要但独立学院本身缺乏的资源。

5.独立学院在迁建前对母体的依附相对较弱,迁建后的适应能力和发展就会更快。从独立学院与母体高校关系分析,迁建前,浙江工业大学之江学院就已经与浙江工业大学在办学地址上分离,浙江工业大学之江学院迁建前位于浙江杭州之江路 182 号,拥有了相对独立的校区和师资,而上述其他 3 所独立学院迁建前则还是母体的"校中校",在办学场地、师资和教学管理中基本都完全依附于母体。从迁建初期的情况看,浙江工业大学之江学院在教学管理、师资力量等方面相对而言,明显强于其他 3 所独立学院。

6.独立学院迁建后与当地的互动合作更加频繁和紧密,独立学院自身的发展和融入速度就会更快。如浙江农林大学暨阳学院在诸暨政府的支持下,充分利用互联网资源,建成了全省首家依托云桌面平台的高校商科类跨专业综合实训中心;浙江财经大学东方学院与当地政府及各类企业形成了良好的互动与合作,如与海宁市人民法院共建合作,全省首家法庭巡回点落户东方学院,为学院培养高层次、应用型法律和行政管理人才提供专业支持。

7.迁建后独立学院的办学定位上,都强调与原母体高校有所区别的特色化、应用型人才培养的定位,一方面突出为地方培养需要的人才,另一方面根据区域人才需求,培养国际化人才。如上述 4 所独立学院都积极打造各自的特色专业,并不断根据当地企业需求,实行定制化人才培养。如2016 年,浙江农林大学暨阳学院与诸暨市人民政府合作共建陶朱商学院,为当地培养干部和各类经营人才;2017 年,浙江工业大学之江学院和绍兴东方山水旅游度假区达成合作协议,成立企业学院——之江东方山水学院。同时,这些独立学院为适应江浙地区外向型经济特征明显和民营经济发达的区域社会需求,与国外高校实行联合办学,打造国际化人才。

独立学院迁建与地方发展的关系研究

第 4 章

4.1　独立学院与地方发展的关系概述

独立学院异地迁建,从宏观背景而言,来自教育部对独立学院的规范发展要求;从自身而言,是独立学院可持续发展的理性选择;从当地政府而言,则是地方政府追求经济发展和高等教育资源的考量。那么浙江省独立学院迁建后,独立学院在推动地方发展方面到底带来了什么变化,发挥了哪些作用? 反过来,当地对独立学院的发展又提供了哪些支持和帮助? 本部分将在对浙江省 4 所迁建的典型独立学院的调研基础上,来解析上述问题。

4.1.1　独立学院对地方发展的作用

独立学院是区域发展的引擎,它可以通过提高社会现有的人力资本和后备人力资本的知识和技能,推动劳动生产率和科技的进步,从而促进区域经济的发展。王琳玮(2013)的实证研究结果也证明独立学院培养的大批人才为所在区域经济发展做出了重要贡献。杨清红和李国年(2011)的研究认为,独立学院可从社区服务、文化服务与智力服务三个方面出发,推动地方经济社会发展。姜帅(2011)通过对苏州大学应用技术学院的调研分析,认为独立学院可通过优化调整专业设置、创新人才培养模式及构建"政产学研"合作模式等措施,更好地为地方经济社会发展服务。李光勤(2012)则从独立学院区域分布现状、区域经济与独立学院的相关性及独立学院的本地生源比进行分析,文章指出,独立学院作为区域性较强的高等学校,应将独立学院的设立、独立学院的专业设置、独立学院的人才培养及独立学院的师资培养面向区域经济。贾小鹏(2008)的研究提出了独立学院服务区域经济的三级目标体系:一级目标是为区域经济培养应用型人才和为区域科技发展提供应用型科研支撑;二级目标是学科与专业设置、教育质量保障体系、学术环境、效率与效益、科教与实践基地;三级目标是生源质量与培养结构、师资队伍与学术团队、现代化的教学和研究设备、图书馆、管理体制、外部支撑。可见,独立学院的办学理念、办学特色、人才培养目标和专业设置在提高县域的人力资源水平、技术开发水平、市民文化素质、文化软实力过程中所发挥的作用。

4.1.2　地方发展对迁建独立学院的作用

Mariotti(2012)认为,区域经济发展对高校发展有正向影响。陈伟鹏和理阳阳(2012)认为,区域经济发展为独立学院发展提供了广阔空间,尤其是经济发达地区,在资金支持、人才招聘、招生就业等方面对独立学院有重要积极影响。李光勤和杨刚(2012)分析指出,一流的独立学院以适应并促进当地经济社会发展为首要特征。赵秉真等(2011)的研究指出,区域经济的发展会推动独立学院培养适应当地经济建设与社会发展需要的应用型人才,因为服务区域经济既是学校融入地方经济发展大环境的需要,也是独立学院解决学生就业的关键突破口。由此可见,区域的社会经济发展会对独立学院建设的需求、发展规模、速度及其人才培养目标等产生较大影响。不同县域的经济、社会、生态和文化发展水平在为新校区提供资金支持、资助科学研究、提供实习实践基地和提供就业岗位等过程中发挥作用。

4.2　独立学院迁建对地方发展的作用分析

4.2.1　浙江工商大学杭州商学院迁建对地方发展的作用

4.2.1.1　桐庐县域经济特点

桐庐县位于浙江省西北部,地处钱塘江上游,距杭州市区 60 千米,西接黄山、千岛湖,东连钱塘江、西湖,地属长江三角洲经济区。随着杭新景(杭千)高速公路和杭州至黄山高速铁路(杭黄高铁)的建成,这将进一步提高当地的交通区位优势。桐庐历史悠久,风景优美,相继荣获"国际花园城市""中国最美县城"、中国水电设备制造基地、中国笔类出口基地、中国毛衫制造出口基地、中国优秀旅游名县、国家级生态示范县等荣誉。杭州市科技创新主平台之一的"富春江科技城"和杭州市现代服务业集聚区之一的"迎春商务区",以及"富春山健康城""慢生活体验区"两城两区建设正加速推进,努力建成中国最美的山水型现代化中等城市。桐庐还是"快递之乡",有很多著名的快递民营企业如申通、圆通、中通、汇通、韵达均由桐庐人创建,几乎占据了中国快递市场的半壁江山。桐庐也是建筑企业集中的地方,全县共有建筑企业 47 家,这些建筑企业也为桐庐的城市建设做出了贡献,县城的建筑可与大都市媲美。可见，旅游、快递、电商以及建筑产业是桐庐的主导产业。

4.2.1.2　浙江工商大学杭州商学院迁建对桐庐地方的作用

独立学院，作为面向地方的应用型大学，它对于当地发展的作用，主要体现为自身具有的优质资源如优秀的师资、学生和办学场地等，充分发挥人才培养、科研活动以及社会服务三大方面的职能，对地方政府、企业和广大群众等不同主体带来政治、经济、文化等的智力支持、人才支撑和文化宣传等作用。杭州商学院落户桐庐后，对丰富桐庐城市内涵、夯实科教基础、提升桐庐形象有着重要意义。主要的作用体现为以下几个方面：

（1）通过组织和配合面向当地需求的培训活动、交流研讨会等形式，为当地发展提供智力支持和人才培养。

一方面，通过开办研修、培训班培养当地紧缺的人才。如通过在学院举办中国民营快递未来发展高级研修班，为国内民营快递企业打造学习研讨、交流合作的平台。承办的桐庐县人社局"511"中青年人才培训项目，推动了当地创业和管理人才培养。另一方面，参与协助当地政府的各种大型会议，进行交流和提供志愿服务，如学院师生赴 2015 年中国县域电商生态共建高峰论坛、2015 年首届"跨境电商与人才培养"交流研讨会、2015 年浙江·桐庐"君山引凤"科技人才周开幕式、2016 年第二届中国县域电子商务峰会等由桐庐政府部门主办的各类学术研讨会与论坛，进行交流或担任志愿者工作。

（2）与当地政府联合打造产学研创新中心，为科技研发和产业升级提供智力支持。

学院与桐庐县委、县政府合作共建的富春电子商务研究院，建立政产学研协同创新机制，为地方政府电子商务产业发展提供课题研究、决策咨询，为企业提供电商人才培养和技术、信息服务。学院与桐庐县政府一起创建桐庐县双创服务中心、"春江渡口"众创空间，为当地打造创新创业人才。学院和桐庐县分水镇人民政府签约建立浙江工商大学杭州商学院分水制笔创新中心，在分水镇制笔产业的产品设计、销售等方面提供支持，帮助地方企业和产业转型升级。学院和莪山畲族乡政府签署了"互联网＋农业＋旅游＋新农村建设＋农产品上行"全方位的产学研创合作，建立"莪山畲族农创客特色小镇"创新创业中心。

(3)为当地政府和企业提供社会服务,助力地方经济发展。

学院师生积极对话新合乡,在新合乡红色旅游开发、乡村旅游创意、乡标乡徽设计、特色农产品开发、新媒体营销推广、大学生社会实践等方面给予大力支持。浙江工商大学杭州商学院创业学院城市标签运营团队与茭山畲族乡政府签署了农创客代运营协议,开发设计了畲香伴手礼——五彩年糕包装、半畲等一系列设计产品,助推当地企业发展。

(4)开展文化宣传推广,推动地方文化建设。

学院配合桐庐县委宣传部、共青团桐庐县委员会、桐庐县文广新局主办的"双百双进·党课下乡"暨创建全国文明城市公益巡演,以社会主义核心价值观为主旋律,融合校地文化分别开展"先锋故事""红色故事""中国故事""校地故事"四个主题的文化巡游。学院通过与桐庐各乡镇街道结对子,通过文艺表演和互动交流的方式,开创"文艺"微党课巡回演讲活动;另外,还开展围绕"双百双进"的各种暑期社会实践活动,推动了当地社会的精神文明建设。

(5)为当地企业培养、输送各类紧缺专门人才。

首先,通过和当地政府对接,举行各类招聘会,为当地企业输送人才。学院通过与桐庐县人社局联合举办"留桐融桐"暑期实习招聘会、毕业生秋季"展望"招聘会等,派送学生到桐庐县各企事业单位进行暑期实习和当地就业,为当地企事业单位提供需要的人才;其次,学院与 GE 医疗集团、浙江华茂律师事务所等签约建立校企产学研合作协议,更有针对性地培养地方所需人才,为桐庐地方经济发展做出贡献。

可见,浙江工商大学杭州商学院通过自身的校内场地、师资、学生等校内资源,积极主动对接当地政府和企业的需求,通过单方面的培训、社会服务或产学研联合搭建的平台、中心等形式开展科研活动、人才培养、文化宣传等,提供平台支持、智力支持、技术支持、人才支持,助推地方政府活动、经济发展、社会文化,从而有力地推动了地方发展。

4.2.2 浙江财经大学东方学院迁建对地方发展的作用

4.2.2.1 海宁县域特点

学院坐落在著名的历史文化名城、现代皮衣之都——海宁市。海宁市人杰地灵,人文荟萃,唐代诗人顾况、近代著名国学大师王国维、清代数学家李善兰、近现代著名诗人徐志摩、现代著名作家金庸、现代教育家许国璋等都是杰出代表,积淀出了海宁深厚的名人文化。除了名人文化,海宁的潮文化和灯文化也享有盛名。海宁是浙江省十强县(市)之一,浙江省利用外资和自营出口双十强县(市)之一,目前已与世界上 140 多个国家、地区建立贸易合作关系。全市已形成以皮革、经编、家纺为三大传统特色产业,太阳能利用、包装、汽车零部件、机械装备、电子信息为新兴产业的工业经济发展新格局。今后将重点鼓励发展汽车关键零部件、电子信息、环保技术及设备、数控机床、电气机械、高端机电产品和机电基础件、工程机械、新能源开发应用等产业项目。

4.2.2.2　浙江财经大学东方学院迁建对海宁地方的作用

浙江财经大学东方学院迁建海宁市后,主动对接地方经济社会发展的需求,通过自身具有的场地、师资、学生等资源服务地方政府、企业,为当地的政策推进、经济发展和文化建设等发挥了重要作用。

(1)充当地方政府"智库",为地方发展提供智力支持。

首先是选拔优秀教师赴海宁政府部门挂职锻炼,服务地方经济社会文化建设,为地方经济社会发展提供人才支撑;其次是学院与海宁市着眼于海宁目前经济社会发展的重大问题加强合作,多层次、全方位为海宁发展提供智力支持。如电子商务与优势产业高度结合是海宁市推进产业升级的主要路径之一,学院为海宁市编制了海宁市电子商务发展规划、服务外包产业发展规划和养老服务发展规划,与海宁电子商务产业园签订共建创业孵化器合作协议,为其量身打造专业化的培训课程,定制培养电子商务发展所需人才,为海宁市经济发展提供支持。

(2)与地方政府合作共建产学研平台,推进地方经济发展。

学院与海宁市经信局共建"经济与信息化研究院"、与海宁市发改局合作共建"海宁研究院",与海宁商务局合作共建"电子商务研究院"。其中"海宁研究院"是一个面向海宁市各级企事业单位提供研究和咨询的实体机构,结合海宁经济社会发展,开展调研和专题课题研究;联手打造"海宁论坛",增进政企学研合作交流;为海宁市发改局提供智库服务,完成相应的咨询与培训活动。"电子商务研究院"是一个常设研究机构,主要就海宁市电子商务产业发展进行研究,进行海宁市电商应用专业人才的培训认证,开展电商相关咨询和委托服务等。学院与海宁市委宣传部加强校地合作,共建"马克思主义学院",合作开展干部培训,理顺媒体对接工作体系。

(3)与地方政府共建创业园,助推地方创新创业。

学院利用自身资源,与海宁市长安镇人民政府合作举办海宁运河壹号大创园。大创园是一个集文创产业培育成长、大学生创业孵化、创新创业教育实践的众创空间平台,它的举办有助于地方的创新创业教育和企业孵化,帮助地方产业转型。学院为此专门成立了一个校企单位——海宁运和创业园管理有限公司,服务于大创园的管理。

(4)通过产教融合,协同人才培养。

首先,学院通过与当地政府和企业合作共建产学研学院或中心,联合培养实践应用型人才。如学院与海宁高新技术产业园区管理委员会、海宁市企业培训中心以及域内企业共同建立海宁企业法务学院,为提高法学专业服务海宁地方经济社会发展能力创造了条件;共建海宁产业创新服务综合体之企业法律服务中心,为地方政府及企业提供优质法律服务,也增强适应"新时代"需要的应用型企业法务人才的实践和创新能力。其次,学院与地方通过多种合作形式进行人才培养,打造应用型人才。如学院工商管理分院与许村镇家纺产业群探讨通过企业定制班、实习基地等合作形式联合培养人才。湖州织里服装企业和学院交流洽谈,共商校企携手订单化培养新模式。学院与海宁市文联共建诗教基地暨实践教学基地,与海宁市司法局共建"法律教学实践基地",与海宁市看守所结对共建实践教学基地等,充分利用校外资源开放办学,打造应用型人才。通过产教融合,充分利用学院的教学和师资优势以及企业的优势资源,实现协同育人,加快海宁市人才资源的集聚和培养,不断满足各方面高层次人才的需求。

(5)打造地方人才培训基地,为地方培养专门人才。

学院拥有浙江省首批、省内独立学院唯一一家省级社会工作专业人才培训基地,依托学院浙江省社会工作专业人才培训基地,为来自海宁市机关、乡镇、企事业单位和社区的几千名学员进行了培训。学院与海宁市工商行政管理局签订战略合作协议,学院成为"海宁市工商行政管理局干部培训基地",为海宁市工商局干部进行培训。学院承接海宁市司法局的海宁市人民调解实务工作研修班培训。学院通过为企事业单位量身定做各类专业技能类培训体系,建立起企事业单位与学院合作长效机制,充分满足地方经济社会对知识和技能的需求。

(6)积极参与当地文化活动,助推当地文化建设。

学院通过集聚海宁名人相约名家开设"仰山讲坛"、建好"仰山文苑";建设"仰山文库"、办好"仰山论丛",研究和宣传海宁文化。学院结对长安镇"双百双进"活动专题推进会,选派学生赴长安镇(高新区)基层挂职锻炼。学院志愿服务项目入围"潮公益"——海宁市首批学雷锋·志愿伙伴服务计划。学院积极参与海宁当地文化活动,如选派学院青年代表参加海宁市纪念五四运动 92 周年文艺晚会、承办第三届徐志摩诗歌节校园行活动等。通过这些活动,推动学院服务地方社会发展、文明城市创建。

(7)与当地政府和企业联合举办论坛,开展交流。

利用校内场地和教师资源,创办和承办政府与企业的论坛。如学院财税分院与海宁市财政学会、海宁市国际税收研究会共同主办第二届公共经济与公共管理改革(海宁)论坛。组织海宁市 10 余家公司的高管与学院的博士、专家会集一堂共同开展"海宁—东方资本论坛",搭建起海宁企业家、金融家、投资家以及专业学者交流才智、汇聚商道、互助合作、共创未来的高端资本智汇俱乐部。

4.2.3　浙江农林大学暨阳学院迁建对地方发展的作用

4.2.3.1　诸暨县域特点

诸暨市位于浙江省中北部,北邻杭州,东接绍兴,南连义乌,交通便捷,区位优势明显。中国中小城市综合实力百强县(市)排名第 14 位,全国县域经济竞争力百强县市排名第 7 位,是福布斯中国大陆最佳商业城市。近年来,诸暨加快发展动力转换,加快产业结构调整,大力发展以环保新能源、智能装备制造、铜加工及新材料、时尚产业为主的"4+X"先进制造业,以旅游、物流、金融为主"3+X"现代服务业和现代都市型高效生态农业,2015 年全市实现生产总值 1027 亿元,实现财政总收入 113 亿元,公共财政预算收入 72 亿元。诸暨是浙江省首批工业强市建设试点市。现共有各类市场主体 13 万家,规上企业 1134 家,境内外上市公司 15 家。有中国袜业之都、中国珍珠之都、中国香榧之都、中国名品衬衫之乡和中国五金之乡的美誉,大唐袜业产量占全国的 65%、全世界的 35%;山下湖珍珠产量占全国的 80%、全世界的 70%;店口五金管业产量占全国的 70%。除了经济发达之外,诸暨也是浙江省文化名城,越国古都、西施故里,是毛泽东同志亲笔批示的"枫桥经验"的发源地,是全国社会管理创新综合试点县市,是全国科技进步工作、基础教育、文化工作先进县市,全国首批篮球城市,全省首批教育、体育、卫生强县市。素有崇文尚德、耕读传家的千年遗风。

4.2.3.2 浙江农林大学暨阳学院迁建对诸暨地方的作用

(1)实施"五个一"文化工程,为地方提供文化服务。

学院着眼于建设成为暨阳大地文化传承与引领的高地,发挥学院的文化引领、育人和辐射功能。学院实施一辆文化直通车、一个暨阳红论坛、一支高水平篮球队、一批地域特色文化精品、一套志愿服务体系的"五个一"文化工程,其中"文化直通车"实现对诸暨 3 个街道 24 个镇乡的巡演全覆盖。学院还与诸暨市委宣传部签订了文化合作战略协议,构建了"文化直通车"常态化、可持续开展的长效机制,并开启"文化直通车"文化精品工程项目。而"暨阳红"论坛则邀请众多院士名师进行讲座,"暨阳红"论坛已成为诸暨市文化建设的亮丽名片。学院通过"五个一"文化工程,构建起涵盖文艺演出、篮球交流、知识讲座、非遗宣传、公益服务等功能的公共文化服务平台,为当地干部群众送上了一道道文化盛宴。根据学院党建和宣传思想文化工作统一部署,学院新闻宣传中心会同诸暨市委宣传部,联合成立了浙江农林大学暨阳学院诸暨市网络正能量传播基地。

(2)构建校地合作长效机制,全方位参与地方建设。

学院与地方联合制订《浙江农林大学暨阳学院诸暨市人民政府校地合作"十三五"规划纲要(2016—2020)》,以建立一个联盟、共建一个园区、成立一个学院、推进一个平台、实施一项工程的"五个一"合作工程为载体,打造教学、科研、服务一体化协同创新大平台。根据《纲要》,重点发挥学院在机械装备、风景园林、生态环境、食品科学、公共管理、文化创意、休闲旅游等领域的特色优势,坚持协同创新、系统推进、整合资源、重点突破的原则,着力在美丽诸暨建设、产业转型升级、文化强市建设、人才素质提升和决策咨询参谋 5 个方面开展校地合作。

(3)通过与当地政府和企业合作共建产学研平台,全方位支持地方发展。

学院与诸暨市旅游局、农业局、暨阳街道、市人民检察院、市人民法院、市电子商务园区、计算机学会、广告行业、七大洲集团、蓝美农业、中凯汽车技术、五泄景区、全兴精工、白塔湖湿地、步森服饰、雄风新天地、杭州民营企业协会等政府部门、行会企业开展产学研合作,共同成立了浙江农林大学诸暨创新发展研究院、中国香榧研究院(国家林业局香榧工程技术研究中心)、浙江大学－暨阳学院生态环境研究与发展中心、暨阳学院生命科学研究所、诸暨中学暨阳分校、大唐镇文化创意研究中心等合作和共建平台,在科技服务、文化体育、人才支撑等方面开展全方位的合作,为地方发展和建设提供全面支持。

(4)建立校内人才培训基地,为地方政府和企业培训人才。

成立暨阳学院陶朱商学院,整合校内外各类资源,多形式开展企业经营管理者培养。陶朱商学院是浙江农林大学暨阳学院与诸暨市人民政府合作共建,由浙江农林大学暨阳学院、诸暨市教育发展投资有限公司合作举办的从事非营利性社会服务活动的社会组织,主要业务运营范围为成人非学历教育培训。在办学定位方面,陶朱商学院以整合校内外人才、科研、硬件资源,围绕人才强市战略目标,坚持面向区域经济建设和社会发展的需要,以提高地方管理干部、专业技术人员的职业素养与能力水平为目标,逐步打造成面向校内外区域开放的集企业培训、干部培训、农村实用人才培训、创新创业教育培训于一体的专业培训机构,成为浙江农林大学暨阳学院服务社会的重要窗口。同时,在学院成立诸暨市农民学校,对当地乡镇农技骨干进行教育培训,学院还开设诸暨市农村电子商务专业村创建负责人培训班。

(5)对接地方特色产业和企业,培养应用型专门人才。

根据诸暨实际需要,暨阳学院紧密对接当地机械装备、商贸服务等产业链,构建机械装备、商贸服务、园林艺术、食品环境四大学科专业群,努力培育支撑诸暨经济社会发展和产业转型升级的优势特色学科专业。学院与浙江全兴精工集团达成协议,开展校企合作。校企双方通过互派师资联合开设"全兴精工班",建立实习、就业基地,开展科研合作等途径来培养市场紧缺、社会需求量大的机电装备类应用型技术人才。学院与浙江东方缘针织有限公司校企合作签约,培养应用型创业人才。与企业合作建立教学实践基地,培养应用型人才,如大农生态农业园、十里坪茶业有限公司等企业成为学院的教学实践基地。

可见,浙江农林大学暨阳学院充分利用学院人才、科技、文化等方面的资源优势,以文化为重点突破口,并着力以科技服务、项目平台为抓手,结合诸暨经济社会发展实际,集聚学院优势资源,发挥学院智库作用,全面主动地融入诸暨发展,推进学院与诸暨市深度融合,走"共建、共享、共赢"的发展道路,对于推动当地产业转型升级、文化强市建设、人才素质提升和决策咨询参谋等方面发挥了重要作用。

4.2.4 浙江工业大学之江学院迁建对地方发展的作用

4.2.4.1 柯桥县域特点

之江学院新校区坐落于绍兴市柯桥区,该区素有"东方威尼斯"之美称,是全国著名的水乡、桥乡、酒乡、书法之乡、戏曲之乡和名士之乡。全区面积1066平方千米,下辖12个镇、4个街道、1个国家级经济技术开发区、2个省级开发区。西距杭州萧山国际机场20分钟车程,东距宁波1小时车程,北距上海2小时车程。境内交通发达,杭甬铁路、杭甬客运专线(高铁)、杭甬高速、杭金衢高速、绍诸高速、104国道、329省道以及杭甬运河等穿境而过。柯桥区经济发达,曾连续多年位列全国县域经济基本竞争力十强,连续多次荣获"中国全面小康十大示范县"称号。2015年,实现生产总值1200.1亿元,增长7.6%,财政总收入160.5亿元。纺织业和其专业市场(中国轻纺城)占据国内龙头地位,住宅产业、创意设计、装备制造、休闲旅游、汽车汽配等新兴产业发展风起云涌。该区经济发展特色明显,目前正在打造9个特色小镇,黄酒小镇和酷玩小镇已分别列入浙江省第一、第二批省级特色小镇创建名单,书法小镇被列入省级特色小镇培育名单。

4.2.4.2 浙江工业大学之江学院迁建对绍兴地方的作用

(1)开展面向地方经济发展的技术服务输出,助推当地建设。

之江学院为漓渚镇编制"花木小镇"概念规划,促进了漓渚特色小镇建设。在学院成立绍兴市知识产权保护研究中心,研究与解决绍兴地区产业与行业所面临的知识产权保护的法律问题,助力绍兴市知识产权公共服务平台建设,助推绍兴地区经济转型升级发展。

(2)与地方政府共建产学研创新平台,为区域发展提供技术创新支持。

为实施创新驱动发展战略,探索产学研融合新模式,之江学院与柯桥区人民政府共建"浙江工业大学柯桥创新研究院、浙江省国家大学科技园之江园"。研究院、之江园以绿色印染与智能化制造、高端纺织与时尚创意设计、绿色建筑、电子信息、生命健康等领域为主导,发挥柯桥区产业带动优势,实现柯桥区高新技术产业集群发展。研究院、之江园将成为科技创新成果转化、高新技术企业孵化、创新创业人才培养的新高地,成为高校、政府、企业合作的高端平台,为柯桥的经济发展提供有力的科技和人才支撑,为推动产业结构调整、经济转型升级提供新的动力。

（3）与企业共建科研平台,助力企业转型升级。

之江学院与柯桥水务集团签订全面战略合作协议,成立"智慧水务"联合研究院,之江学院与浙江六环电线电缆有限公司联合成立功能高分子材料联合研发中心,学院与浙江世纪康大医疗科技股份有限公司共建"智慧医疗联合研究中心",学院发挥学科建设、人才培养、科学研究等领域的优势,增强服务地方经济建设的能力,助力企业转型升级,提升了企业创新能力和科技水平。

（4）与企业共建教学实践基地,培养地方应用型人才。

为主动对接绍兴经济社会发展,积极探索校企合作人才培养模式,进一步提高学生的实践动手和科技创新能力,机械学院与金龙客车、清风汽车、梅轮电梯、金隆机械、金昊机械、欣业传动等 6 家企业签订了共建实践教学基地协议。之江学院与浙江通达税务师事务所、绍兴智诚财务咨询有限公司、绍兴蒲公英电子商务有限公司签订校企合作协议,联合进行人才培养。学院与华昌集团东方山水旅游度假区签订校企合作协议,学院在东方山水旅游度假区内设立教学科研教育实践基地和首家校外二级学院(之江东方山水学院),通过双方互为基地、共享资源等方式,为学生实践、实习与就业等提供平台,深化高层次应用型人才培养、促进企业转型升级。学院与柯桥日报、柯桥区广电总台签署了教学科研实践基地合作协议,在柯桥日报、柯桥区广电总台设立教学科研实践基地,在人才培养、科学研究、实践教学等方面展开合作交流,为广播电视学、广告学及汉语言文学等专业的在校生和毕业生的实践、实习活动提供平台。学院与中国轻纺城广告创意产业园签署全面合作协议,为之江学院广告创意类专业提供优质的实践实训基地及创意团队孵化基地,从而为柯桥区、绍兴市乃至浙江省的经济发展与社会进步做出贡献。

（5）委派教师挂职地方政府部门,推动地方合作服务。

学院陆续派出 4 批教师干部赴柯桥等地方政府各部门挂职,逐步形成长效机制。挂职教师在企业项目对接、科技产教融合、文化产业研究、公益志愿服务、外商服务、新农村建设等方面做了大量卓有成效的工作。

(6)支持协助地方政府举办的大型会议,承办高峰论坛。

学院派出学生志愿者,参与柯桥所有大型会议的服务工作,包括旅游盛会、纺博会等;承办首届绍兴社科智库论坛"城水相融·绿色经济——推进五水共治,实施双重战略"主题峰会,旅游文化高峰论坛;之江学院设计学院承办"设计驱动的转型"国际设计论坛,推动本地区传统产业升级。

(7)开展文化下乡演出,推动地方文化建设。

学院启动百场文化下乡演出活动,学院百场文化下乡演出活动陆续走进柯桥街道,从而有力地推动了地方文化建设。

4.3　地方助推独立学院迁建的作用分析

独立学院是高等教育的新生事物,因此自身的发展模式还处在不断摸索中,而作为外迁异地的独立学院,则更是面临着校园基础设施建设、师资力量、人才培养模式、管理规范等软硬件办学条件的巨大挑战,如何在异地迁建中"站稳脚、扎好根",确保迁建办学顺利平稳,地方政府和企业在独立学院迁建中扮演着什么角色,利用自身优势对独立学院迁建起到了哪些方面的作用?

4.3.1　桐庐县对独立学院迁建的作用

独立学院异地迁建面临的三个重大问题分别是校舍等基础设施建设、人才培养模式和专业设置、师资队伍建设。针对这些问题,地方政府和企业分别具有不同角色和职能。

4.3.1.1　桐庐地方政府对浙江工商大学杭州商学院迁建的作用

(1)为学院新校区迁建提供土地、建设资金。

独立学院在完成独立验收前是没有国家财政补助的,因此异地迁建办学最大的问题就是新校区基础设施建设所需的资金,在浙江工商大学杭州商学院异地迁建中,根据浙江工商大学和桐庐县签订的《浙江工商大学杭州商学院合作共建协议书》,桐庐县提供浙江工商大学杭州商学院桐庐校区校园建设的土地,同时出资 2.5 亿元的资金支持学校新校区基础设施建设,另外还对新校区后山——塘湾山山体公园建设提供 800 万元资金。新校区建设将从根本上改善杭州商学院的办学条件,对提高其综合实力和办学水平有较大帮助。

(2)为学院师资建设和人才引进提供住房、落户等优惠政策。

为了吸引优秀的师资落户桐庐新校区,桐庐县政府制定了人才引进政策,每年给予杭州商学院 500 万元的资金进行支持;为学院的高学历高职称人才落实事业编制。同时,加快推进教职工限价房建设,在杭商院校区旁,富春江边建设飘鹰富春江花苑,将拿出 400 余套面积从 90～180 平方米不等的住房,以低于市场价的限价房形式提供给学院教师。这一方面缓解教师上班离住所远的困难,另一方面也是对该校区教师的重大福利。还拿出和预留部分住房,作为引进人才的配套政策。另外,桐庐县政府在教职工子女入学等问题上给予政策上的倾斜,从而为杭商院新校区师资的稳定与吸引优秀人才起到了重要作用。

(3)通过校地合作搭建平台,推进学院人才培养。

独立学院迁建后,面临的重大问题是在脱离母体后如何在新的地方站稳脚跟,进行独立运行,实行与母体所不同的办学定位、人才培养模式等,以及实现转型等问题。杭州商学院新校区办学,得到了桐庐县政府的大力支持,桐庐县人社局、桐庐县科技局、桐庐县各乡镇均主动来学院商议校地合作,通过签订合作协议,共建"校地合作共建实习实训基地",学院与莪山畲族乡政府建立"创新实验中心",与新合乡建立教学实践基地,与翙岗古镇签约建立实习实训基地等,从而提供学院学生校外实践的平台。

(4)在校企合作中充当红娘和桥梁作用,助力学校应用型人才培养。

桐庐县人社局组织多次"留桐融桐"暑期招聘会和"展望"秋季招聘会,在企业和学院之间牵线搭桥,帮助学院学生开展暑期实践和毕业实习与就业。同时,积极对接企业,推进学院在企业建立教学实训基地。如县人社局为浙江富春江水电设备有限公司、杭州泛亚卫浴股份有限公司等县级公共实训基地授牌。学院和桐庐县分水镇人民政府签约在该校人文分院建立浙江工商大学杭州商学院分水制笔创新中心,成为校政企合作的一个典范。该中心既为学生提供了产品设计、设备操作的实践场所,也为分水制笔企业在产品、生产、销售等方面提供设计、服务等。

(5)联合打造产学研平台,助推学校科研能力提升。

桐庐县委、县政府与学院合作共建富春电子商务研究院,分水镇与学院共建分水制笔创新中心,莪山镇与学院共建"莪山畲族农创客特色小镇"创新创业中心,建立政产学研协同创新机制,进行全方位的产学研合作,从而助推学校科研能力提升。

(6)免费提供场地,为学院提供学生创业空间。

桐庐县建设"春江渡口"众创空间,在一期建设300多平方米的"园中校"创业孵化专区,可供近40位杭商院大学生创业者免费入驻。目前杭商院已有两个创业团队项目入驻。

由此可见,桐庐县政府主要通过优惠政策、提供土地、资金;提供教职工住房、解决户口问题,帮助引进师资;共建校地合作基地,帮助学校培养人才;发挥红娘和桥梁作用,为学校和企业合作牵线搭桥,在独立学院的新校区建设、师资建设以及人才培养等方面发挥了重要作用。

4.3.1.2 桐庐地方企业对浙江工商大学杭州商学院迁建的作用

(1)企业为学院学子建立奖学金。

学院迁建桐庐后,当地企业先后捐助设立了"美庐勤奋奖学金"和"华茂奖助学金",来资助和奖励优秀学子。其中"美庐勤奋奖学金"由桐庐企业家——杭州恒庐置业有限公司董事长张增群先生于2014年11月出资设立,旨在鼓励学院学生奋发向上,帮助他们更好地成长。每年选5名学生,各奖励10000元。浙江华茂律师事务所向杭州商学院经法分院法学系捐赠20万元,设置"华茂奖助学金",用以资助优秀困难学子。

(2)与学院联合建立校企基地,帮助人才的培养。

GE医疗集团(桐庐)、浙江华茂律师事务所、浙江华博特教育发展有限公司等与学院签约,建立校企产学研合作协议,在学生实习实训基地、师生课外教学基地等方面达成长期合作,从而有助于推动学院应用型人才培养。

(3)与学院联合建立科研平台,提升教师科研能力。

桐庐分水制笔产业企业与当地镇政府一起,和杭州商学院联合在学院内打造分水制笔创新中心,提供设备和资金,为提升教师科研能力提供了良好的条件。

(4)提供实习和就业岗位,提升学生实践能力。

桐庐当地企业积极参加桐庐县和学院联合举办的大学生实习实训双推会和"留桐融桐"暑期招聘会,为学生提供对口专业实习实训岗位。桐庐农商银行、桐庐汇丰生物科技有限公司、桐庐海博大酒店、浙江英飞特光电有限公司等多家企事业单位,上海银行桐庐支行、杭州市商贸旅游集团有限公司、杭州联华华商集团有限公司等近 20 家知名企业参加杭州商学院举办的名企招聘会,共提供包括金融、营销、管理、教育、设计等多个领域 300 个优质岗位,这为学院毕业生提供了良好的实习就业平台。

4.3.2　海宁市对独立学院迁建的作用

作为浙江省第一家整体外迁的独立学院,海宁市政府对浙江财经大学东方学院的各项建设都非常支持。在东方学院校区基础设施建设、师资队伍建设、专业人才培养等方面都发挥了重要作用。

4.3.2.1　海宁市地方政府对浙江财经大学东方学院迁建的作用

(1)为迁建新校区提供教学基础设施建设。

浙江财经大学与海宁市浙江金海洲建设开发有限公司签订协议,合作举办浙江财经大学东方学院,根据合作协议,新校区基础设施建设总投资 9.7 亿元,其中金海洲公司是依据海宁市政府与浙江财经大学迁址建设合作协议而由海宁市政府专门成立的,作为与财经大学的合作实体,具体负责东方学院的教学楼、宿舍、绿化等硬件设施的建设。作为省内首家整体外迁的独立学院,东方学院外迁海宁长安镇后,实现了办学空间和办学设施的实质性改善。

(2)为学院师资建设和人才引进提供优惠支持政策。

海宁市政府为东方学院的师资建设和稳定,提供海宁市事业编制,建设教职工限价商品房定向对学院教职工销售;另外海宁地方政府每年投入 500 万元,用于东方学院人才引进和学科建设。

(3)与学院共建产学研合作平台,全面提升学院教学和师资建设。

海宁市人民政府与浙江财经大学东方学院签订战略合作协议,其中,海宁市发改局、商务局分别与东方学院签约共建海宁研究院和电子商务研究院。将在研讨会、学习会、学术交流、咨询服务、师资建设、课堂教学、学业指导、挂职锻炼等方面开展合作,全方位提升学院的师资和教学水平。

(4)与学院共同创建大创园及孵化器,助推学院培养创新创业人才。

海宁市长安镇与浙江财经大学东方学院合作打造大创园,双方联合成立园区建设领导小组和园区管委会,本着"资源共享,优势互补,互利共享"的原则共同建设、共同使用大创园。着力将长安大创园打造成文创产业培养基地、创新创业实践教育基地和众创空间。海宁电子商务产业园与东方学院签订了《共建创业孵化器合作协议》,为学院电子商务类专业提供最先进的电子商务发展资源,建设和完善电子商务发展平台,将为学生实习及创业基地的升级带来便利。

(5)与学院共建实践基地,助力学院培养应用型人才。

海宁市人民法院与东方学院签订合作共建协议,通过在法院设立"教学实践基地",设立巡回审判点审理真实案件、法官参与指导学院学生的模拟法庭活动等,为学院培养高层次、应用型法律和行政管理人才提供专业帮助。另外,海宁市司法局与学院共建"法律教学实践基地"、海宁市工商行政管理与学院共建"浙江财经学院东方学院政产学研实习基地"、长安镇综治办与学院共建"行政管理教学实践基地"等,都对东方学院学生的校外教学实习提供了有力的支持,为学院培养适应地方需求的应用型人才打下了坚实的基础。

4.3.2.2 海宁市地方企业对浙江财经大学东方学院迁建的作用

海宁地方企业主要通过校企合作,帮助学校协同育人。具体表现在海宁中国皮革城与学院共建"海宁风尚学院",皮革城利用自身的设备、技术、场地、人才等资源优势,有利于推进东方学院的教学改革,使课程与市场接轨,还为师生提供了了解、熟悉企业的机会。海宁市企业培训中心以及当地企业与海宁市司法局等和东方学院共建海宁企业法务学院,整合资源,构建校、政、行、企合作平台,共建海宁产业创新服务综合体之企业法律服务中心,搭建高素质应用型企业法务人才培养的产教融合平台。海宁许村镇家纺产业群的企业家与东方学院协商共建企业定制班、实习基地等,开展校企融合、产教协同。湖州织里知名服装企业的企业家们赴东方学院交流洽谈,共商校企携手订单化培养新模式。连杭物流基地与东方学院在建立实习基地、构建订单式人才培养等方面达成了合作意向。

4.3.3 诸暨市对独立学院迁建的作用

4.3.3.1 诸暨市政府对浙江农林大学暨阳学院迁建的作用

(1)对学院迁建新校区建设和运营提供资金支持。

诸暨市对暨阳学院的迁建是全力支持的,诸暨市政府的表态就是"钱是有的,心是诚的"。浙江农林大学暨阳学院新校区建设采取的是当地政府交钥匙工程,即学院新址占地 500 亩,预留 300 亩,超过 12 亿元建设工程,全部由诸暨市政府投资。这大大缓解了暨阳学院异地迁建办学的资金问题。同时,诸暨市政府每年补贴暨阳学院 650 万元运行费,共补贴 6 年。

(2)支持学院的科研提升,提供科研专项基金配套。

为支持暨阳学院教师科研的积极性和科研能力提升,诸暨市政府每年专门有 300 万－500 万元的专项基金用于学院的科研项目配套。

(3)执行人才引进政策和建设教师公寓,支持学院师资建设和人才引进。

诸暨市政府对暨阳学院的在编在岗教师,执行诸暨市原有的人才引进政策,即"531"政策:对学院的教授每个月额外补贴 5000 元,博士、副教授每月补贴 3000 元,硕士、讲师每月补贴 1000 元,每年人才引进政策共支出上百万元。为缓解教师离校远,上班不方便的问题,诸暨市政府投资建设浙江农林大学暨阳学院教师公寓,公寓共计 420 套,建成后以限价商品房的形式提供给该校教职工定向购买。

(4)与学院合作打造产学研平台,助推学院科研水平。

诸暨市旅游局、农业局、暨阳街道、市人民检察院、市人民法院等与暨阳学院开展产学研合作,共同成立了浙江农林大学诸暨创新发展研究院、中国香榧研究院(国家林业局香榧工程技术研究中心),助推学院的科研实力提升。

(5)与学院联合制定校地合作规划纲要,促进学院与社会全面对接。

2016 年,诸暨市人民政府印发了《浙江农林大学暨阳学院诸暨市人民政府校地合作"十三五"规划纲要(2016－2020 年)》。要充分发挥暨阳学院在人才、科技、文化等方面的资源优势,把开展校地合作作为加强应用型学院建设的重要突破口。《纲要》强调以科技服务、项目平台为抓手,结合诸暨经济社会发展实际,集聚学院优势资源,发挥学院智库作用,全面主动融入诸暨发展,推进学院与诸暨市深度融合,走"共建、共享、共赢"的发展道路。在具体措施上,通过建立暨阳学院社会合作发展联盟,打造教学、科研、服务一体化协同创新大平台;合作共建暨阳学院大学科技园,建设成为大学生创业孵化、实习实训、人才培训和科普教育基地;成立暨阳学院陶朱商学院,整合校内外各类资源,多形式培养企业经营管理者;充分发挥诸暨创新发展研究院的功能和作用,打造成为学校、学院与地方合作交流的融智和技术平台;通过实施校地人才互动工程,搭建校地合作、校企合作桥梁,促进学院和社会的对接。

4.3.3.2 诸暨市地方企业对浙江农林大学暨阳学院迁建的作用

诸暨市地方企业积极和暨阳学院合作,通过产教融合,校企协同育人平台打造等形式支持学院的人才培养。具体表现为:浙江全兴精工集团与暨阳学院达成协议,开展校企合作;校企双方通过互派师资联合开设"全兴精工班",建立实习、就业基地,以开展科研合作等途径来培养市场紧缺、社会需求大的机电装备类应用技术人才;浙江东方缘针织有限公司与暨阳学院通过校企合作签约,培养应用型创业人才;另外,地方企业与学院合作建立教学实践基地,培养应用型人才,如大农生态农业园、十里坪茶业有限公司等企业成为学院的教学实践基地。

4.3.4 绍兴市对独立学院迁建的作用

4.3.4.1 绍兴市政府对浙江工业大学之江学院迁建的作用

(1)全力支持新校区的改造和新建,进行投资性建设。

在浙江工业大学之江校区新建过程中,柯桥区政府全力以赴,土地、校园基础教学设施建设都是以柯桥区政府为主。从 2013 年 7 月 3 日职教中心搬走,到 2013 年 9 月 20 日新生入学,这么短时间内就完成了对现有教学设施的改造。校区三年的改造和新建,总投资约 11 亿元,其中工大和之江学院投资 1.8 亿元,其中固定资产投资 5000 万元,现金投资 1.3 亿元,其他都由柯桥出资,柯桥后来又追加了 6000 万元投资,可见当地政府对于之江学院的迁建办学是全力支持的。

(2)为稳定师资队伍和吸引高层次人才,出台优惠政策和建设教职工住宅。

如何留住优秀人才,特别是迁到比较偏僻的县城工作,教师有各种顾虑,这是学院迁建后面临的一个重大挑战。为了吸引和稳定浙江工业大学之江学院师资队伍,柯桥当地政府在之江学院旁建设教职工住宅小区——之江嘉苑。该小区共有 504 套高层住房,以成本价面向学院教师销售,该小区的建成使用,对于稳定教职工队伍,引进优秀人才有着非常重要的作用。

另外,柯桥区政府给予学院教职工一次性交通补贴政策。具体是按照之江学院 2012 年签合同的人数,每人给 5 万元的一次性交通补贴,共计约 2500 万元。还有就是对教职工子女入学教育问题,制定优惠政策,对之江学院教职工的子女入学,除了高中以外,可以读当地最好的幼儿园、小学、初中。为了吸引高层次人才,柯桥还给学院高学历高职称教师提供事业编制,最初商定每年提供 50 个柯桥事业编制,后来又增加了 15 个,变成了 65 个编制。

(3)提供科研配套经费,助推学院科研能力提升。

柯桥区政府每年为之江学院提供科研配套经费,对之江学院教师获取的厅级以上课题立项进行配套,包括平台建设、教育改革、教育成果等方面。每年核定提供 250 万元的额度,这有助于提升学院教师的科研积极性和科研能力。

(4)与学院共建产学研平台,提供科研环境和资源。

柯桥区人民政府与之江学院共建浙江工业大学柯桥创新研究院、浙江省国家大学科技园之江园,搭建政府、学院和企业三方合作平台,实施科技创新成果转化、高新技术企业孵化等,为学院提供良好的科研环境和资源。

(5)与学院积极开展校地合作,帮助学院培养人才。

柯桥区和乡镇的各级领导,包括书记、乡长、镇长等,经之江学院邀请,走进之江校园,成为学院的人才导师,与学院共同培养人才。

可见,当地政府一方面,帮助独立学院迁建在土地、教学设施等硬件上提供土地、资金支持;另一方面,则主要体现在为独立学院引进和留住人才上出台优惠政策,为独立学院迁建后的软件发展提供了重要保障。同时,还积极推动学院与政府和企业的校地合作和校企合作,助推学院的科研和人才培养。

4.3.4.2　绍兴市地方企业对浙江工业大学之江学院迁建的作用

(1)与学院共建研究中心,提供科研平台。

之江学院与柯桥水务集团签订全面战略合作协议,成立"智慧水务"联合研究院,浙江六环电线电缆有限公司与之江学院联合成立功能高分子材料联合研发中心,浙江世纪康大医疗科技股份有限公司与之江学院共建"智慧医疗联合研究中心",为学院提供科研平台。

(2)与学院共建教学实践基地,校企合作培养地方应用型人才。

金龙客车、清风汽车、梅轮电梯、金隆机械、金昊机械、欣业传动等 6 家企业与机械学院签订了共建实践教学基地协议。浙江通达税务师事务所、绍兴智诚财务咨询有限公司、绍兴蒲公英电子商务有限公司等与之江学院签订校企合作协议,联合进行人才培养。华昌集团东方山水旅游度假区与学院签订校企合作协议,学院在东方山水旅游度假区内设立教学科研教育实践基地和之江东方山水学院,为学生实践、实习与就业等提供平台,深化高层次应用型人才培养。柯桥日报、柯桥区广电总台为学院设立教学科研实践基地,在人才培养、科学研究、实践教学等方面展开合作交流,为广播电视学、广告学及汉语言文学等专业的在校生和毕业生的实践、实习活动提供平台。

4.4 研究发现

4.4.1 独立学院迁建对地方发展的作用机制

独立学院的重要任务是人才培养。独立学院可以通过创新人才培养模式及构建"政产学研"合作模式等措施更好地为地方经济社会发展服务[49]。独立学院从社区服务、文化服务与智力服务等方面入手,来推动地方经济社会发展[48]。从对浙江省内 4 所迁建规范独立学院在迁入地区的实践对比分析(见表 4-1),4 所独立学院迁建后,虽然对地方作用发挥上具有一定的差异性,但它们都通过自身具有的优势资源,积极融入和对接地方政府与企业需求,通过各种方式发挥人才培养、地方智库、技术研发、知识培训交流、文化传播等作用,推动地方的经济发展、技术进步和精神文明建设。独立学院迁入后,对县域的发展发挥了重要作用。

表 4-1 浙江省 4 所迁建独立学院对地方发展作用对比分析一览表

学院名称	发挥作用方式/途径	对地方发展的直接结果	对地方发展的作用类型
浙江工商大学杭州商学院	组织和配合培训、交流研讨会	人才培养	经济建设
	联合打造产学研创新中心	科技研发和产业升级	技术进步、经济发展
	为地方提供社会服务	产业和企业发展	经济发展
	文化巡演、宣传推广	丰富文化生活、提升文化素质	提升精神文明
	进行紧缺人才培养输送	企业发展	经济发展

续　表

学院名称	发挥作用方式/途径	对地方发展的直接结果	对地方发展的作用类型
浙江财经大学东方学院	参与地方政府规划，政策制定	产业发展和科技进步	经济发展、技术进步
	合作共建产学研创新平台	科技研发和产业升级	技术进步、经济发展
	与地方政府共建创业园	创新创业	技术进步、经济发展
	产教融合，打造校外教学实践基地	培养实践应用型人才	经济发展
	打造地方人才培训基地	培养专门人才	经济发展
	联合举办论坛、峰会	知识信息交流	经济发展、技术进步
	文化宣传推广	丰富文化生活、提升文化素质	助推文化建设
浙江农林大学暨阳学院	实施"五个一"文化工程	为地方提供文化服务	助推文化建设
	合作共建产学研平台	科技研发和产业升级	技术进步、经济发展
	打造地方人才培训基地	为地方政府和企业培训人才	经济发展
	与企业合作建立教学实践基地与订单班培养	培养地方应用型人才	经济发展
浙江工业大学之江学院	帮助实施园区规划和技术服务	助推产业发展和城镇建设	技术进步、经济发展
	与地方共建产学研创新平台	科技研发和产业升级	技术进步、经济发展
	与企业共建教学实践基地	培养地方应用型人才	经济发展
	联合举办论坛、峰会	知识信息交流	经济发展、技术进步
	文化宣传推广	丰富文化生活、提升文化素质	助推文化建设

由此我们可以出到如下结论：

独立学院具有办学场地、师资力量、文化高地、培养人才等方面的优势，可以通过这些优势主动输出和积极对接地方政府和企业，来推动和促进地方的经济发展、技术进步和文化建设。从具体的作用方式和路径看：(1)通过进行咨询服务、参与规划建设等成为地方政府政策制定和企业运营的智库；也可以通过产学研合作和技术输出，促进地方技术能力提升和创新产出。(2)利用学术高地的条件，举办和参办各种学术论坛、峰会，推动前沿科技知识在地方的交流传播。(3)与地方政府和企业进行产学研合作,建立合作平台,联合开展科研和技术攻关。(4)利用场地和师资等办学资源,打造面向地方需求的在职人才培训基地。(5)积极探索人才培养新模式,通过校地合作、校企合作、产教融合,打造校外教学实践基地,推动和提升应用型人才培养水平,输送更符合地方需求的高水平、高层次人才。

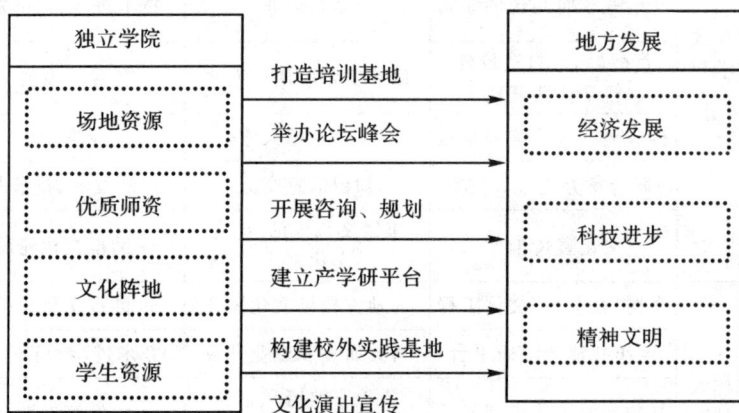

图 4-1 独立学院作用于地方发展的路径及结果示意图

从上述 4 所独立学院对地方发展作用差异分析,我们研究发现:

独立学院具有的专业设置、人才培养定位、师资力量、科研特色和文化等资源优势和地方发展需求越一致,独立学院对地方发展的作用就越显著,发挥作用的方式/途径就越多样和全面。

4.4.2 地方对迁建独立学院发展的作用机制

区域发展对独立学院具有重要作用。区域经济的发展在资金支持、人才招聘、招生就业等方面对独立学院有着重要的积极影响[55]。区域经济的发展也会推动独立学院培养适应当地需要的应用型人才[55]。从浙江 4 所迁建规范的独立学院发展中地方政府和企业的作用对比分析,虽然各个地区政府和企业在对迁建学院发挥作用的方式/途径和结果上具有一定的差异,但是总体而言,它们在实际的做法上和对独立学院发展的作用类型和结果上却有着很多相似的地方(表 4-2)。

表 4-2 地方对迁建独立学院发展作用对比分析一览表

地区	主体	发挥作用方式/途径	对独立学院发展的直接结果	对独立学院发展的作用类型
桐庐	桐庐政府	提供土地、建设资金	新校区基础设施建设	场馆硬件设施
		提供住房、落户等优惠政策	稳定师资和吸引高层次人才	师资建设
		校地合作实践基地	推进学院实践教学	教学、人才培养
		充当红娘和桥梁	推进校企合作、实习实训	人才培养
		免费提供创业场地	助推学生创业	人才培养
	桐庐企业	联合打造产学研平台	助推学院科研能力提升	科研
		设立奖学金	助推学生成才	人才培养
		联合建立校企基地	推进学院实践教学	人才培养
		提供实习和就业岗位	推进学院实践教学和就业	人才培养
		联合建立科研平台	提升教师科研能力	科研
海宁	海宁政府	提供土地、建设资金	新校区基础设施建设	场馆硬件设施
		提供住房、人才引进专项资金	稳定师资和吸引高层次人才	师资建设
		共建产学研合作平台	提升学院教学和师资水平	教学、师资建设
		共建大创园及孵化器	为学院培养创新创业人才	人才培养
		共建实践基地	为学院培养应用型人才	人才培养
	海宁企业	校企合作,通过共建实践基地、订单培养等方式进行协同育人	推进学院实践教学和订单培养	人才培养
诸暨	诸暨政府	土地、资金	新校区建设和运营	场馆硬件设施
		人才政策和建设教师公寓	稳定师资和吸引高层次人才	师资建设
		科研专项基金	支持学院的科研提升	科研
		联合打造产学研平台	助推学院科研水平提升	科研
		校地合作规划纲要	促进学院与社会全面对接	教学、科研、人才培养
	诸暨企业	校企合作,协同育人	推进学院实践教学和订单培养	人才培养

续 表

地区	主体	发挥作用方式/途径	对独立学院发展的直接结果	对独立学院发展的作用类型
绍兴	柯桥政府	提供土地、建设资金	新校区基础设施建设	场馆硬件设施
		提供住房、落户等优惠政策	稳定师资和吸引高层次人才	师资建设
		科研专项基金	支持学院的科研提升	科研
		联合打造产学研平台	助推学院科研能力提升	科研
		校地合作,人才导师	帮助学院学生成长	人才培养
	柯桥企业	共建研究中心	支持学院的科研提升	科研
		共建教学实践基地	合作培养地方应用型人才	人才培养

由此我们可以得到如下结论:

1.地方对迁建独立学院的作用主要来自地方政府和地方企业两类主体,它们各自利用自身具有的优势推动迁建独立学院的发展。

2.地方政府通过自身在国有土地所有权、资金和政策制定及人才设施方面的优势,在迁建独立学院新校区建设、师资队伍稳定和人才引进、科研以及人才培养等独立学院发展过程中面临的各种重大问题上发挥了重要作用。具体的方式/途径包括:(1)提供土地、建设资金;(2)建设教师住宅,制定教师落户和子女教育政策;(3)提供科研配套经费;(4)联合建立产学研中心;(5)联合打造或牵线建立教学实践基地。

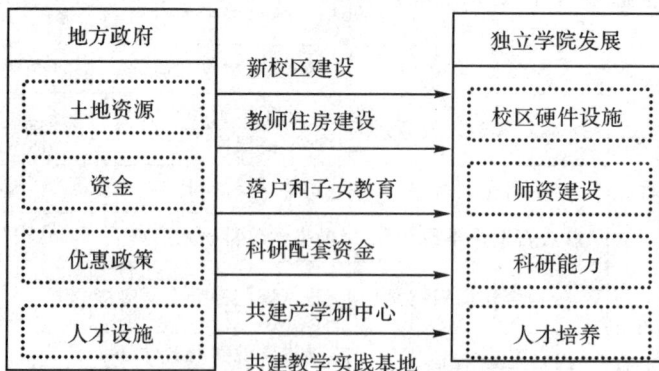

图4-2 地方政府作用于迁建独立学院发展的路径及结果示意图

3.地方企业通过自身具有的强大应用型科研和实践人才、实践场所和设备等优势和人才需求,对迁建独立学院的科研提升,协同育人,打造符合地方需求的应用型人才具有重要作用。具体的方式/途径包括：(1)共建教学实践基地；(2)订单培养；(3)共建研究中心。

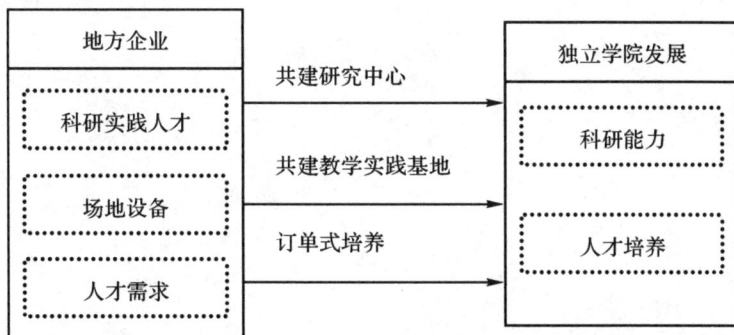

图 4-3　地方企业作用于迁建独立学院发展的路径及结果示意图

从上述各地区对迁建独立学院发展作用差异分析，我们进一步发现：

地方经济的发展水平越高，地方政府对独立学院发展越支持，企业具有的资源和实力越强，对迁建独立学院发展的支持力度也就越大，所发挥作用的方式/途径和作用类型也就越多。

综合独立学院迁建和地方发展之间相互作用的分析，我们进一步发现：

1. 独立学院在服务地方上越主动，地方政府和企业对独立学院的了解就会越多，后续构建合作的机会和效果就会越好。

2. 学校的内涵式发展和应用型人才培养，离不开外部地方政府的支持，也离不开与企业的合作。反过来，学校人才培养水平的提升，也有助于地方经济的发展和企业的转型升级。

3. 独立学院在对地方建设和互动方面重视度越高，工作开展得就越好，也就越有利于自身融入（得到当地政府的支持和认可）和办学的发展（校企合作等）。

4. 独立学院对地方发展发挥的作用越多，得到地方认同度就越高；反过来，地方给予独立学院的支持和帮助也越多，它们之间是相互促进，具有正反馈的。

浙江省独立学院迁建发展过程的
多主体互动实践

第 5 章

地方高等教育与地方经济发展之间具有很强的互动性[109]。独立学院与区域互动发展是指独立学院以区域综合实力提升为宗旨，充分发挥自身人才、信息资源等优势，为区域政治、经济、文化、科技、人力资源开发提供全方位服务；而区域内的政府、企业也为独立学院发展提供信息、经费及政策等方面的支撑[110]。地方高校与区域经济的互动发展本质上是区域知识资源、物质资源、社会资源和信息资源之间的重新组合与配置[111]，高校与地方的"校地互动"就是通过各种要素的流动来实现资源的合理配置和优化组合[112]。

互动方式是创新主体之间通过整合要素资源实现有效协同的形式[113]，基于互动方式差异，有学者将大学与政府和企业的互动模式概括为 5 种典型类型：以外部市场交易为纽带的互动模式、以产权为纽带的互动模式、以政府项目计划为纽带的互动模式、以大学与企业之间自发产生的项目为纽带的互动模式、大学科学园区模式[114]。还有学者将国外高校与地方经济建设归纳为 3 种互动模式：以"威斯康星"为代表的教师与顾问式高校主导模式、以"硅谷"为代表的产学研三结合模式和以"相互作用大学"为代表的地方大学与地方经济共生模式。第一种模式的主要方式是派出校内专家、学者到经济建设与管理的各部门充当顾问，并根据地方经济发展所需知识开办讲座，充当全州的老师。在高校与地方经济的互动关系中，是以高校为地方经济的单向服务为主导的。第二种模式下大学对地方经济不再是老师与顾问的单向指导关系了，而是与地方经济实体、政府等达成了休戚与共的伙伴与兄弟关系，包括建立科技园与创新中心、企业与大学合作创办研究中心、校企联合办学、开展各类咨询服务、开展联合研究或者委托研究、委托培训等[84]。

从互动内容分析，高校与当地进行校地互动的主要内容应包括科技服务、信息服务、文化及资源服务、人才培养和师资队伍建设等方面[115]。其中科技服务互动主要包括项目合作、共设科技研究中心；人才培养互动包括校企共建教学实训基地、探索新的人才培养模式；师资队伍互动包括"双百工程"（百名教师下基层、百名企业家进校园）、外聘高层次专业技术人才以及校地、校企干部挂职交流;文化及资源服务互动包括加强地方文化研究等。

地方政府和高校由于追求自身利益内在动机的不同,行为主体可能因目标差异发生行为偏离,导致高等教育与地方经济不能协调[109]。因此高校在专业设置和人才培养模式上必须与地方发展需要相匹配,科学研究要紧紧围绕地方经济社会发展面临的技术难题展开[109]。

在独立学院迁建发展过程中,涉及包括独立学院本身、独立学院的母体以及地方政府等多个主体之间不同的发展目标,主体间涉及关系协调、资源共享、利益分配等问题,而在独立学院迁建发展过程中,多主体的互动是如何实施的?互动的主要内容和采取的方式分别有哪些?互动带来了什么样的结果?本部分将通过对 4 所迁建的浙江省独立学院的实践来进行研究。

5.1 独立学院迁建与母体高校的互动

5.1.1 浙江工商大学杭州商学院与母体高校的互动

根据互动内容分析,浙江工商大学杭州商学院(以下简称杭商院)与母体高校的互动主要包括校区迁建、师资、科研、教学管理、专业设置等方面。

5.1.1.1 校区迁建互动

在杭商院异地迁建过程中,由于学院的董事长来自母体浙江工商大学,因此,学院迁建过程主要是以母体为主来开展工作的。在学院迁建互动方面,主要的形式包括:(1)母体领导视察。如 2013 年、2014 年,浙江工商大学校领导多次到杭商院桐庐校区视察校区建设推进情况。(2)召开校际间会议。2014 年,在杭商院桐庐新校区召开学校专题研究杭州商学院建设工作会议。工商大学主要领导班子、相关部门和杭商院负责人参加了会议。此次会议旨在研究解决杭商院迁建工作中的实际困难,尽快实施相关配套设施建设,保证迁建工作的顺利开展。

5.1.1.2 学院发展互动

母体高校领导全面指导学院发展。在学院迁至桐庐办学的几年时间里,浙江工商大学及其二级学院在教学、科研、团学工作、后勤管理、校园保卫工作及日常管理等方面,频频赴桐庐校区给予指导。

5.1.1.3　师资互动

在师资方面,杭商院最初是以浙江工商大学这一母体高校的"校中校"形式存在的,在"校中校"的教学中,杭商院专业课程的教学完全依托于母体的师资,自身只有公共课程教学的老师。因此,迁建后,师资的互动主要通过以下方式进行:(1)母体教师分流。迁建初期,浙江工商大学部分专业课程教师直接转到独立学院。(2)母体教师选派。在 2017 年,为加强杭商院师资力量,支持杭州商学院规范设置工作,满足省教育厅对独立学院规范设置验收条件,经学校研究,选派 80 名符合杭商院师资需求的专任教师支持杭商院建设,对其中高学历高职称教师,母体和独立学院都出台了科研补贴、人才经费等优惠政策。(3)母体师资兼课。对于部分专业课程,由于分流和新进的老师难以承接独立学院的教学。因此,浙江工商大学承诺对这些专业课程托底,由工商大学本部教师继续承担教学。目前,财会专业ACCA 班的双语专业课程,仍由浙江工商大学这一母体来承担。

5.1.1.4　教学管理互动

独立学院迁建后,自身要摸索出一套教学与学生管理的制度和方法,为了让独立学院迁建后平稳过渡,母体高校也在教学管理中进行了相应的支持和帮助。主要的互动方式体现为:(1)母体领导考察指导。在学院迁至桐庐办学的近两年时间内,浙江工商大学及其二级学院的领导多次到桐庐校区走访考察,在教学、科研等方面频频赴桐庐校区给予指导。(2)母体领导调研座谈。浙江工商大学党政领导等多次到杭商院桐庐校区进行调研座谈,了解桐庐校区在教学、专业建设、校企合作等方面的实际情况、困难等。(3)邀请母体专家开讲座。杭商院还通过邀请工商大学发展规划处副处长李靖华教授来桐庐校区为学院中高层干部开展"二级部门任期目标考核"的专题讲座。

5.1.1.5　科研互动

杭商院多次邀请浙江工商大学教授进行学术报告、学术讲座,推动本校区教师的科研能力提升。如学院邀请浙江工商大学工商管理学院院长郝云宏教授、旅游与城乡规划学院院长易开刚教授等为学院教师开展科研讲座与学术报告。

5.1.2　浙江财经大学东方学院与母体高校的互动

浙江财经大学作为浙江财经大学东方学院(以下简称东方学院)的母体院校,主要在办学体制、管理体制、组织架构、师资队伍、专业设置、党群工作、学生工作、校园建设等方面给予指导与协助。

5.1.2.1　校区迁建互动

在东方学院迁建海宁长安镇的校区基础设施方面,浙江财经大学和东方学院间的互动方式包括:(1)母体领导亲临现场指导。浙江财经大学党政领导多次亲临现场指导东方学院迁建工作。如 2009 年 10 月,浙江财经大学校长王俊豪、副校长滕凯专程来到海宁市长安镇视察东方学院长安校区的建设情况,对在建工作进行了检查。2010 年,校党委书记韩翼祥与校人事处、公管处、现教中心、后勤总公司等部门负责人一行来到长安校区建设工地视察。(2)召开多方协调会议。如 2007 年 7 月浙江财经大学东方学院迁建海宁工作领导小组与浙江财经大学筹建小组在海宁召开第一次联席会议,就签约后的工作进展情况做了通报交流,并明确了有关的职责分工。同年 8 月,浙江财经大学东方学院迁建领导小组在杭州浙江财经大学东方学院文华校区召开第二次联席会议,重点讨论了东方学院长安校区建设总体规划的设想。同年 10 月,浙江财经大学东方学院迁建工作领导小组在杭州浙江财经大学东方学院文华校区召开第三次联席会议,就校区建设规划、规模、建筑工程分期建设、项目申报等问题做了会商。2010 年,海宁市委副书记、市长林毅到学院新校区现场办公,主持召开东方学院建设协调领导小组会议。浙江财经大学副校长滕凯、东方学院董事长王海寿、东方学院院长黄董良及校区建设协调领导小组全体成员参加会议。

5.1.2.2　学院发展互动

在对东方学院整体发展上,主要的互动方式包括:(1)母体领导调研座谈。浙江财经大学领导班子多次到东方学院与学院领导班子开展调研、座谈,指导东方学院的整体办学思路和发展规划。如 2014 年浙江财经大学副校长钟晓敏等一行 9 人来东方学院调研,校党委副书记齐文远等负责接待并举行座谈。双方与会人员就人才引进及教职工培训、人事分配制度改革、国际交流与中外合作办学、资产院校两级管理措施、学校资产保值增值、国际学院的定位、学生体质健康与高水平运动队建设、节约型校园建设等多个方面进行了深入的交流和探讨。2015 年浙江财经大学党委书记陈根芳、党委副书记王宇航、副校长王奎泉在学校党校办、发展规划处相关负责人的陪同下到东方学院开展座谈。同年,浙江财经大学校长李金昌、副校长卢新波、纪委书记陈金方在党校办相关人员陪同下到东方学院调研,并与学院领导班子座谈。卢新波副校长、陈金方书记结合各自分管的领域,分别从师资队伍建设、职称评审衔接、依法依规办学、党风廉政工作等方面做出了指示。(2)召开多方参加的会议。如 2006 年,浙江财经大学召开东方学院发展战略研讨会,校领导、有关职能部门领导、各二级学院领导班子成员会聚文华校区,探讨东方学院的办学模式、管理体系与发展目标。2015 年 11 月,东方学院发展战略咨询委员会第一次会议在海宁市行政中心召开,海宁市委书记林毅、市长戴峰、常务副市长姚敏忠,浙江财经大学党委书记陈根芳、校长李金昌、副校长卢新波、东方学院党委书记沃健等参加了会议。

5.1.2.3　师资互动

2010 年东方学院迁建海宁长安镇后,原浙江财经大学大约 120 名教师分流到东方学院新校区,支持新校区建设。

5.1.2.4　教学管理互动

浙江财经大学领导多次到东方学院考察座谈,指导学院的教学管理、人才培养。

5.1.3　浙江农林大学暨阳学院与母体高校的互动

5.1.3.1　学院整体发展互动

母体高校领导的调研座谈指导。自 2011 年 8 月启动暨阳学院迁建工作至今,学院依托母体院校优势资源与办学经验,邀请学校领导到新校区指导工作。从迁建初始的暨阳校区规划建设、实验室与图书馆等基础设施建设、师资队伍建设,到学院稳步办学之后的教学管理、学科建设、党建工作、学生管理等,母体高校党委书记、校长及副校长、各职能部门等曾多次到学院调研并指导工作。2015 年 12 月,浙江农林大学校党委书记宣勇、副校长金佩华到暨阳学院调研指导学院"十三五"规划工作,并做了重要指示。

5.1.3.2 师资互动

母体师资兼课。从 2013 年到现在，浙江农林大学鼓励教师到暨阳学院上课。到 2017 年，大概仍有 70 位教师在暨阳学院上课。

5.1.3.3 科研互动

依托浙江农林大学的科研力量，与诸暨市人民政府共同组建的中国香榧研究院在暨阳学院成立，共同进行围绕香榧的科学研究和应用推广，进一步发挥浙江农林大学和暨阳学院服务诸暨的作用。

5.1.4 浙江工业大学之江学院与母体高校的互动

5.1.4.1 学院整体发展互动

浙江工业大学领导关心之江学院新校区建设，多次进行调研和建设工作协调。如 2013 年校党委副书记何智蕴、副校长肖刚等赴之江学院新校区调研新生入驻校园建设方案及进度安排。

5.1.4.2 师资互动

邀请浙江工业大学知名教授到之江学院人文大讲堂——之江大讲堂开展讲座。借助浙江工业大学的优秀师资力量，2017 年 MBA 项目在之江学院落地。浙江工业大学 MBA 教育中心在柯桥开设首届 MBA 柯桥班。

5.1.4.3 科研互动

通过成立浙江工业大学柯桥创新研究院，之江学院努力借助浙江工业大学的科研师资，引进浙江工业大学研究中心、校企联合研究中心等研究机构，对于地方特别关注的绿色印染开展联合科研，为母体高校和地方政府加强合作更好地发挥作用。

5.1.4.4 教学管理互动

浙江工业大学领导多次到之江学院考察座谈，指导学院的教学管理和人才培养工作。

5.2 独立学院迁建与地方的互动

独立学院与地方的互动，包括了两类主体：地方政府和地方企业。通过搭建校地合作、校企合作桥梁，实施校地人才、科技、文化等互动工程，促进学院和社会的对接。因此,根据互动内容划分,主要包括:人才共享互动、科研合作互动、人才培养互动、文化建设互动四大方面。

5.2.1　浙江工商大学杭州商学院与桐庐地方政府和企业的互动

5.2.1.1　浙江工商大学杭州商学院与桐庐地方政府的互动

(1)迁建发展互动。

①地方领导考察调研座谈。桐庐县领导班子多次到杭商院进行调研、考察,指导学院发展。如 2015 年桐庐县县长方毅、常务副县长毛根洪莅临学院桐庐校区进行调研座谈,浙江工商大学、杭商院领导班子成员参加,共同协商学院发展大计。2016 年桐庐县副县长周建英一行走进学院桐庐校区考察工作,就学院当前的建设发展现状以及发展中需要县委县政府协助解决的困难进行调研,学院党委书记袁金祥等参加,周副县长表示,要加强校地联络协调机制建设,更好更有效地推动学院发展。同年桐庐县委书记毛溪浩及四套班子成员走访杭商院,考察指导学院发展工作。②三方协商座谈。为了进一步推进杭商院迁建发展,学院共建主体浙江工商大学和桐庐县双方于 2016 年举行了协商座谈会。浙江工商大学主要校领导,桐庐县委书记、县长以及学院院长、党委书记等参加了座谈会。会议就推进杭州商学院桐庐校区建设、加强特色办学、强化校地合作等事项进行了磋商。

(2)人才培养互动。

①校地共建实习实训基地。学院的迁建工作与新校区办学,得到了桐庐县政府的大力支持,桐庐县人社局、桐庐县科技局、桐庐县各乡镇均主动来学院接洽"校地合作共建实习实训基地"事宜,桐庐县委书记毛溪浩、县长方毅等诸多领导也甚是关心学院与县域经济的协同发展。杭商院人文学院与翙岗古镇签约建立实习实训基地——存厚学堂,与莪山畲族乡政府建立"创新实验中心",学院与新合乡签订建立教学实践基地等,先后开展了 20 余项活动,近 600 人次赴新合乡调研考察、参观实践、活动体验等。②联合举办毕业实习招聘会。学院与桐庐县人社局多次联合举办"留桐融桐"暑期实习招聘会、毕业生秋季"展望"招聘会等,派送学生到桐庐县各企事业单位进行暑期实习锻炼和当地就业,通过校地合作,提高学生实践能力和适应地方企业需求的技能。桐庐县人力资源与社会保障局、县理财中心、县桐君街道等还为学院直接提供了暑期实习岗位。③为地方进行人才培训。学院承

办的桐庐县人社局"511"中青年人才培训项目,推动了当地创业和管理人才的培养。

（3）人才共享互动。

①人才互聘。学院聘任桐庐县经信局局长钟一平为经法分院的客座研究员;学院教师张友仁、贺艳秋、黄文胜受聘为桐庐广播电视台新闻特约评论员。②学院参加地方交流研讨。学院院长傅玉颖及多位老师参加桐庐县举办的2015年首届"跨境电商与人才培养"交流研讨会,傅院长在会上做了主题发言。③互派人员任职/挂职。桐庐县派出张富寿到杭商院担任学院副院长,负责学院后勤、社会合作,杭商院则将社科合作部的赵干老师派到桐庐地方挂职。

（4）科研合作互动。

①校地共建研究机构。杭商院与桐庐县委、县政府合作共建富春电子商务研究院、浙江工商大学富春江旅游研究院等机构,杭商院和桐庐县分水镇人民政府签约在杭商院校内建立分水制笔创新中心,杭商院与莪山乡共建"莪山畲族农创客特色小镇"创新创业中心,旨在通过校地合作,开展政产学研创新。②签订校地合作协议。杭商院与桐庐县科技局签订合作协议,在产学研方面开展合作。杭商院与桐庐县新合乡就乡标设计、农产品包装设计、旅游资源开发和特色产业发展等方面开展了富有成效的合作,双方于2015年1月签订战略合作协议。桐庐县新合乡人民政府、桐庐县文创办和杭商院共同主办"美丽乡村"协同创新暨"新合杯"红色旅游文创成果发布会、红色旅游创意大赛总决赛。杭商院还与莪山畲族乡政府签署了全方位的产学研创合作协议。

（5）文化建设互动。

①校地文化交流。浙江省博物馆、桐庐县博物馆与杭商院团委联合举办"非遗进校园"主题展览,分别展出古琴、浙江民间造型艺术和浙江历史文化陈列等图文展品;桐庐县文联特为杭商院开设通识课"中国民间剪纸艺术",受到师生的热烈欢迎;桐庐县广播电视台与学院合拍微电影《爱在画城3》,其首映仪式在杭商院桐庐校区隆重举行,此举得到桐庐县委、县广播电视台、县旅委、县文创办等的高度评价。②校地团学活动合作。学院团委与桐庐县新合乡人民政府、桐庐县文创办,共同主办"美丽乡村"协同创新暨"新合杯"红色旅游创意大赛、与桐庐县委宣传部携手开展"最美桐庐人进高

校"活动座谈会、参加桐庐县 2015 年帮困助学暨公民爱心日启动仪式(彩虹跑)活动、组织学生代表参加桐庐县首届大学生水上运动会、与中国杭州(制笔)知识产权快速维权中心共建"笔盾护卫队"(大学生保护知识产权志愿者服务队)、组织桐庐县分水镇实验小学的师生到杭商院桐庐校区开展"雏鹰少年·留守萌娃"主题校园一日游活动、积极参与桐庐县"百姓日"宣传工作并组织桐庐"百姓日"各界代表到杭商院参观指导等,学院与政府的双向交流不仅丰富了学生的校园生活,也为桐庐的人文内涵增加一抹亮色。③大学文化进地方的表演与传播。杭商院配合桐庐县委宣传部、共青团桐庐县委员会、桐庐县文广新局主办的"双百双进·党课下乡"暨创建全国文明城市公益巡演,以社会主义核心价值观为主旋律,融合校地文化分别开展"先锋故事""红色故事""中国故事""校地故事"四个主题的文化巡游。学院通过与桐庐各乡镇街道结对子,通过文艺表演和互动交流的方式进行文化传播。

5.2.1.2　浙江工商大学杭州商学院与桐庐地方企业的互动

在独立学院与地方企业的互动合作方面,互动主要围绕校企合作育人、合作办学、合作就业、合作科研等四个方面展开。

(1)校企合作育人互动。

①共建校外实习基地。通过与当地企业签订校企合作协议等形式,共建校外企业实习基地,浙江富春江水电设备有限公司、杭州泛亚卫浴股份有限公司、浙江华茂律师事务所等成为学院实训基地。②企业家进校园讲课/讲座。通过"实务导师进课堂""浙商走进杭商"等形式,将地方企业引入学校教学活动中。学院通过创造性地打造"实务精英进课堂"形式,邀请具有丰富的与本专业或本课程相关的实务经验的企业中高级技术和管理人员到课堂为学生授课;借助杭商院丰富的企业家资源和校友资源,众多知名浙商受邀参加学院定期举办的"浙商走进杭商"论坛,包括部分桐庐本地企业家。③为地方企业开展在职培训。学院举办中国民营快递未来发展高级研修班,为国内民营快递企业打造学习研讨的平台。④企业为学生设立奖助学金。杭州恒庐置业有限公司在学院设立"美庐勤奋奖学金",浙江华茂律师事务所设置"华茂奖助学金",用来资助和奖励优秀学子。

(2)校企合作办学互动。

杭商院与桐庐地方企业的合作办学互动主要通过校企双方签署校企合

作协议的形式进行。学院与 GE 医疗集团、浙江华茂律师事务所等企业签约建立校企产学研合作协议,更有针对性地培养地方所需人才。

(3)校企合作就业互动。

桐庐当地企业积极参加大学生实习实训双推会和"留桐融桐"暑期招聘会,为学生提供对口专业实习实训岗位和就业平台。

(4)校企合作创新互动。

双方在合作创新的主要互动方式是建立校企联合科研中心。桐庐分水制笔产业企业与当地镇政府一起,和杭州商学院联合在学院内打造分水制笔创新中心,提供设备和资金,为提升教师科研能力提供了良好的条件。

5.2.2 浙江财经大学东方学院与海宁地方政府和企业的互动

5.2.2.1 浙江财经大学东方学院与海宁地方政府的互动

(1)迁建发展互动。

海宁市关心和支持东方学院的发展,海宁市各级政府高度重视学院发展面临的困难和问题,定期听取专题调研东方学院工作,为把东方学院建设成为一所特色鲜明的高水平独立学院而共同努力。在东方学院迁建至海宁的 6 年时间里,学院与政府的互动是多层次、多方位、多阶段的。①地方领导调研指导。在学院迁建初始的两年里(2010—2011),省市领导、海宁市委领导曾多次到长安校区调研,了解校区建设新进展情况及困难,指导办学工作的有序进行。尤其是 2010 年新校区第一届新生入学期间,海宁市委副书记、市长林毅,海宁市人大常委会副主任、东方学院董事长王海寿亲自到新校区现场办公,对新校区交通、学生宿舍、后勤保障、教学条件、安全环保等情况进行了一一确认,以确保 2010 级新生顺利入学。2014 年 10 月,为进一步关心和支持东方学院各项工作进展,明确学院未来更高的发展目标,海宁市四套班子主要成员和相关职能部门负责人前来学院调研指导工作。②多方举办战略咨询会议。海宁市委书记林毅、市长戴峰、常务副市长姚敏忠,浙江财经大学党委书记陈根芳、校长李金昌、副校长卢新波、东方学院党委书记沃健等参加东方学院发展战略咨询委员会第一次会议,共同谋划东方学院未来的可持续创新发展。③校地共同商议制定合作协议。东方学院副院长王跃梅带领经济与社会发展研究院负责人赴海宁市发改局共同讨论制定《东方学院与海宁市全面战略合作协议》,双方就《全面战略合作协议》和共建研究院的思路等深度交换了意见和建议。

（2）人才培养互动。

①校地共建校外教育基地。学院先后与海宁市人民法院共建"东方学院法律教学实践基地""海宁市人民法院司法审判理论研究基地"，与海宁市司法局共建"法律教学实践基地"，与海宁市工商行政管理局共建"浙江财经大学东方学院政产学研实习基地"和"海宁市工商行政管理局干部培训基地"，与长安镇综治办共建"行政管理教学实践基地"，与海宁市长安镇（高新区）计生协会共建"阳光关怀"基地，与海宁市文联共建诗教实践教学基地，与海宁市工商局、消保委共建教育基地，与海宁长安镇纪委共建廉政建设合作基地，与海宁市看守所共建实践教学基地等。②校地合作共建校内教育基地。东方学院与海宁市人民法院合作共建，全省首家法庭巡回点落户东方学院，为学院培养高层次、应用型法律和行政管理人才提供专业支持。③为地方进行在职培训。与海宁市民政局联合申报的浙江省社会工作专业人才培训基地被浙江省民政厅确定为首批省级社会工作专业人才培训基地，承担了诸如全国社会工作者职业水平考试海宁片区考前培训等培训工作。东方学院法政分院与海宁市司法局合作，开设了海宁市人民调解实务工作研修班培训。学院开设海宁市工商局 2012 年新老干部互动特训班。④邀请地方政府相关部门到学校开展专题讲座。学院邀请嘉兴市公安局消防支队、海宁市消防大队、长安消防中队等入校开设"消防与安全"专题讲座等。⑤学生到地方挂职锻炼。东方学院学子赴长安镇（高新区）基层挂职锻炼，有助于推动高素质应用技术型人才的培养。

（3）人才共享互动。

①学院教师到地方挂职。学院也积极投入到服务当地经济、促进当地社会发展的工作中，多次选派学院教师赴海宁团市委、海宁市人民法院、海宁市发改局等单位挂职锻炼。②学院服务地方政策规划。东方学院迁建海宁市后，主动对接地方经济社会发展的需求，为海宁市量身定做"十二五"期间服务外包发展规划。

（4）科研合作互动。

①共同开展学术研讨。海宁市政府非常重视与学院的校地合作，邀请学院相关领导及师生代表参加嘉兴市领军人才校企合作服务联盟成立大会、嘉兴市社科联第四次代表大会、"养老服务业与养老产业发展"学术研讨

会等活动。学院与海宁市人民法院联合主办多届"司法审判理论与实务研讨会"。学院与海宁市财政学会共同主办第二届公共经济与公共管理改革(海宁)论坛。②共建科研研究院。与海宁市经信局、商务局、发改局共建"经济与信息化研究院""电子商务研究院""循环经济研究院"等,开展政企学研合作交流。

(5)文化建设互动。

①地方政府官员到学校进行文化传播。海宁市委领导非常重视校园文化与海宁文化的融合,海宁市市长林毅、海宁市副市长朱祥华、海宁市副市长朱海英、海宁市人大常委会副主任孙浩彬等曾多次受邀到新校区做报告、开讲座。②校地共促文化融合。2012年11月,学院成立"仰山文化讲堂",前后邀请海宁市政协文史委委员、吴世昌研究会会长唐兆基,海宁市教育学会秘书长黄加平、《海宁市志》执行总编张镇西、海宁方言的记录者与研究者姚若丰、海宁著名藏书家顾志兴等海宁文化界人士到学院分享海宁文化。该讲堂还多次与海宁市紫微讲坛携手开设讲座、与海宁老年大学开展书画交流活动等,既拓宽学生视野,又丰富市民生活。同时,学院也积极参与海宁当地文化活动,如选派学院青年代表参加海宁市纪念五四运动92周年文艺晚会、组织学生参加"海宁农信杯"青年创业大赛并获奖、承办第三届徐志摩诗歌节校园行活动等。

5.2.2.2 浙江财经大学东方学院与海宁地方企业的互动

浙江财经大学东方学院与海宁地方企业的互动,主要是基于人才培养、科研活动两大类别,从校企合作育人、合作办学、合作就业、合作创新等四个方面展开。

(1)校企合作育人互动。

①企业参与教学。学院邀请企业参与到实践教学过程中。②共建教学实习基地。与海宁市八方物流共建的产学研基地获批学院首个国家级物流实习基地。③邀请企业专家开设讲座。学院还定期邀请金融、财会、税务、管理等行业的企业高管或行业专家来校开设主题讲座、参加学院举办的关于应用型人才培养的研讨会等。

(2)校企合作办学互动。

①校企人才培养协作班。与会计和金融行业开展人才培养协作班,与企业合作开展服务外包人才培养,校地合作共赢局面初显。②订单式培养。

与海宁市八方物流共同成立的"八方物流实验班"首次尝试订单式培养。学院邀请湖州织里的 4 家知名服装企业的企业家到学院交流洽谈,共商校企携手开启订单式培养新模式。海宁许村镇家纺产业群的企业家与东方学院协商共建企业定制班。连杭物流基地与东方学院在构建订单式人才培养等方面达成了合作意向。③共建行业学院。东方学院与海宁中国皮革城共建行业学院——"海宁风尚学院",学院和皮革城的设备、技术、场地、人才等资源优势将达成互补,一方面有利于推进学院教学改革,使课程与市场接轨,让学生有更多实践机会;另一方面,也有助于为海宁本土设计师提供培训再教育机会。

(3)校地合作就业互动。

海宁地方企业积极配合,参与东方学院组织的 2017 春季毕业生招聘会,为学院毕业生提供了较多的就业岗位选择。

(4)校地合作创新互动。

①校企论坛。2011 年 12 月,海宁市十余家上市公司和拟上市公司的高管与东方学院的博士、专家们会集一堂共同开设"海宁—东方资本论坛",自此搭建了一个海宁企业家、金融家、投资家以及专业学者交流才智、汇聚商道、互助合作、共创未来的高端资本智汇俱乐部,海宁市各中小企业也有了"智囊团"。②校企合建产学研基地。东方学院工商管理分院与海宁八达物流中心签订合作协议,建立教师科研基地。

5.2.3　浙江农林大学暨阳学院与诸暨地方政府和企业的互动

5.2.3.1　浙江农林大学暨阳学院与诸暨地方政府的互动

学院迁至诸暨市办学,受到诸暨市领导的多重关心与重视,诸暨市市长徐良平及副市长俞越、谭燮良、绍兴市人大常委会副主任王继岗、绍兴市政协社科界全体委员、诸暨团市委书记赵旦丹带领机关团干部、青年企业家都曾来学院考察交流。

(1)迁建发展互动。

联合制定校地合作规划。校地双方联合制定《浙江农林大学暨阳学院诸暨市人民政府校地合作"十三五"规划纲要(2016－2020 年)》。《纲要》指出,校地合作以建立一个联盟、共建一个园区、成立一个学院、推进一个平台、实施一项工程的"五个一"行动计划为主要载体,坚持协同创新、系统推进、整合资源、重点突破的原则,着力在美丽诸暨建设、产业转型升级、文化强市建设、人才素质提升和决策咨询参谋五个方面开展校地合作,力争在"十三五"期间实现校地创新平台建设、科研成果转化、文化交流合作、人才素质提升和决策咨询服务"五个新突破"。

(2)人才培养互动。

①地方出台大学生人才引进政策。如"具有大学本科学历的高校毕业生来诸暨工作或创业,就可享受购房或租房补贴。每人每月有 600 元的租房补贴,购房则可以享受一次性 3 万元补贴"等。②地方指导和帮助学院人才培养与就业。绍兴市领导不仅关心学院新校区建设问题,更是对校地合作及应用型人才培养提出建议。诸暨市人社局积极组织辖区各乡镇企业参与暨阳学院举办的毕业生校园招聘会。③校地共建面向地方的专业培训机构。暨阳学院与诸暨市人民政府合作共建陶朱商学院。陶朱商学院办学所在地设在暨阳学院内,旨在整合校内外人才、科研、硬件资源,围绕人才强市战略目标,坚持面向区域经济建设和社会发展的需要,以提高地方管理干部、专业技术人员的职业素养与能力水平为目标,逐步打造成面向校内外区域开放的集企业培训、干部培训、农村实用人才培训、创新创业教育培训于一体的成人非学历教育培训机构。④签订合作协议进行地方人才培训。诸暨市农业局与诸暨创新发展研究院签订了农村电子商务项目合作协议,借助暨阳学院专业团队、师资力量,开展农民电商创业培训。在暨阳学院成立诸暨市农民学校。农民学校紧紧依托浙江农林大学的学科和师资,着力打造诸暨农民培训基地,为诸暨农业农村现代化提供智力支持和人才保障。

(3)人才共享互动。

暨阳学院与诸暨市人民政府合作共建陶朱商学院。建立陶朱商学院的一个重要目的是让它成为诸暨引进人才的一个平台,为诸暨引进长江学者、钱江学者、千人计划等高端人才服务。

(4)科研合作互动。

①政府提供科研专项经费,用以改善和提高全体教师待遇,以稳定师资队伍,促进科研上水平。②学院与诸暨团市委、诸暨市旅游局等单位建立校地战略合作,合作的形式与深度有待进一步探索。同时,学院正计划通过与地方企事业单位合作共建区域科技创新与服务平台、企业研发中心、大学生综合创新创业基地,着力提高学院为地方经济社会服务的能力和水平。③

校地科研合作。白塔湖湿地办与暨阳学院生态环境研究与发展中心（暨阳学院与浙江大学农药与环境毒理研究所共建），签订了湿地生态环境保护科研合作意向书。双方成立了白塔湖湿地生态环境保护科研合作小组，以可持续开发、利用和发展为目标进行科研。④共建校地产学研平台。诸暨市与浙江农林大学合作共建诸暨创新发展研究院、中国香榧研究院、暨阳学院生命科学研究所等校地合作产学研平台，在科技服务、人才支撑等方面开展全方位的合作。

（5）文化建设互动。

实施校地文化融合"五个一工程"。学院着眼于建设成为暨阳大地文化传承与引领的高地，深入实施大学文化进诸暨"五个一工程"（即全力打造"一辆文化直通车、一支高水平篮球队、一个暨阳红论坛、一批地域特色文化精品、一套志愿服务体系"），为推动校地文化交流与合作、提升学院影响力和美誉度发挥积极作用。2017 年，学院与诸暨市委宣传部签订了文化合作战略协议，构建了"文化直通车"常态化、可持续开展的长效机制，并开启"文化直通车"文化精品工程项目。构建起涵盖文艺演出、篮球交流、知识讲座、非遗宣传、公益服务等功能的公共文化服务平台。

5.2.3.2　浙江农林大学暨阳学院与诸暨地方企业的互动

（1）校企合作育人互动。

①开展校企合作调研。石道金院长等亲自带队赴诸暨市店口镇、服务业发展办等 9 个乡镇、政府部门和海亮集团、雄风集团等 26 家规模企业开展调研，详细了解地方经济发展情况、产业现状、发展特点和企业运营基本情况；听取对学院在专业设置、人才培养、开展社会合作等方面的意见和建议。②以"走出去、引进来"的方式实现校企人才互动。学院推出"10＋10＋X"，即选派 10 名骨干教师赴重点企业挂职锻炼，担任校企联络员；聘请 10 名国内外知名教授、专家学者和企业家担任兼职教授；聘请一批成功创业的企业家、优秀的行业及各领域专家担任创业导师或实践导师，涵盖学院所有开设专业，为学院建设省内一流、国内知名的创业型独立学院提供有力的人才支撑。③校企共建校外教学实践基地。暨阳学院已与浙江七大洲集团、赵家镇明乐果业专业合作社等 11 家企业单位签署了合作协议。校企合作过程中共设立 5 个教学实习基地、1 个创业实践基地、1 个大学生社会实践基地以及 1 个联合实验室，服务受众覆盖计算机科学与技术、电子商务、园

林、旅游管理等相关专业的 1500 余名学生以及相关学科专业教师。④建立校内面向地方的培训基地。学院和诸暨市政府合作在校内创建陶朱商学院,为地方培养人才。

(2)校企合作办学互动。

全方位合作开设定向班。通过校企合作,开设企业定向班,有针对性地为企业培养人才,注重人才的实用性与实效性,应社会所需与市场接轨,实践与理论相结合。开办了"天使珍珠""全兴精工"两个校企合作人才培养特色班。具体而言,暨阳学院与全兴精工集团就深化开展校企合作达成框架性协议,双方将在人才定向培养、相互设立学校实训基地、企业实践基地和产学研对接等方面进行深入合作。校企双方通过互派师资联合开设"全兴精工班",建立实习、就业基地,开展科研合作等途径来培养市场紧缺、社会需求大的机电装备类应用技术人才。暨阳学院与浙江七大洲集团签订了战略合作协议。合作内容包括:开设人才培养特色班——"天使珍珠班",建立实习、就业基地,构建院企人才资源共享组织架构,开展产学研合作。大学生本着自愿报名、面试择优录取原则,选拔 30 名大三、大四学生,组建"天使珍珠班"。双方合作实施"双十工程",即十名企业家进校园、十名教师进企业;合作共建珍珠设计加工实验室。

(3)校企合作就业互动。

诸暨各地方企业参与暨阳学院举办的毕业生校园招聘会,为毕业生提供就业岗位。

(4)校企合作创新互动。

共享企业科研资源。菲达集团与暨阳学院达成产学研合作意向:菲达集团愿意将环保研究院、博士后工作站等国家级科研资源与暨阳学院共享。

5.2.4 浙江工业大学之江学院与绍兴地方政府和企业的互动

5.2.4.1 浙江工业大学之江学院与绍兴地方政府的互动

(1)迁建发展互动。

①地方政府领导到学校调研。绍兴市、柯桥区各级领导经常到新校区调研。②政府为学校和企业牵线搭桥。例如,2013 年,绍兴柯桥区委组织部、企业家协会组织 21 家绍兴百强企业负责人来院洽谈对接事宜;2014年,政府协助学院开展与绍兴市柯桥区科技对接专场活动、绍兴市柯桥区翻

译协会理事会议吸纳外国语学院为柯桥区翻译协会理事单位。

（2）人才培养互动。

共建教学科研实践基地。学院与柯桥区司法部门成立"绍兴市柯桥区法律援助中心浙工大之江学院工作站"，作为法学专业教学科研实践基地。

（3）人才共享互动。

①联合开展学术讲座。学院与柯桥区教体局联合开展学术讲座进高中活动，学院"师友讲堂"的教授、博士们陆续走进柯桥中学"百花大讲堂"、鲁迅中学"鲁中论坛"、鲁迅高级中学"教育大讲坛"、越崎中学"越风论坛"、鉴湖中学"鉴中论坛"、钱清中学"知行大讲堂"、豫才中学"豫中论坛"等柯桥区7 所普通高中论坛（讲堂）。②学院承接和联合承办地方政府项目与活动。学院承接完成柯桥区科协、柯桥区商务局的"十三五"规划起草工作，与地方联合主办/承办了"2015 柯桥科技时尚创意节·夏季场"创意手绘服装服饰大赛，2015"时尚柯桥"影视、平面设计、摄影等创意设计大赛，"设计驱动的转型"国际设计论坛活动，绍兴社科智库论坛"城水相融·绿色经济——推进五水共治，实施双重战略"主题峰会等项目与活动。③地方人才柔性引进到学院。与绍兴市已有的千人计划、330 人才进行对接，引入浙江工业大学柯桥创新研究院等形式，为之江学院和地方发展所共用。④学校教师到地方挂职。之江学院派出多批学院中层干部到绍兴地方挂职，逐步形成长效机制。在企业项目对接、科技产融融合、文化产业研究、公益志愿服务、外商服务、新农村建设等方面做了大量卓有成效的工作。⑤地方政府领导外聘为学院人才导师。柯桥县和乡镇的各级领导，包括书记、乡长、镇长等，经之江学院邀请，走进之江校园，成为学院的人才导师。

（4）科研合作互动。

①走访地方搭建科技对接平台。之江学院主要依托学院科研处与社会科学界联合会两大部门，搭建校地人才科技对接平台，对接地方合作，服务地方经济。2013 年至今，学院先后走访了绍兴市教育局、市旅委，绍兴县委组织部、县委宣传部、发改局、文广局、县政策研究室，绍兴轻纺城建管委等多个部门（单位）。②与地方共建科研平台。之江学院先后与柯桥区人民政府共建"浙江工业大学柯桥创新研究院、浙江省国家大学科技园之江园"、与柯桥区旅游局共同成立"旅游经济与发展研究中心"、与绍兴市工业设计协会和美国布里奇波特大学合作成立"合作创新中心"、与中国轻纺城柯北贸

易中心合作共建"柯北电子商务服务中心"。

（5）文化建设互动。

送文化下乡，之江学院开展了百场文化下乡演出活动。

5.2.4.2　浙江工业大学之江学院与绍兴地方企业的互动

（1）校企合作育人互动。

①建立校外实习基地。与中国轻纺城广告创意产业园共建"浙江工业大学之江学院教学科研实践基地"，之江学院机械学院与金龙客车、清风汽车、梅轮电梯、金隆机械、金昊机械、欣业传动等6家企业签订了实践教学基地协议。商学院与浙江通达税务师事务所、绍兴智诚财务咨询有限公司、绍兴蒲公英电子商务有限公司签订校企合作协议，联合进行人才培养。②企业家进校园开讲座交流。在学院举办的柯桥区大学生创业论坛上，邀请到绍兴中轴自动化设备有限公司董事长兼总经理金良、绍兴县左拉时装设计公司创始人屠俊、杭州点道建筑装饰设计工程有限公司总经理陈得俊、杭州农冠生物科技有限公司创始人张琳蓉等与学生分享创业故事；开展"绍兴企业家走进商学院"系列活动，让学生有机会与优秀本土企业家面对面交流；聘请绍兴县房地产中介行业协会会长张建新、浙江龙华新世纪房地产开发有限公司副总经理刘浩传、绍兴广播电视总台商务电视频道房产、财经栏目制片人郎冬青等3位企业家导师担任学院首批"大学生企业家导师"等。

（2）校企合作办学互动。

浙江工业大学之江学院和绍兴东方山水旅游度假区达成合作协议，成立企业学院——之江东方山水学院。商学院与绍兴银行达成合作共识，首次针对2017届毕业生开设"绍兴银行班"。基于"双向选择"的原则，绍兴银行在学生毕业前对学生进行考核并最终录用。

（3）校企合作就业互动。

绍兴当地企业积极支持之江学院的实习和就业。如2017年之江学院的夏季大学生实习见习、就业招聘会，绍兴多家企业组团参会。

（4）校企合作科研互动。

联合创建校企产学研平台。之江学院与柯桥水务集团签订全面战略合作签约，成立"智慧水务"联合研究院，与浙江六环电线电缆有限公司联合成立功能高分子材料联合研发中心，与浙江世纪康大医疗科技股份有限公司共建"智慧医疗联合研究中心"，联合开展科研创新。

5.3　独立学院迁建发展过程中多主体互动比较

5.3.1　独立学院迁建与母体高校的互动比较

从浙江省 4 所迁建独立学院与母体高校的互动实践比较分析(见表 5-1),我们发现,它们之间表现出很多共同特点:

(1)在互动内容上,独立学院与母体高校的互动主要包括校区迁建、学院发展、师资资源、教学管理以及科研资源 5 个方面,主要都是围绕独立学院作为中心和重点进行。

(2)在互动形式上,主要以母体单向的输出式为主,双向的互动较少。具体以母体领导视察和指导工作、教学和科研等师资输出等形式呈现。

(3)在互动资源流向上,主要以母体向独立学院流动。究其原因,这和母体与独立学院的发展基础和资源条件有很大关系,在迁建的较长一段时间里,双方的互动都会呈现出母体对独立学院各种资源支持的态势。

(4)在互动主体的关系上,4 所独立学院已经从母体的一个二级学院通过迁建转变为与母体具有同等办学地位的大学,但独立学院的互动总体呈现出母体处于主导地位的互动关系中,即独立学院的母体高校占据着双方互动内容和互动方式的主动权和话语权,而且这种关系在独立学院迁建发展的相当长时间内还会继续下去。究其原因,这和独立学院自身办学条件缺乏,而母体高校对其发展具有"扶上马,送一程"的责任有关。

表 5-1　浙江省 4 所独立学院迁建与母体高校的互动比较一览表

学院 互动内容/方式	浙江工商大学 杭州商学院	浙江财经大学 东方学院	浙江农林大学 暨阳学院	浙江工业大学 之江学院
校区迁建互动	母体领导视察	母体领导现场指导	母体领导调研并指导工作	母体领导调研和对建设工作协调
	召开校际间会议	召开多方协调会议		

续　表

互动内容/方式 \ 学院	浙江工商大学杭州商学院	浙江财经大学东方学院	浙江农林大学暨阳学院	浙江工业大学之江学院
学院发展互动	母体领导全面指导学院发展	母体领导调研座谈 召开多方参加的会议	母体领导调研并指导工作	
师资资源互动	母体教师分流 母体教师选派 母体师资兼课	母体教师分流	母体师资兼课	邀请母体专家讲座 母体 MBA 项目在地方开班
教学管理互动	母体领导考察指导 母体领导调研座谈 邀请母体专家讲座	母体领导考察指导		
科研资源互动	母体教授进行学术报告、学术讲座		联合成立研究院	联合成立研究院

但从不同独立学院和母体在互动内容和具体形式上比较,也呈现出在互动内容的侧重点以及互动的具体方式上的区别。这种区别体现为:

(1)在互动内容上,4 所学院的互动内容多少和侧重点不同。浙江工商大学杭州商学院和浙江财经大学东方学院与母体之间的互动内容相对更加广泛,而浙江农林大学暨阳学院和浙江工业大学之江学院则相对较少。特别是在教学管理互动方面,后两所学院与母体之间几乎都没有开展相关的互动,而之江学院在学院发展互动方面也几乎没有相关的互动。究其原因,这与 4 所学院迁建前的基本情况有很大关系。迁建前,暨阳学院和之江学院就和母体之间实现了相对的物理地址和组织管理上的独立,如浙江农林大学暨阳学院 2008 年前是按照浙江省教育厅的规定实行剥离规范,暨阳学院新校区即东湖校区在原来农林大学旁,2013 年才整体搬迁至诸暨。浙江工业大学之江校区在 2013 年迁建绍兴前,1999 年就独立于浙江工业大学朝晖校区的母体校址,而在滨江异地办校了,因而这两所学院在教学管理上相对已经有了相当的积累,因此母体对它们在这方面的指导和互动就相对较少。在互动侧重点上,暨阳学院和之江学院由于迁建前就已经开展了相对独立的教学、师资等规范,因此它们更侧重于与母体高校在科研资源上的互动,借助母体的科研力量,服务地方经济和社会发展,而杭商院和东方学院由于迁建前相对独立性弱,因此更多侧重于迁建后如何站稳脚跟,做好基本的校园建设和教学,在与母体互动方面内容更多,也更侧重于教学活动的正常开展。可见,迁建前独立学院自身与母体的相对独立性和规范性,决定着迁建后与母体互动内容和侧重点的区别。

(2)在互动形式上,4 所独立学院也有较大差别。浙江工商大学杭州商学院、浙江财经大学东方学院和母体之间在不同互动内容的具体互动形式上更加丰富多样,但互动性和互动的层次相对较低。而后两所学院则恰恰相反,它们在互动形式上相对较少,但是互动层次更高,互动的双向性也相对明显,如更多在科研上开始联合建立研究所。这一方面说明独立学院迁建前对母体越依赖,迁建后,母体高校对它的发展越是需要提供更多的常规性、基础性支持,需要开展多种形式和途径的互动;而独立学院迁建前已经具有了相对的"独立性",则迁建后,自身越有可能作为一所与母体高校相对平等的高校的角色开展更高层次的互动合作。

5.3.2　独立学院迁建与地方政府和企业的互动比较

5.3.2.1　独立学院迁建与地方政府的互动比较分析

高校与地方的"校地互动"是通过各种要素的流动来实现资源的合理配置和优化组合。双方各自利用自身的优势资源,开展互动合作,促成双赢。

从浙江省 4 所独立学院的迁建与地方政府的互动实践结果比较(见表 5－2)看,它们在互动内容、互动形式、互动关系、互动主体作用 4 个方面呈现出一些共同的特点,具体表现为:

(1)从互动内容分析,双方具有较为一致的互动基础。4 所独立学院与地方政府的互动主要围绕迁建发展、人才培养、人才共享、科研合作和文化建设等五个方面进行。其中对双方都有需求和帮助的是后三个方面,即人才共享、科研合作和文化建设,相对而言独立学院的迁建发展和人才培养是独立学院关注的重点,对地方政府而言似乎不是其工作重点,但这两个方面的工作却对地方的长远发展具有重要影响。因此,相比较于独立学院和母体的互动,独立学院和地方政府的互动在内容上双方更有共同利益的契合点,因而也更容易达成一致。

(2)从互动形式分析,双方的互动形式丰富而多样,既有单向式的支持指导、技术服务等形式,也有双向式的服务地方/服务学院的实习基地、科研基地共建合作、人才交流与互派/互聘等形式。基于不同优势资源的互利共赢为基础的互动,使校地合作更为稳定、常态化,使校企合作具有了比较好的合作前景。

(3)从互动关系分析,校地互动双方的关系呈现出相互依赖、相互支持、相互收益的较为对等的主体关系。

(4)从互动主体作用分析,独立学院在校地互动中,主动对接和服务意识不断提高,在人才培养、人才共享、科研合作和文化建设等方面,都较为积极地充当了互动内容的发起者、组织者和执行者。如文化下乡、人才柔性引进、为地方进行人才培训、走访地方共建教学科研基地/平台、承接地方项目和活动等,地方政府则在迁建发展互动上更为主动和起主导作用。

表5-2　浙江省4所独立学院迁建与地方政府的互动比较一览表

互动内容/方式　　　　学院	浙江工商大学杭州商学院	浙江财经大学东方学院	浙江农林大学暨阳学院	浙江工业大学之江学院
迁建发展互动	地方领导考察调研座谈	地方领导调研指导	联合制定校地合作规划	地方政府领导到学校调研
	三方协商座谈	多方举办战略咨询会议		政府为学校和企业牵线搭桥
		校地共同商议制定合作协议		
人才培养互动	校地共建实习实训基地	校地合作共建校外教育基地	地方出台大学生人才引进政策	共建教学科研实践基地
	联合举办招聘会	校地合作共建校内教育基地	地方指导和帮助学院人才培养与就业	
	为地方进行人才培训	为地方进行在职培训	校地共建面向地方的专业培训机构	
		邀请地方政府相关部门到学校专题讲座	签订合作协议进行地方人才培训	
		学生到地方挂职锻炼		

续　表

互动内容/方式　学院	浙江工商大学杭州商学院	浙江财经大学东方学院	浙江农林大学暨阳学院	浙江工业大学之江学院
人才共享互动	人才互聘	学院服务地方政策规划	共建人才引进平台	联合开展学术讲座
	学院参加地方交流研讨			学院承接和联合承办地方政府项目与活动
	互派人员任职/挂职	学院教师到地方挂职		地方人才柔性引进到学院
				学院教师到地方挂职
				聘请地方领导为人才导师
科研合作互动	校地共建研究机构	共建科研研究院	共建产学研平台	与地方共建科研平台
	签订校地合作协议	共同开展学术研讨	政府提供科研专项经费	走访地方搭建科技对接平台
			建立校地战略合作	
			签署校地科研合作协议	
文化建设互动	校地文化交流	地方政府官员到学校进行文化传播	校地文化融合"五个一工程"	送文化下乡
	校地团学活动合作	校地共促文化融合		
	大学文化进地方			

　　浙江省 4 所独立学院迁建与地方政府互动内容的侧重点、互动具体形式也呈现出一些差异,具体表现为:

　　(1)在互动内容侧重点上,杭商院、东方学院和暨阳学院在人才培养方面更为强调,之江学院更侧重于人才共享、科研合作方面的互动,而暨阳学院在和地方的文化建设互动方面做得更有成效。究其原因,这与不同学院和地方自身的优势资源、主要需求点和重视程度有关。当学院处于初建阶段,自身更注重内部的稳定和常规工作,当师资力量无法支持当地科技发展时,这种互动就会受到很大限制;对地方也一样,地方具有的技术、人才资源较少,和学院的互动就会大大减弱。而互动主体的重视程度,则直接影响是否会主动去了解对方的需求,去对接相应的资源和主动服务。

(2)在互动形式上,不同学院和地方政府呈现出较大差别。有的学院在互动内容上形式多样,而有的学院则较为单一。如在文化建设和人才培养的互动方面,之江学院的互动形式就相对单一,需要进一步增强多种形式的互动合作;而在人才共享互动上,之江学院则采取了多种形式和地方政府开展互动。暨阳学院则在人才培养、科研合作和文化建设这三个互动内容上,都和地方政府开展了多种形式的互动,双方的互动在广度和深度上都在不断发展。这说明双方的互动开展得更加融洽和顺畅。独立学院对地方在文化、科研方面主动对接对方需求,则地方政府也会在学院关注的迁建发展和人才培养方面给予更多的支持。因此,双方的互动找到各自的需求点和突破口非常重要。

5.3.2.2　独立学院迁建与地方企业的互动比较分析

从浙江省 4 所独立学院的迁建与地方企业的互动比较总结(见表 5—3)分析,它们之间在互动内容、互动形式上体现出显著的共同特征,具体体现为:

(1)从互动内容分析,根据学院和地方企业各自在师资、专业设置、实践场地等方面具有的优势资源和需求出发,四所学院和地方企业的互动都重点围绕合作育人、合作办学、合作就业以及合作创新四个方面进行。这四个互动的内容对于独立学院和地方企业而言,都是具有共同需求的,这也为其他地方学院和企业的互动,从如何开展的抓手上提供了一定的借鉴和启示。

(2)从互动形式分析,4 所学院和地方企业的互动形式也具有较大的相似性。如在校企合作育人互动方面,主要都通过共建校外实习基地、邀请企业进校园讲座交流等形式进行;在校企合作办学互动方面,则都不约而同地通过签订校企合作协议,开设订单/定向班的形式实现;在校企合作就业互动上,则采取企业支持和参与学院举行的就业招聘会形式实现互动;在校企合作创新互动上,则都采取共建产学研平台(基地、中心)。这说明这些互动方式得到了各个独立学院和企业实践中的普遍认同,对其他地方院校开展校企合作互动具有较为典型的借鉴意义。

表 5-3　浙江省 4 所独立学院迁建与地方企业的互动比较一览表

互动内容/方式　　学院	浙江工商大学杭州商学院	浙江财经大学东方学院	浙江农林大学暨阳学院	浙江工业大学之江学院
校企合作育人互动	共建校外实习基地	共建校外教学实习基地	共建校内/校外教学实践基地	共建校外实习基地
	企业家进校园讲课/讲座	邀请企业专家开展讲座	以"走出去、引进来"的方式实现人才互动	企业家进校园讲座交流
	为地方企业开展在职培训	企业参与实践教学	进行校企合作调研	
	企业为学生设立奖助学金			
校企合作办学互动	签订校企合作协议	校企人才培养协作班	签订协议，开设定向班	签订协议，成立企业学院
		订单式培养		
		共建行业学院		
校企合作就业互动	实习就业招聘会	就业招聘会	就业招聘会	实习就业招聘会
校企合作创新互动	校企联合科研中心	校企论坛	共享企业科研资源	联合创建校企产学研平台
		校企合建产学研基地		

同时，从浙江省 4 所独立学院与地方企业的互动比较总结（见表 5－3）分析，它们之间在互动形式、服务主体上也体现出一定的区别，具体体现为：

（1）在互动形式的多样性上，各个学院体现出一定的差异。相对而言，杭州商学院在校企合作育人方面开展的形式更多更灵活，不但有对企业的资源诉求，还有对企业人才培训的服务，互动上更加注重双赢。东方学院则在合作办学互动上形式更多，校企合作更为紧密。

（2）在互动形式的主要服务主体上，各学院在校企互动合作上体现出一定的差别。产教融合、协同育人，产学研创新是独立学院开放办学、人才培养和科研的重要途径，但是如果只是单向地依赖企业资源，如共建校外基地、共建产学研平台，这种互动合作比较难持续。共建校外教学基地主要还是依托企业的资源，作为学院的实习实训场所，为学院所用；而共建平台则更多的是企业主动的智力输出，为学院提供科研支持。这两种都是单向的，这种互动合作较难具有持久性。只有互惠互利、资源互补、优势共享，才能更好地推动合作的常态化、长效化。相对而言,面向企业的培训和订单班,独立学院在互动合作的深度和双方的收益上效果可能会更好。如暨阳学院不但有企业的教学实践基地,而且有面向地方企业的校内培训基地,东方学院和之江学院和企业采取人才联合培养等互动合作,会使校企互动开展更可信,也更加深入和持久。

5.4 浙江省独立学院迁建与地方互动总结与启示

5.4.1 浙江省独立学院迁建与地方互动总结

(1)独立学院迁建发展过程与母体高校、地方政府以及企业之间存在着多方面的互动,其实质是通过各种要素的流动来实现资源的合理配置和优化组合。

(2)在独立学院与母体高校的互动中,主要围绕对独立学院迁建、整体发展、教学管理、师资、科研等方面进行;在互动形式上以母体领导视察和指导工作、教学和科研等师资输出等形式呈现。而独立学院与地方的"校地互动"具体包括了独立学院与地方政府和独立学院与地方企业的互动。其中,独立学院与地方政府的互动主要围绕迁建发展、人才培养、人才共享、科研合作和文化建设等五个方面进行,从互动形式分析,既有单向的技术支持与智力服务,也有双向的共建基地等形式。独立学院和地方企业的互动主要是在合作育人、合作办学、合作就业以及合作创新四个方面进行,在形式上采取共建校外实习基地、开设订单班和共建产学研平台等进行。因此,独立学院和母体的互动重心是围绕独立学院,互动中起主导作用的是母体高校,互动更多的是单向服务关系;在独立学院和地方政府与企业的互动内容中,则既有主要针对独立学院、地方政府和企业单向诉求的内容,也有对双方共同合作受益的内容,互动有单方主导服务性质的,也有双向平等协商关系的。

(3)独立学院与地方政府和母体高校之间互动内容、方式和效果之间存在较大差异,这和不同独立学院发展基础条件、已有能力及所处地方政府和企业具有的资源水平等相关。

5.4.2　浙江省独立学院迁建与地方互动启示

（1）对教育行政主管部门而言，要根据独立学院迁建过程资源、能力较弱，在与母体和地方互动中处于较为弱势和被动地位的基本情况，更好地督促和监管母体高校对独立学院发展的帮助和支持，来提高独立学院的迁建稳定和后续的健康成长。

（2）对地方政府而言，要注意处理和协调好与独立学院的关系，在独立学院迁建初期不能有过高的期望，不能在双方的互动中过于关注自身单方利益和单方需求的满足，需要树立长远的眼光和正确观念来积极支持独立学院迁建初期的发展，在独立学院扎根当地，枝繁叶茂后，自然会发挥其自身人才培养、技术创新等方面的优势服务地方。

（3）对独立学院而言，在异地迁建办学后，应当积极和母体高校、地方政府和企业之间开展互动，不断从与其他主体的互动中获取有助于自身成长的优势资源。同时应当不断提高和其他主体互动内容的广度和深度，注重互动中的互利互惠性基础，善于主动发现和寻找到对方的主要诉求点和实施着力点，避免对方基于单向服务的不对等式互动的动机弱化，并不断将互动发展到双向互利、合作共赢的高级阶段。

（本章节主要内容已投稿并被录用在《黑龙江高教研究》2019 年第 6 期。文章题目是《应用型高校与地方协同育人运行机制研究——以浙江省四所独立学院为例》。）

独立学院迁建县域的多主体协同发展机制

第6章

6.1　引言

独立学院异地迁建将使其从原来母体的二级学院的属性转变为一所具有自主办学权的高校,这对它的教学场地、师资力量、学科设置、人才培养定位等方面提出了很高的要求,也需要原母体高校对其迁建发展提供大力支持和指导,母体高校也有责任和义务对原属于自己的二级学院进行指导扶持。但对于母体而言,独立学院迁建后,不仅意味着独立学院在校园场所、招生、教学组织与管理上的独立,也同时意味着在财务上独立,这将让母体从独立学院办学中获得的利益大大减少。可见,在独立学院迁建发展过程中,母体高校对独立学院的指导、监督职能增加了,但是收益却减少了。另外,独立学院迁建地方后,独立学院和地方发展之间具有互动合作的诉求和基础,地方政府和企业对独立学院发展提供了资金、政策、设施等的各种支持,但也对独立学院在反哺地方发展上充满期待。独立学院和地方发展之间具有相互依赖、相互影响、相互促进的关系。在独立学院刚完成异地迁建后,如何尽快融入、服务地方,又能让自身尽快完成校区平稳发展和加强内涵特色建设,这对独立学院提出了更高的要求。因此,在独立学院异地迁建发展过程中,独立学院、母体高校和地方政府之间有相互合作协同的要求,但是不同主体从自身关注的焦点和利益出发,也存在协同困难;而且在独立学院迁建和发展过程中,它自身的能力和面临的主要问题也会不断发生动态变化,因此在不同发展阶段,与母体和地方政府之间进行互动协同的内容也会不断发生变化,独立学院如何在发展不同阶段与母体和地方政府之间进行协同发展? 协同的机制、内容分别是什么? 又如何历时发生变化的? 这是本章需要回答的问题。

6.2　文献回顾与模型构建

协同是指协调两个或者两个以上的不同资源或者个体,协同一致地完成某一目标的过程或能力,协同的结果使每个个体获益,整体加强,共同发展。在分析独立学院与母体高校、政府和企业之间多主体协同关系与发展方面,主要的理论基础包括三螺旋理论、共生理论、利益相关者理论以及协同理论。

三螺旋理论指出,在知识经济时代政府、产业和大学之间进行着人员、信息和产品等要素的流动,这些要素的流动通过合作政策、合作项目和平台、网络等实现,并强调政府、产业和大学的合作关系,互惠互利[59]。

共生理论强调种群间的相互依存、相互促进、协调发展。共生的本质是协商与合作。基于共生理论,有学者认为,独立学院和母体高校之间的关系是一种共生关系[7]。从独立学院发展不同阶段出发,独立学院和母体高校两者由于协同的内容、投入和产出上的不同,共生关系具有较大差异,且表现出动态的演变。

利益相关者理论强调利益相关者由于所拥有的资源不同,对企业产生不同影响。各利益相关者极有可能会基于自身效用的最大化做出不利于其他利益相关者的选择[64]。在校地互动中,由于系统内掌握知识资源的高校与拥有物质资源的地方政府、企业分别属于不同的社会领域,他们在根据自身发展需要做决策时各自为政,容易导致资源使用的不协调[92]。

协同论的研究焦点是如何实现不同系统之间的协同。协同论强调系统内多主体间通过良好的协同机制,实现资源共享、优势互补,最终带来 $1+1>2$ 的协同效应,形成协同发展。即围绕双方或多方共同的目标,多主体、多因素相互协作、补充与配合。在协同创新研究(协同研究的一个重要分支)中,强调通过突破创新主体间的壁垒,充分释放彼此间"人才、资本、信息、技术"等创新要素活力而实现深度合作。协同强调不同创新要素(技术、市场、文化、战略、组织、制度等)和不同创新主体(横向:官产学研;纵向:上下游产业链)之间的协同[116]。而高校产学研协同创新的机制构建可以通过建立战略协同机制、资源协同机制、利益协同机制和管理协同机制等实现[70]。

综合上述分析可见,独立学院与母体、地方政府之间存在优势互补、资源共享的要求,存在着共生关系,但不同主体基于各自利益最大化出发,独立决策容易导致协调问题。独立学院、母体高校以及地方政府三个不同协同主体之间,在利益诉求上既有矛盾又有统一的情况下,如何突破不同主体之间的要素壁垒,来协调关系和利益等,从而实现基于多方主体的价值共创、共生共赢的协同,这是一个具有重要理论和现实意义的课题。

独立学院、母体学校及迁入地政府三大主体之间的多主体协同发展机制,是在国家教育部、省政府以及省教育厅等行政主管部门的政策约束和指引下,基于权利、责任、资源和利益等不同协调内容,采取多种协调方式实现协同发展,实现多方共赢的过程。由此本文构建了独立学院迁建发展的多主体协同概念模型,见图 6-1 所示。

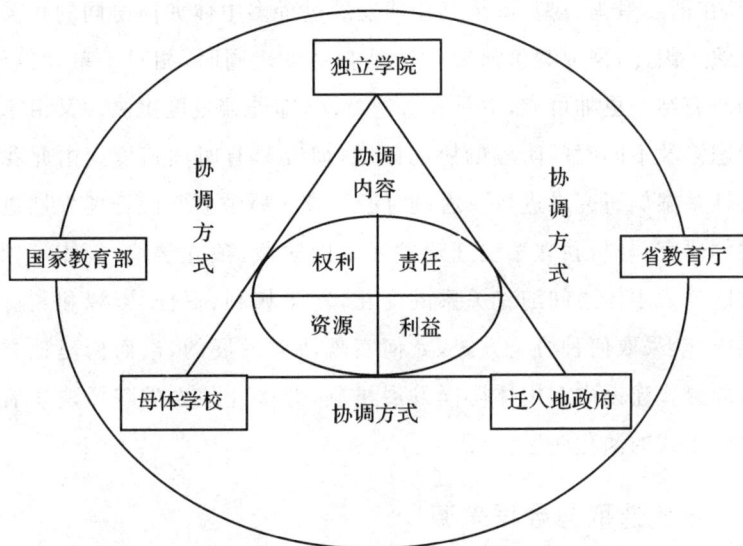

图 6-1　独立学院迁建发展的多主体协同模型图

6.3　研究方法

6.3.1　研究方法说明

　　本研究的多主体协同强调以独立学院发展为核心和焦点。围绕独立学院迁建不同阶段发展的重点工作和建设内容为中心,来协调与母体学校、当地政府的各种关系、资源以及权利义务,来促进自身和外部主体的合作多赢。即以独立学院迁建作为契机,不同阶段的任务作为抓手,相互协同作为手段,提高独立学院的办学水平和多主体协同发展是目的和根本。在独立学院迁建发展的不同阶段,独立学院的重点工作不同,所需要的外部支持要素不同,由此造成不同主体所发挥的主导地位和作用也不相同,各主体之间所需要采取的协调重点和协调方式也具有重大差异。因此协同机理解构重点围绕独立学院发展不同阶段,不同主体之间如何实现协同这一研究问题进行。

　　案例研究方法是一种定性研究方法,它适合在现有相关理论不成熟,研究不够深入的情况下,运用丰富的资料来回答"为什么(why)和如何(how)"这样的研究问题[117;118]。由于独立学院迁建发展是最近几年才出现的现象,尤其在浙江最为典型,围绕其迁建发展过程多主体如何协同的相关研究尚不成熟。因此,采取案例研究方法是合适的。同时,相对于单案例研究,多案例研究结论更加可靠,更具有普遍意义,即外部效度更高。又由于本研究的问题涉及不同时间阶段的协同问题,研究具有时间跨度。由此我们采取历时性多案例研究来进行。通过对浙江省4所独立学院迁建发展进行历时多案例研究,分析独立学院迁建发展不同阶段,独立学院、母体学校及迁入地政府三大主体之间随着关系的变化,基于权利、责任、资源和利益等不同协调内容,采取何种协调方式,如何实现协同发展的,进而构建独立学院迁建与内涵式建设中多主体协同发展机制,并探究独立学院迁建发展的多主体协同模式的演化轨迹。

6.3.2 案例选取与数据来源

6.3.2.1 案例选择

案例研究的对象选取强调理论抽样原则,即根据理论研究问题,选取典型的、有代表性的或者是极端的案例。本研究所选取的4所独立学院,都属于迁建规范的独立学院(见表6-1),它们都是浙江省创建较早的独立学院。其中,浙江财经大学东方学院还是第一个外迁的独立学院,而浙江农林大学暨阳学院和浙江工业大学之江学院则是首批浙江省应用型建设试点示范学校。另外,迁建前,浙江工商大学杭州商学院和浙江财经大学东方学院的校园还是在母体高校(母体原校址)内,而浙江农林大学暨阳学院和浙江工业大学之江学院则已经在新的校址办学,在校址、师资、教学管理上实现了相对独立。因此,本研究选取的浙江省内4所独立学院具有较好的典型性与代表性,符合案例研究的要求。

表 6-1 浙江省 4 所独立学院迁建发展的基本历程表

浙江工商大学 杭州商学院	浙江财经大学 东方学院	浙江农林大学 暨阳学院	浙江工业大学 之江学院
1999 年经浙江省人民政府批准组建为民办二级学院	1999 年经浙江省人民政府批准组建为民办二级学院	2000 年经浙江省人民政府批准建立的本科独立学院	1999 年经浙江省人民政府批准组建为民办二级学院

续　表

浙江工商大学 杭州商学院	浙江财经大学 东方学院	浙江农林大学 暨阳学院	浙江工业大学 之江学院
2011 年 8 月,浙江工商大学与桐庐县拟定合作办学协议	2007 年 6 月,浙江财经学院与海宁市签订合作协议,合作办学正式启动	2009 年 12 月,学院立足临安现址进行剥离规范	2012 年 4 月,工大与绍兴县签订合作办学协议
2012 年 12 月,学校正式奠基并开工建设	2010 年 9 月,学院从杭州市文华校区整体迁址至浙江省海宁市连杭经济开发区长安新校区	2011 年 8 月,学校与诸暨市人民政府签订合作办学协议	2012 年 5 月新校区开工建设
2014 年 9 月,第一届学生入驻桐庐新校区	2014 年 11 月,举行新校区全面落成典礼	2012 年 3 月 31 日,学院新校区举行奠基仪式	2013 年 9 月新校区迎来第一批学生
2015 年 1 月,浙江工商大学与桐庐县人民政府深化合作框架协议签字仪式	2015 年底,学院获批为首批浙江省应用型建设试点示范学校	2013 年 8 月底,学院完成整体迁建	2015 年底,学院获批为首批浙江省应用型建设试点示范学校
2017 年 6 月,完成省教育厅规范设置验收	2015 年 11 月,东方学院发展战略咨询委员会第一次会议在海宁市行政中心召开	2016 年 9 月,学院与地方联合制订《浙江农林大学暨阳学院诸暨市人民政府校地合作"十三五"规划纲要(2016—2020 年)》	2016 年 9 月,之江学院完成整体迁建
2017 年 9 月,四届学生全部入驻桐庐新校区,完成整体迁建工作	2017 年 11 月 30 日,省教育厅考察组验收独立学院规范设置工作	2016 年 10 月,学院正式成为全省首批通过独立学院规范设置省级验收的独立学院	2016 年 10 月,学院成为全省首批通过规范设置省级验收的独立学院
2017 年 11 月,接受省教育厅教学巡回诊断检查	2017 年 12 月,接受省教育厅教学巡回诊断检查	2017 年 12 月,接受省教育厅教学巡回诊断检查	2017 年 5 月,接受省教育厅教学巡回诊断检查

6.3.2.2　数据收集来源

本文的研究数据主要来源于三个方面:(1)一手访谈资料。具体包括对上述 4 所学院的党委书记/院办主任访谈、对各母体高校联系独立学院的校长/副校长/党委书记的访谈、对各地方政府主要负责人的访谈,访谈集中在 2016 年至 2018 年,每个访谈者的访谈时间为 1—2 小时,访谈提纲详见附录一。(2)二手资料。主要包括对 4 所独立学院、母体高校以及地方政府官方网站上与本研究相关的重大事件的资料收集,如年度大事记、新闻、要闻。还包括用关键词在百度等网站上收集的相关报道。

在整个一手数据收集的访谈过程中,我们都至少有两人参加,同时在征求被访谈对象同意的情况下,还对访谈进行了录音,整理了约 10 万字的访谈原始记录。基于多主体、多种途径获得的资料来源有助于保证案例研究的充实全面,同时也实现保证案例内容信度与效度的"三角验证"[118]。

6.4 案例分析

多案例研究采用的是复制逻辑,即多案例研究过程先是进行案例内分析,然后是运用多种方法进行跨案例研究。通过对不同案例中得到的命题进行交叉验证,以期得到更为稳健和普适的结论[119]。因此,本研究也遵循这样的逻辑先单独逐个进行案例内研究,然后进行案例间的对比分析。

根据独立学院迁建发展不同时间发生的关键事件(见表 6-1)、不同阶段的重要任务、被访谈者对独立学院发展阶段的划分以及基于访谈资料中反映的主体间关系与作用的变化,我们将独立学院迁建发展划分为不同阶段。

6.4.1 浙江工商大学杭州商学院迁建发展的多主体协同分析

6.4.1.1 第一阶段:选址建设期的多主体协同分析(2011 年 8 月—2014 年 8 月)

这一阶段,从浙江工商大学和桐庐县政府签订合作办学协议作为起点,到桐庐新校区迎来第一届学生正式入驻前为止。

(1)杭州商学院和浙江工商大学的协同。

①杭商院与工商大学的关系变化。

这一阶段前,杭州商学院以工商大学"校中校"的形式存在,即相当于工商大学的二级学院。杭州商学院在学科专业、师资队伍、教学管理、质量监控等方面大都依附母体学校进行办学。对母体是一种完全的依附关系。

杭州商学院学生的学费收入是全部到大校的财务账的,杭州商学院管理型的干部是由浙江工商大学统一选任,杭州商学院的专业教师是由浙江工商大学统一招聘、统一调配使用,杭州商学院在教学环节上只承担基础课的教学任务(两科、体育、数学等课程,供外部部分,包括一部分计算机的公共课)。

自从浙江工商大学和桐庐地方政府签订合作办学协议后,就标志着杭州商学院脱离工商大学这一母体进行独立发展进程的开始,杭州商学院就变成了工商大学和桐庐地方政府通过合作协议成立的独立民办高校,工商大学和杭州商学院之间的关系演变成了法定的契约型关系,即它们是两个独立的学校。浙江工商大学是独立法人,杭州商学院也是独立的法人。

在这个进程中间,杭州商学院和它的母体学校,也就是浙江工商大学之间,在办学的责权利的问题上,主要是一种契约关系。责权利的分配上主要是契约关系。

可见,杭州商学院与浙江工商大学两者之间由原来的"校中校"的关系,即独立学院只属于原来母体高校的一个部门的附属关系,变成了两个独立法人之间的契约关系。

②杭商院与工商大学的协同内容。

迁建前,杭州商学院教学场地、师资等教学资源是共享浙江工商大学的,财务全部上缴工商大学,人事全部由工商大学任命使用。具体从师资队伍和教学场地等教学资源分析,杭州商学院教学上当时只有基础部,只承担基础课的教学,其他专业课的教学、专业师资的建设完全是浙江工商大学负责的。包括运动场馆、图书资料,办学的软件和硬件条件都是共享浙江工商大学的办学资源。

在校区选址建设期,通过工商大学与桐庐地方政府签订的合作办学协议,杭商院已经从法律意义上成为了一所独立的学院。因此,浙江工商大学和杭商院的协同,主要体现为杭商院从工商大学这一母体独立后,双方在权利、责任和利益三方面关系的明确,以及浙江工商大学对杭商院进行异地迁建后办学的指导工作。

权利与责任协同:浙江工商大学财务、人事权利下放与承担教学、管理指导的责任。校区选址建设期,根据教育部 8 号文件的"七独立"要求以及合作办学协议的规定,独立学院的财务和管理需要逐步独立。原来独立学院的财务、人事、教学资源等都由母体高校统一规划、统一分配和安排;现在母体高校则主要负责学校高层干部的人事任命,其他方面的财务和人事权利基本下放。即更多的责任是体现为对杭州商学院的教学和管理工作予以指导,在独立学院外迁办学初期,从完全依托母体到完全依赖自己的过渡阶段,教学管理还不够成熟完善时,浙江工商大学类似充当一个监护人的角色。在杭州商学院具备独立主体但不具备独立能力的情况下,浙江工商大学促进其健康成长并走向独立。

利益协同:管理费缴纳额度。迁建前杭州商学院的所有学费是全部给工商大学。根据合作办学协议,迁建后杭州商学院要给工商大学交管理费,即资源占用费。资源占用费的额度是由独立学院和母体学校协商决定,经过教育行政主管部门的审定,报备。现在是杭州商学院将学费收入的15%给工商大学,在基建过程期间是10%。

③杭商院与工商大学的协同方式。

第一,以合作办学协议的形式进行利益协同。杭州商学院迁建后,对母体工商大学而言,最大的改变就是它对杭州商学院需要承担的责任已然很大,需要对杭州商学院迁建后进行引导监督,帮助其独立发展,但是它获得的利益却大大减少,因为过去杭州商学院所有的学费收入都全部纳入工商大学,因此有巨额的利益收入,但杭商院迁建办学后,根据协议,只将学费收入的15%以管理费的形式缴纳给工商大学,双方的权利、责任和利益不对等。在利益分配上,采取协议的契约形式进行。

> 这个契约关系最后的确定是要经过省教育厅的审定。这15%是桐庐的国土公司,也就是我们的投资方和工商大学在办学协议上明确的,他们是谈判的双方。所以说根本上迁建后是一个契约关系。

第二,上级教育主管部门以第三方行政命令形式进行双方权责协同。杭州商学院与浙江工商大学的资源和权责协同中,采取委托监管进行,是通过教育主管部门作为第三方进行约束的。

> "教育厅肯定会要求母体学校,你一定要去承担监护责任的。""工

　　商大学对杭州商学院的监护是委托监护，是接受省教育厅、省政府委托
　　来监护杭州商学院。"

　　法律上的平等关系是用契约来规范和约束的；而监护人的关系则是来
自省教育厅这一上级主管部门的行政命令。此时杭州商学院和浙江工商大
学的关系是法律规定下的平等主体关系＋政府命令下的不对等监护关系。
因此，法律意义上两个主体是平等关系，但实质上独立学院对母体高校还是
存在一定依附关系的，两者是一种不完全平等的关系，独立学院和母体高校
之间形成一种依附式不平等主体间关系。

　　(2)浙江工商大学与地方政府的协同。
　　①浙江工商大学与桐庐县政府的关系。
　　浙江工商大学与桐庐县签订合作办学协议后，双方的关系就是联合办
学的两个主体。在该阶段工商大学主要是负责选择迁建的合作方和协商双
方各自对独立学院的权利和责任，这是工商大学和迁入地之间的磋商过程。

　　　　"从决策的角度来讲，最后起作用的是工商大学，谈判一方的主体
　　是工商大学。""工商大学原来2200亩地的这个办学面积下，没办法割
　　出来一块地给杭州商学院办学，所以它就积极去寻求合作。"

　　②浙江工商大学与桐庐县政府的协同内容。
　　在迁建期，浙江工商大学和地方政府之间的协同内容，重点关注的是独
立学院迁建办学方面，尤其是针对新校区建设和建成后如何尽快进行正常
教学，浙江工商大学和地方政府分别给予什么样的资金、师资等资源、优惠
政策和帮助指导，来共同协助杭商院迁建新校区后的顺利过渡与迁建稳定。
协商的内容最后以合作协议的形式规定下来。

　　　　在谈的过程中，工商大学自己很主动的，桐庐出多少钱出多少地，
　　萧山出多少钱、多少地……综合比较后定在了桐庐。在这个过程中，主
　　导方肯定是工商大学。

　　③浙江工商大学与桐庐县政府的协同方式。

双方在这一阶段的协同,最后是通过协议形式明确的。具体而言,主要通过母体高校最高决策层和当地政府最高决策层的沟通、相互磋商,最后以协议的形式明确母体、当地政府和独立学院之间的关系、权利和义务。如确定母体和地方政府的出资;董事会构成、管理等。在新校区建设过程中,还通过成立正式的机构:基建委员会,以及通过现场走访的形式来协商和解决这一阶段的校区建设进度和建设中存在的困难及问题等。

(3)杭州商学院与桐庐地方政府的协同。

①杭州商学院与桐庐地方政府的关系。

从迁建过渡期独立学院与地方政府的关系看,桐庐地方政府是杭州商学院的办学主体之一,这一阶段双方是投资方与被投资方的关系,是以地方政府投资为主的单方主动投入型关系。这个阶段是桐庐地方投资驱动的。此时政府是以投资型为主来支持独立学院建设的。

> 我们杭州商学院到桐庐去,它一定是给钱给地的。给我们2.5亿元的建设资本,这些都是真金白银拿出来的。它一定要安置我们教师,给我们建住房,安置小孩读书,给我们事业编制。这些都是他作为非常主动一方的,它是单方行为。因为刚开始,我(杭州商学院)是不可能给你产出的。所以在合作的初期,一定是以它投资为主的。

②杭州商学院与桐庐地方政府的协同内容。

这一阶段两者的协同主要是关于新校区的建设资金、优惠政策等。桐庐地方政府除了通过投入土地、资金进行新校区的基础设施建设外,还投资建设教师住宅区以及提供相应的教师编制等优惠政策来帮助独立学院顺利完成独立后的过渡。

③杭州商学院与桐庐地方政府的协同方式。

通过浙江工商大学与桐庐县政府签订的合作办学协议和杭州商学院的办学章程来规范双方的权利义务。另外,在地方政府与杭州商学院出资方面的协同,还通过了浙江省教育厅这一上级主管部门协调的方式实现。

> 我们当时这么低的管理费,教育厅起到很重要作用。我们当时提25%,教育厅一听说不行,你这个太高了,15%。又重新报到厅里,厅里

还不同意。又把桐庐叫过去,说你桐庐还要追加,桐庐又追加了 5000 万元。本来桐庐出 2 亿元。然后你工商大学减下来,在基本建设的债务没有还清之前,你的管理费再减下来。(教育厅)刘厅长在杭商院这个问题上是高度关注的,亲自参与。然后在 2013 年、2014 年下半年各来一次,2015 年来了一次,2016 年又来一次。一个独立学院来了 4 次了。

6.4.1.2　第二阶段:扎根稳定期的多主体协同分析(2014 年 9 月—2015 年 8 月)

这一阶段从杭州商学院桐庐校区第一届新生入驻开始,到教学设施基本完善、教学管理基本稳定为止。这一阶段,杭州商学院的工作重心围绕如何保证脱离母体,在异地迁建办学,独自进行教学和学生管理等的稳定,以及如何在新迁入地尽快扎根,融入地方,适应新的办学环境。

(1)杭州商学院和工商大学的协同。

①杭州商学院和工商大学关系的改变。

教育部 8 号文件规定:独立学院应具有独立的校园和基本办学设施,实施相对独立的教学组织和管理,独立进行招生,独立颁发学历证书,独立进行财务核算,应具有独立法人资格,能独立承担民事责任。而规范之前,大部分母体高校在管理上也没有把独立学院作为真正的法人实体来看待,大多数独立学院院长没有独立的人事权、财务权,无法调动办学资源。在异地迁建扎根稳定期,杭州商学院和工商大学之间的关系转变,杭州商学院从法律意义上与工商大学实现独立,开始走向实际意义上的逐步独立。在这个阶段,工商大学不断放权,杭州商学院的财务独立、管理相对独立,自身具有了在董事会领导下院长负责制的一定的财务和管理权限。

　　"杭州商学院内部实行的是董事会领导下的院长负责制,对内的治理还需要有办学章程,治理的逻辑起点是办学章程。""母体要慢慢地放,杭商院要慢慢地接。要具备接的能力。否则放下来就乱了。"

在决策层面上,对杭州商学院建设发展重大事务的处置,原则上是通过董事会进行的。

> 董事会的构成上面,体现母体学校的意志,董事长由工商大学的校长担任,我们有个副董事长,是我们分管教学的副院长担任,财务处长在杭商院董事会里面的,审计处长在董事会里面吧。通过对董事会的影响,来影响杭州商学院重大方向,重大问题的组织的。

但这个阶段,独立学院的发展还是体现出对公办高校的高度依附,这种依附首先表现为师资主要依托母体公办高校,其招生吸引力主要依托母体公办高校。

②杭州商学院和浙江工商大学的协同内容。

第一,资源协同:浙江工商大学对杭商院在师资上支持。浙江工商大学用本校的师资继续支持杭州商学院部分专业课程的教学,缓解杭州商学院专业师资紧缺的困境,如财会专业 ACCA 班的双语专业课程,还是完全由浙江工商大学这一母体来承担的。

第二,权力协同:工商大学不断在财务和管理上放权。

> 从招收新生开始,财务独立;管理骨干的配置,除了学院班子,党政班子的 6 个人之外,其他的学院可以自己管,比如管理学院的院长、书记,不属于六级以上的职员,而是属于七级岗以下的职员,工商大学当时规定,六级职员以上的部分,由工商大学党委管,其他的部分,由杭商院自己管。专业师资队伍建设由你自己来管。

第三,利益协同:工商大学对杭商院在财务上收益的让步。工商大学决定,到桐庐独立办学的头 6 年管理费实行三免三减半。

> 这是工商大学对杭商院在财务上的一个支持和让步,一共有好几千万。

③杭州商学院和浙江工商大学的协同方式。

此时双方的协同,主要还是根据合作办学协议和省教育厅的委托监管机制进行,同时,在对独立学院的指导过程中,通过工商大学领导层的走访视察、会谈指导等方式实现。如在学院迁至桐庐办学的最初几年里,浙江工商大学及其二级学院在教学、科研、团学工作、后勤管理、校园保卫工作及日常管理等方面,频频赴桐庐校区给予关心与指导。

> 浙江工商大学作为杭州商学院的母体学校,两者永远是不可分割的一体化关系,学校也将一如既往地在专业师资、学科建设、管理资源等方面给予大力支持。

母体高校和独立学院这种关系与权责利的改变,为独立学院真正走向独立迈出了重要的一步。母体高校在这个过程中,是一个不断放权、不断引导独立学院在各方面成长完善的过程。自身的规范办学软硬件应该是放权和独立的根本保障。迁建后,树立主体间关系平等的观念和规定,是协同中最为重要的内容和前提。

（2）杭州商学院和桐庐政府的协同。

①杭州商学院和桐庐政府双方关系的变化。

杭州商学院和桐庐政府之间,由第一阶段桐庐政府单向为杭州商学院投资的投资主体和被投资主体的关系,转变为双方以项目为主进行互动合作,相互依托、共生发展的关系。由于前期政府投入少,导致独立学院迁建后稳定工作难度加大。因此,地方政府也努力在这一阶段为学院发展提供各种有利条件,独立学院的重心在自身稳定过渡的同时,也为地方政府发挥自身作用,但主要还是从完成规范设置和人才培养两方面出发,在考虑双方需求的基础上开展合作,由于自身资源和精力有限,单方的主动性融入支持较少。

②杭州商学院和桐庐政府的协同内容。

第一,人才培养的协同。杭州商学院在这一阶段的重要任务是在当地扎根。这有两层意思:一是从内部而言,自身在脱离工商大学这一母体后,规范人才培养、组织机构设置、教学管理等软件建设,实现独立办学后的各项工作的平稳;二是从外部而言,尽快地融入地方并能逐步发挥一所地方大学的作用服务地方。相对而言,其重心主要是向内,对外的作用也主要是为了内部发展获取资源和获得更好的发展环境服务。因此,这一阶段,杭州商学院与桐庐地方的协同首先是人才培养上的协同。

杭州商学院迁建桐庐办学不仅仅是空间地址的转移,更是规范发展、内涵发展、特色发展的重要契机。自迁建办学以来,学院不断明确办学定位,提升独立办学能力,推进应用型大学建设。

第二,融入、服务地方的科学研究、智力服务、文化协同。同时在这个阶段,由于前期桐庐地方政府进行了大量的资金投入,在人才培养方面积极支持杭州商学院的办学。因此,杭州商学院也要考虑如何成为一所更好的服务地方政府的大学,根据自身的优势和地方的需求来融入和服务地方。因此,它也充当智库,支持地方政府政策制定;与地方共建科研平台,发挥技术创新优势,为地方转型服务;利用校园文化高地,在推动地方文化建设等方面努力作为。而通过文化协同,也能在服务地方的同时,给学生提供锻炼的机会,也是学校融入地方的有效途径。

通过文艺表演和互动交流的方式展开,在杭州商学院与桐庐乡镇街道之间进行微党课巡回演讲,在将微党课深入当地群众生活中的同时,也提高了我院学子的综合素质,在校地互动交流中自我育人、共同发展。

这个阶段,杭州商学院与地方政府之间互动合作是以项目为主的。双方利用各自的优势资源开始的合作是带有特定目的的和有针对性的,涉及的面不大,协同的范围不广,因此被称为"点对点"的项目式协同,合作较大程度上带有单方需求和服务性质。杭州商学院试图尽快地融入桐庐地方发展中,为地方建设服务;桐庐地方政府也为杭州商学院迁建后的办学规范积极服务。

"慢慢我们现在开始的,它是以项目开始的,它的局办和乡镇,包括它的一些企业,会寻求和高校的合作,比如做一个'十三五'的人才规划,这种东西肯定是项目化的,点对点的。

"这个时候杭州商学院对地方政府的协同也是以项目为合作单位。有一些它是自发的,企业找上门来的;政府部分局办是自己找上门来的。有一些它是自觉的,比如桐庐要跟我们来讲,要为它的转型建设有意识地做一些事情,比如说前段时间它的县长来跟我联系,它的'四通一达',他要搞总部经济,能不能在你这里设一个学院,比如物流学院或者说是什么学院,那么这个学院他们来命名,为他们的'四通一达'培养中层骨干,然后这个学院的毕业生可以到它那里去工作,订单式的培养。它这种就不是自发的,而是自觉的。就是双方已经开始紧密合作了。但是它这种合作在特定阶段也是点对点的,不是大批量的。"

杭州商学院和桐庐地方政府在人才培养、人才共享、科学研究和文化建设等方面开展协同。杭州商学院利用自身在师资、学生、学科设置、校园文化、办学场地等方面的优势,努力成为桐庐地方政府政策制定的智库、技术输出和服务者、地方文化的宣传推广者。桐庐地方政府利用自身资金、政策优势为杭商院人才培养提供支持。

第三,校区建设和优惠政策的协同。由于杭州商学院属于新校区边建设边迁建办学的迁建模式,因此在这一阶段,新校区的基础设施建设还在不断进行中,桐庐县在合作办学协议上承诺的师资户口政策、教师公寓建设等都需要具体落实协调。

③杭州商学院和桐庐政府的协同方式。

这一阶段,在双方各自的工作重心和期望对方发挥作用方面存在着一定的矛盾。对于地方而言,希望独立学院能成为地方的智库和技术创新驱动器,为政府规划和经济发展转型服务。对于独立学院而言,则更关注自身能否在异地独立办学后,实现平稳,因此希望地方能在人才培养、专业建设等方面给予支持和帮助。在这一阶段,独立学院尚未发展成熟时,地方政府可能期望过高,投入希望短期见效,而对于独立学院来说却是较为困难的,虽然从长期发展看,两者的目标是能兼容的,但是短期是存在较大矛盾的,就可能导致地方政府短视,不愿增加对独立学院的支持或投入,减慢了独立学院的成长速度,反过来也就使其服务地方的能力达不到要求。因此,如何协同主体期望、实际能力和长期与短期之间的矛盾,采取何种方式协调非常重要。

希望学院(杭州商学院)在今后发展中进一步提升社会服务能力,

在科技研发、产业升级、大型会议等方面给予更多的平台支撑和智力支持;同时希望校地进一步深化合作。

第一,领导的相互走访调查。在这个阶段,为了进行协同具体内容的开展,进行多方的对接,找到双方优势和需求的契合点,就显得尤为重要。因此,在协同方式中,首先是采取相互走访调查的方式进行,这是有效协同非常重要的一环。

> 2014 年 12 月 31 日,学院党委书记袁金祥、党委副书记严毛新、副院长张富寿、人文分院院长韩永学等一行前往桐庐县新合乡考察参观,推进校地合作,寻求合作共赢的发展机会。
> 2015 年 4 月 28 日,桐庐县委常委、统战部长盛春霞,桐庐县新合乡乡长刘建钟一行来校调研,并洽谈相关合作事宜。

第二,座谈交流与互派人员任职。通过座谈交流和互派人员到对方任职是增强交流和沟通的可行方法。如桐庐县派出张富寿到杭商院担任学院副院长,负责学院后勤、社会合作,杭商院则将社科合作部的赵干老师派到桐庐地方挂职,从而通过这种方式有助于双方的了解和对接。

第三,基于对方回报的心理预期和专门机构对接。独立学院通过主动服务地方,取得合法性和地方认同,有助于获得当地政府对其的更好支持,这实际是一种互惠交换的默契机制。虽然服务过程可能是单方受益,但是却能因此换来对方在其他方面的支持。而在实际双方的协同工作过程中,协同更多采取对接采取各自的专门对外机构进行。

(3)浙江工商大学和桐庐政府的协同。

①浙江工商大学和桐庐政府的关系。

这一阶段,浙江工商大学和桐庐政府的接触相对于前一阶段要少很多,主要是因为杭州商学院作为一个独立学院,在很多方面可以直接和桐庐政府进行协商与对接。此时,浙江工商大学更多是作为桐庐县政府的联合办学主体和杭州商学院监护人的角色参与。

②浙江工商大学和桐庐政府的协同内容。

这一阶段,主要是作为学院共建主体,参与杭州商学院发展的相关事务磋商。如 2015 年桐庐县县长方毅、常务副县长毛根洪莅临学院桐庐校区进行调研座谈,浙江工商大学、杭商院主要领导班子成员参加,共同协商学院发展大计。另外,还涉及双方的战略合作,如 2015 年 1 月,浙江工商大学与桐庐县政府举行战略合作协议签字仪式,正式成立浙江工商大学桐庐技术转移中心、浙江工商大学富春江旅游研究院。

③浙江工商大学和桐庐政府的协同方式。

这一阶段的协同方式,主要是通过和桐庐地方政府举行正式的座谈会协商的形式进行。

可见,这一阶段主要协同的重点是独立学院如何在新的环境下尽快实现各方面的平稳,即扎根当地、融入当地,营造与迁入地政府的新关系,改变对原有母体的依附关系。这一阶段对于独立学院的关键问题是扎根问题,即生存和规范建设问题。独立学院自身的规范办学应该是放权和独立的前提和根本保障。独立学院脱离母体成为独立的主体后,则更加需要依托迁入地政府的支持,获得在新环境下的生存。当地政府发挥着主导作用。同时,母体学校也为独立学院发展营造好的财务和其他支持关系。因此,此时当地政府作为主导,积极与独立学院建立和协调关系,母体学校在其中角色淡化。该阶段重点是独立学院如何扎根并适应新的环境。双方在师资、人才培养方案、专业建设等软性要素上的合作与协调,母体学校发挥参与作用。

6.4.1.3　第三阶段:扎根稳定期的多主体协同分析(2015 年 9 月—2017 年 10 月)

这一阶段从杭州商学院桐庐校区第二届新生入驻开始,到四届学生全部入驻桐庐新校区,完成整体迁建和接受省里独立学院规范设置验收为止。

(1)杭州商学院与桐庐地方政府的协同。

①杭州商学院与桐庐地方政府的关系。

在这一时期,双方进入了双向互动的合作关系阶段。在这一阶段,独立学院由于自身的不断成长,将发挥更为积极的主导作用。

> 杭州商学院在这个地方扎下根了,它很愿意为地方服务,包括日本、美国一些高校的关系,实现官产学研的关系,完全合作的关系,或者斯坦福和硅谷的这种关系。它变成当地经济发展的智力引擎。我认为

到了这个层面，真正意义的县域引进这所大学的终极目标，就是希望这所大学成为当地经济发展的智力引擎，成为它的人才库，也成为它的智库，我认为这是终极性的目标。

②杭州商学院与桐庐地方政府的协同内容。

这一阶段，双方仍然以人才培养为主，并逐步开始转向围绕校地产学研进行协同。独立学院在对接和服务地方方面更具有主动性和主导性。在这一阶段，杭州商学院和地方政府同时发挥着重要作用，但杭州商学院总体而言更加主动和起着主导性。双方的协同在校企深度合作、应用研究、人才培养规格与方式等方面进行。这一阶段对独立学院的关键问题是转型和内涵建设。

第一，产学研协同。

我希望和它合作，把用人单位，把社会对人才培养的要求，能够回到我的课堂，回到我的人才培养方案里，然后我的实践教学这个环节，能够在就地完成。那么我跟它的协同在这个阶段是人才培养阶段的协同创新。

桐庐地方政府也清楚，杭州商学院的人才培养水平提高，对地方经济发展具有重要的作用，因此也积极支持和开展相应工作。桐庐县人社局、桐庐县科技局、桐庐县各乡镇均主动来学院接洽"校地合作共建实习实训基地"事宜，桐庐县委书记毛溪浩、县长方毅等诸多领导也甚是关心学院与县域经济的协同发展。杭商院人文学院与翙岗古镇签约建立实习实训基地——存厚学堂，与莪山畲族乡政府建立"创新实验中心"，学院与新合乡签约建立教学实践基地等。

第二，校区建设和优惠政策的协同。

由于杭州商学院属于新校区边建设边迁建办学的迁建模式，因此在这一阶段，新校区的基础设施建设还在不断进行中，桐庐县在合作办学协议上承诺的师资户口政策、教师公寓建设等都需要具体落实协调。

③杭州商学院与桐庐地方政府的协同方式。

这一阶段，双方的协同以共建平台，共同签订协议以及联合举办活动作为主要的协同方式来开展工作。

> 希望学院(杭州商学院)在今后发展中进一步提升社会服务能力,在科技研发、产业升级、大型会议等方面给予更多的平台支撑和智力支持;同时希望校地进一步深化合作。

第一,领导的相互走访调查。在这个阶段,为了进行协同具体内容的开展,进行多方的对接,找到双方优势和需求的契合点,就显得尤为重要。因此,在协同方式中,首先是采取相互走访调查的方式进行,这是有效协同非常重要的一环。

> 2015 年 4 月 28 日,桐庐县委常委、统战部长盛春霞,桐庐县新合乡乡长刘建钟一行来校调研,并洽谈相关合作事宜。

第二,座谈协商。即围绕双方的协同内容,如杭州商学院桐庐校区建设、加强特色办学、强化校地合作等事项,通过和桐庐地方政府举行正式的座谈会协商的形式进行。

> 2016 年 3 月,桐庐县副县长周建英一行走进学院桐庐校区考察工作,就学院当前的建设发展现状以及发展中需要县委县政府协助解决的困难进行调研。她表示,要加强校地联络协调机制建设,更好更有效地推动学院发展。
> 学院共建主体浙江工商大学和桐庐县双方于 2016 年 4 月 14 日在我院桐庐校区举行了协商座谈会,进一步推进杭州商学院迁建发展。会议就推进杭州商学院桐庐校区建设、加强特色办学、强化校地合作等事项进行了磋商。

(2)杭州商学院与浙江工商大学的协同。
①杭州商学院与浙江工商大学双方的关系变化。
在这一阶段,随着工商大学在财务和人事两方面的放权,也随着杭州商学院在办学条件与人才培养方面不断发展,杭州商学院对工商大学的依附

性进一步减弱,双方开始从资源的单向式输出与扶持转为双向的利用与合作,但双方实力和地位仍然不对等,杭州商学院对工商大学还具有一定的依附性。

②杭州商学院与浙江工商大学的协同内容。

在这一阶段,双方将在教学、科研、师资、人才培养等各个领域开展多种形式的合作,合作的范围更广,合作的形式更加多样,合作也更为频繁。其中重点体现在资源协同,即工商大学对杭商院在师资上继续支持。工商大学选派本校各专业师资到杭州商学院,充实杭州商学院的师资力量。2017年,为加强杭州商学院师资力量,支持杭州商学院规范设置工作,满足省教育厅对独立学院规范设置验收条件,经学校研究,选派 80 名符合杭商院师资需求的专任教师支持杭商院建设,对其中高学历高职称教师,母体和独立学院都出台了科研补贴、人才经费等优惠政策。

> "在独立的初期,在师资上是可以腾挪的。我作为工商大学校长,我是需要为工商大学新一轮发展腾挪出空间来的,比如教学型的一批老师,我要腾挪出去,我对工商大学的定位,和我作为董事长对于杭州商学院的定位,一定是有错位的。我工商大学是教学研究型,在教学这个问题上,经过 20 多年的发展,已经稳定了,哪怕有改良,也是局部的,不可能是根本的。但是在科研协同方面,我是刚刚起步,我海归博士要引进,我高层次人才要引进,我有生师比的限制的,我的一批教学型的师资要腾挪出来,腾挪出来转移到哪里去呢? 转移到杭商院去。那么本部教师转到杭商院去,对杭商院的发展有没有负面影响呢? 杭商院在这个发展阶段,它的基本定位是教学型的,那教学经验丰富、科研冲劲不够的这部分老师,我转移过去,对双方都是有利的。对工商大学来讲,为引进人才腾挪出了 150 个空间。对杭商院来讲,我在短期之内为它的办学注入了师资力量,这是双赢的。"

③杭州商学院和浙江工商大学的协同方式。

此时双方的协同,主要还是根据合作办学协议和省教育厅的委托监管机制进行,同时,对独立学院的指导通过工商大学领导层的走访视察、会谈指导等方式实现。如在学院迁至桐庐办学的几年里,浙江工商大学及其二级学院在教学、科研、团学工作、后勤管理、校园保卫工作及日常管理等方面,频频赴桐庐校区给予关心与指导。

> 浙江工商大学作为杭州商学院的母体学校,两者永远是不可分割的一体化关系,学校也将一如既往地在专业师资、学科建设、管理资源等方面给予大力支持。

母体高校和独立学院这种关系与权责利的改变,为独立学院真正走向独立迈出了重要的一步。母体高校在这个过程中,是一个不断放权、不断引导独立学院在各方面成长完善的过程。自身的规范办学软硬件应该是放权和独立的根本保障。迁建后,树立主体间关系平等的观念和规定,是协同中最为重要的内容和前提。

(3)浙江工商大学与桐庐地方政府的协同。

通过杭商院作为在桐庐的一个前沿阵地,依托工商大学与杭商院的不断合作深入发展。

综上所述,这一阶段对于独立学院的关键问题是规范建设问题。独立学院自身的规范办学应该是放权和独立的前提和根本保障。独立学院脱离母体成为独立的主体后,则更加需要依托迁入地政府的支持,获得在新环境的生存。当地政府发挥着主导作用。同时,母体学校也为独立学院发展营造好的财务和其他支持关系。因此,此时当地政府作为主导,积极与独立学院建立和协调关系,母体学校在其中角色淡化。该阶段重点是独立学院如何适应新的环境,成为一所教育主管部门文件认可的独立法人办学实体。双方在师资、人才培养方案、专业建设等软性要素上开展合作与协调。母体学校发挥参与作用。

6.4.1.4　第四阶段:规范转型期的多主体协同分析(2017 年 11 月至今)

这一阶段以杭州商学院四届学生齐聚桐庐新校区,完成整体迁建和接受省里独立学院规范设置验收为起点,一直会持续到未来较长一段时间。

(1)杭州商学院与桐庐地方政府的协同。

①杭州商学院与桐庐地方政府的关系。

在这一阶段,独立学院由于自身的不断成长,将发挥更为积极的主导作用。这一阶段,是从建立与地方政府和企业之间的关系,铺好路、搭好桥的阶段,发展到多层次开展深度常态化、固化的实际工作阶段。

②杭州商学院与桐庐地方政府的协同内容。

这一阶段,独立学院在对接和服务地方方面,更具有主动性和主导性。校地产学研协同涉及的内容更加全面具体,协同的主体也更加广泛,不仅仅是政府和独立学院双方,甚至还包括了当地企业,涉及的利益也不是单向的政府或者独立学院,而发展为校政企多赢。协同的内容更具有长期性、战略性和时效性。

2017年11月,杭州商学院和桐庐县分水镇人民政府现场签约建立浙江工商大学杭州商学院分水制笔创新中心。分水制笔创新中心的创建是校政企合作的又一尝试。该平台的共建可以充分整合三方资源,实现校政企多方共赢。

2017年12月,杭州商学院与桐庐莪山畲族乡达成意向,以学生建立创新创业工作室为核心,筹建"农创客特色小镇"创新中心,莪山设立电子商务研究中心,以一个核心两个中心为依托,实现共赢。

2017年11月,浙江工商大学杭州商学院与浙江华茂律师事务所战略合作协议签订仪式暨"华茂奖助学金"捐赠仪式在杭州商学院经法楼会议室隆重举行。双方将在法律人才培养和引进、法学教育和交流、学生活动专项奖学金、学生实践基地、案例研究中心等多个领域展开全面性、战略性、紧密型合作。

2017年11月,首期中国民营快递未来发展高级研修班开班仪式在杭州商学院报告厅隆重举行,该研修班由学院与桐庐县委组织部联合举办。桐庐是快递之乡,"三通一达"的老总都是浙江桐庐人,举办研修班可促进"政府—产业智库"三方联动,为人才培育、快递产业发展提供新的动力。

2018年6月,浙江工商大学杭州商学院与桐庐县人民法院签订校地战略合作协议,共建"浙江工商大学杭州商学院经法学院教学科研实践基地"。

③杭州商学院与桐庐地方政府的协同方式。

这一阶段,双方的协同以共建平台,共同签订协议以及联合举办活动作为主要的协同方式来开展工作。

（2）杭州商学院与浙江工商大学的协同。

①杭州商学院与浙江工商大学双方的关系变化。

在这一阶段，随着浙江工商大学在财务和人事两方面的放权，也随着杭州商学院在办学条件与人才培养方面不断发展，杭州商学院对工商大学的依附性进一步减弱，双方开始从资源的单向式输出与扶持转为双向的利用与合作，双方逐渐发展为基于不同院校间的错位发展、优势互补型的战略合作伙伴关系。双方的关系从具有一定依附关系的不平等主体关系，逐步发展为相对平等的主体间合作关系。

②杭州商学院与浙江工商大学的协同内容。

在这一阶段，双方将在教学、科研、师资、人才培养等各个领域开展多种形式的合作，合作的范围更广，合作的形式更加多样，合作也更为频繁。

（3）浙江工商大学与桐庐地方政府的协同。

通过杭商院作为在桐庐的一个前沿阵地，依托工商大学与杭商院的不断合作深入发展，杭商院将为工商大学和桐庐地方政府之间的资源优化共享提供一个平台和红娘作用，继而使工商大学能更好地服务于桐庐地方发展。

6.4.2　浙江财经大学东方学院迁建发展的多主体协同分析

6.4.2.1　第一阶段：校区迁址建设期的多主体协同分析（2007 年 6 月— 2010 年 8 月）

这一阶段，从浙江财经大学与海宁市政府签订合作办学协议开始，到东方学院从杭州市文华校区整体迁址至浙江省海宁市长安镇为止。

（1）浙江财经大学和海宁市政府的协同。

①双方的关系。

在该阶段，东方学院决定迁建海宁市长安镇新校区，从而使东方学院的母体浙江财经大学和新校区的建设方海宁市政府之间成为了联合投资主体。值得一提的是，东方学院迁建选址海宁，与东方学院第一任学院领导是海宁人有比较重要的关系。学院领导与迁入地之间的这种"地缘"关系，有助于双方在情感上以及优惠政策等合作重要内容的沟通协商中发挥重要作用。

②双方的协同内容。

在该阶段,双方的协同主要是围绕东方学院新校区的基础设施建设及顺利迁建中双方的土地、资金、优惠政策以及教学实施等方面进行。如通过签订"合作举办浙江财经大学东方学院协议书"以及"合作举办浙江财经大学东方学院备忘录",对浙江财经大学和海宁市政府合作双方的权利义务、投资总额、出资渠道、法人财产、学院的办学条件、师资、规模、管理、利益分配、合作期限、财产清算以及收益分配等做了明确具体的说明,具体见表6-2。

③双方的协同方式。

在这一阶段的协同,主要通过联合建立组织,如迁建小组、董事会以及签订合作办学协议的方式进行协调。由于浙江财经大学东方学院是浙江省第一所外迁的独立学院,没有先例和经验可以借鉴,因此,在浙江财经大学和海宁市政府双方协同方面,就遇到和出现过各种新情况和问题,双方一直在不断探索和协调,光2007年这一年,双方就权责利等共签订了4个协议,在校区迁址建设期,双方共签订协议8个。

作为海宁市政府引进的第一所大学,东方学院的建设被当作当地"几乎是头等的大事"。2007年7月浙江财经大学东方学院迁建工作领导小组与浙江财经大学筹建小组在海宁召开第一次联席会议,就签约后的工作进展做了通报交流,并明确了有关的职责分工。同年8月,浙江财经大学东方学院迁建领导小组在浙江财经大学东方学院文华校区召开第二次联席会议,重点讨论了东方学院长安校区建设总体规划的设想。同年10月,浙江财经大学东方学院迁建工作领导小组与浙江财经大学筹建小组在浙江财经大学东方学院文华校区召开第三次联席会议,就校区建设规划、规模、建筑工程分期建设、项目申报等问题做了会商。

表6-2 东方学院迁建办学合作协议内容要点(2007—2009)

序号	协议名称、签订方和时间	协议内容概况	关键内容
1	浙江财经大学东方学院迁址建设合作协议书(浙江财经大学与海宁市人民政府)—2007.6.28	海宁市政府为东方学院办学提供什么样的政策和服务	财大投入无形资产

序号	协议名称、签订方和时间	协议内容概况	关键内容
2	合作举办浙江财经大学东方学院协议书（浙江财经大学与浙江之江投资股份有限公司）—2007.6.28	合作双方的权利义务、投资总额、出资渠道、法人财产、学院的办学条件、师资、规模、管理、利益分配、合作期限与财产清算等，是内容全面的第一份合作协议	总投资额 5.5 亿元，从办学结余取得合理回报，未说明比例；亏损后按三七弥补
3	合作举办浙江财经大学东方学院备忘录（浙江财经大学与浙江之江投资股份有限公司）—2007.6.28	对收益分配做了具体的说明和备忘	明确了学费收入的50%按30%（财大）和70%（公司方）的比例做预分配。出现亏损或盈余，按同比例弥补或分配
4	合作举办浙江财经大学东方学院补充协议（浙江金海洲建设开发有限公司、浙江财经大学东方学院、海宁市资产经营公司、浙江财经大学、海宁市人民政府）—2007.11.28	关于贷款方面专门问题	总投资额 5.5 亿元，以东方学院的名义贷款，贷款资金进入东方学院长安校区基建账户；担保和责任问题；公司名称改为金海洲
5	合作举办浙江财经大学东方学院协议书（浙江财经大学与浙江金海洲建设开发有限公司）—2009.1.14	与序号 2 类似的办学合作协议	总投资额 5.5 亿元改为 9.7 亿元，之江改为金海洲
6	关于浙江财经大学东方学院迁建工程项目贷款还款安排计划的函（海宁市政府）—2009.5.20	贷款金额不超过 5.86 亿元，期限不超过 10 年	市政府兜底还款
7	关于浙江财经大学东方学院变更办学合作方后调整开办资金等事项的补充协议（浙江财经大学与浙江金海洲建设开发有限公司）—2009.6.5	开办资金调整	总投资额进一步增加，估计总投资额（含财大无形资产）14 亿元，双方约定的 3：7 依然有效。开办资金由 1100 万元调整到 5100 万元，全部由金海洲出，原来的 1100 万元退还给原来的办学双方，即退还财大 100 万元，浙江文华教育服务有限公司 1000 万元

续　表

序号	协议名称、签订方和时间	协议内容概况	关键内容
8	关于收益分配的承诺函（浙江财经大学与浙江金海洲建设开发有限公司）—2009.6.5	收益分配支付方式	每年10月31日前，由金海洲垫付

（2）东方学院和浙江财经大学的协同。

①双方的关系变化。

2004年，东方学院从文一路校区整体搬迁至文华校区，按照新的机制独立办学。2010年9月，学院从杭州市文华校区整体迁址至浙江省海宁市连杭经济开发区长安新校区，成为省内第一所脱离母体外迁的高校独立学院。东方学院从浙江财经大学的二级学院，根据联合办学协议，以协议的形式成了一所独立的办学主体，即双方成了两个独立的办学主体关系。但由于东方学院脱离母体后，自身的教学还不够完善，因此，浙江财经大学充当着监护角色，在办学规范、教学管理等各方面对东方学院进行指导监督，由此双方是一种既独立又依附的关系。

②双方的协同内容。

第一，资源协同：浙江财经大学对东方学院的师资支持。在这一阶段，对东方学院而言，有两个重大问题：土地和师资。对于师资，主要就是和母体浙江财经大学协调师资派送问题。

东方学院重新在浙江财经大学进行了一次招聘，190名教职工转战海宁。学校还开出了一系列优惠措施：给予教师本部事业编制、可以低价购买商品房、提供科研津贴、补贴交通费用。承诺同等条件下收入平均比母体高20%。

东方学院的中层正职视为母体本部的副处级，东方学院的高层视为正处级。本部每年给东方学院8个省事业编的引进师资编制。

省里（浙江省）给钱，以财经大学名义，在东方学院建设了一个价值200多万元的实验室。

第二，利益协同：明确东方学院对浙江财经大学的管理费上交额度。根据浙江财经大学与浙江之江投资股份有限公司联合签订的浙江财经大学东方学院备忘录,对收益分配做了具体的说明和备忘。

> 东方学院学费收入的 50%拿出来,按照 30%(财大)和 70%(公司方)的比例做预分配。

第三,权利责任协同:明确浙江财经大学对东方学院的人事、财务权下放,承担监护和指导的责任;同时浙江财经大学作为东方学院的母体,负责对东方学院新校区选址和合作方办学支持的洽谈。

③双方的协同方式。

第一,对利益和权利责任的协同,主要是通过合作办学协议明确的形式实现利益协同,还有就是东方学院高层领导直接向浙江财经大学提出诸如财经方面的优惠政策等要求。

第二,对土地、资金等办学资源的协同上,主要依托母体浙江财经大学与海宁市政府高层协调,并通过合作办学协议的形式明确。

第三,对母体师资支持,主要是通过浙江财经大学制定相应的政策并通过重新招聘的形式实现。

(3)东方学院和海宁市政府的协同。

①双方的关系。

在这一阶段,海宁市政府成为东方学院的联合投资方之一,双方主要是投资方与被投资方的关系。

②双方的协同内容。

这一阶段,海宁市政府提出,浙江财经大学东方学院是海宁市“家门口的大学”。海宁市政府对东方学院的建设提供了大量支持,主要承担了东方学院新校区基础设施建设以及为了帮助东方学院实现迁建后的教学、管理等的平稳过渡,在师资引进等方面提供优惠政策。

> 每年海宁市给东方学院 500 万元财政专项支持。

③双方的协同方式。

这一阶段,双方并不实现直接的协同。上述协同内容,主要是通过东方学院的母体浙江财经大学和海宁市政府进行沟通协商并以合作办学协议的形式明确下来的。

6.4.2.2　第二阶段：扎根稳定期的多主体协同分析（2010 年 9 月—2014 年 12 月）

该阶段从 2010 年 9 月东方学院第一届学生入驻开始，到 2014 年底新校区全面落成典礼截止。在这一阶段，东方学院的重要任务：一方面是迁建后基本教学组织、管理工作的平稳过渡，实现稳定；另一方面是实现学校融入新的办学环境。

（1）东方学院和海宁市政府的协同。

①双方的关系。

在这一阶段，东方学院和海宁市政府从之前的投资方和被投资方的关系，变为了相互依赖、相互帮助、相互发展的互惠互利关系。

②双方的协同内容与方式。

第一，责任协同：海宁市政府对学院设施建设。这一阶段，新校区还有部分基础设施在建。海宁市政府通过召开三方高层会议的形式进行协同。

　　2010 年 9 月，海宁市委副书记、市长林毅到学院新校区现场办公，主持召开东方学院建设协调领导小组会议。浙江财经大学副校长滕凯、东方学院董事长王海寿、东方学院院长黄董良及校区建设协调领导小组全体成员参加会议。

第二，责任协同：海宁市政府对学院发展存在的困难与问题等的协调解决。在东方学院脱离原母体迁建海宁长安镇后，在组织机构、日常教学管理、师资队伍等方面都逐渐脱离财经大学，开始独立运行，面临着许多困难和问题。在这一阶段，海宁市政府主要通过领导进行专题调研的形式协同，以及政府部门专人对接东方学院的各项事务，协调工作。

　　海宁市关心和支持东方学院的发展，海宁市各级政府高度重视学院发展面临的困难和问题，定期听取专题调研东方学院工作，为把东方学院建设成为一所特色鲜明的高水平独立学院共同努力。2014 年 10 月，海宁市委书记林毅，市委副书记、市长戴锋，市人大常委会主任徐辉,政协主席张炜芬,市委常委、长安镇(高新区)党委书记许金夫,副市长朱海英和相关职能部门负责人前来我院调研指导工作。

海宁市专门有一位副市长对接东方学院的各项事务,调研学院的各种问题,遇到重大事项与学院领导交流、沟通,现场拍板解决。

第三,资源协同:东方学院对地方政府的教学科研服务与合作。在这一阶段,通过东方学院高层领导主动对地方的走访,积极交流校地合作意愿,探寻有效合作模式;同时,通过选派老师到地方挂职锻炼,积极联结双方,成为双方了解交流合作的通道。反过来,随着地方对东方学院的了解,当地政府也主动到学院洽谈合作。在此基础上,东方学院主动对接地方经济社会发展的需求,为地方服务。另外,通过与政府共建平台,将学院的智力资源对外服务政府,也将政府资源引入学院,形成良好的互动与合作。另外,东方学院还主动邀请海宁市政府相关部门,通过召集学院相关职能部门,一起开研讨会的形式,政府部门提供东方学院可以开展工作和合作的思路,从而开拓东方学院的工作思路。

2010 年 11 月,王金安副院长率队赴海宁市袁花镇考察太阳能行业,积极推进学院尽快地融入海宁、与海宁的地方经济对接,服务地方经济,了解地方经济对人才、知识和智力资本的需求,探索高校服务社会,建立校地、校企合作的有效模式。12 月,副院长王金安、党委副书记王记清率队赴海宁市许村镇考察。通过此次考察,学院有关部门对许村镇各对口部门相互有了初步的了解,为下一步双方的全面合作奠定了良好的基础。2012 年,东方学院选派团干部(教师)赴海宁团市委挂职锻炼。2013 年 7 月,东方学院派遣法政分院老师赴海宁市人民法院挂职锻炼。

2014 年 12 月,海宁市经济和信息化局副局长凌红伟、海宁市科学技术局副局长陈霓裳等一行到我院人文与艺术分院参观考察并座谈。凌副局长指出,海宁三大传统产业中的皮革服装产业、经编、家纺分别与分院的服装与服饰设计、产品设计、视觉传达设计及环境设计专业有着极大的相关性与合作空间,并表达了共同推进校企合作的意愿。

东方学院迁建海宁后,主动对接地方经济社会发展的需求,为海宁市量身定做"十二五"期间服务外包发展规划。

2010年12月,海宁市人民法院与东方学院牵手共建科研合作基地。2011年12月,全省首家法庭巡回点落户东方学院,法院将真实案件审理"搬进"大学校园,为学院培养高层次、应用型法律和行政管理人才提供专业支持。双方已经创造出了良好成熟的合作机制。东方学院法律教学实践基地是新校区"走进海宁,融入海宁,服务海宁"思路的具体实践。与海宁市经信、商务局、发改局在共建"经济与信息化研究院""电子商务研究院""循环经济研究院"等方面达成初步合作意向。法政分院教师出席海宁市司法局主办的实务论坛,并与海宁市公检法系统合作建设实习基地。财税分院在当地建立村官实习基地。2012年10月,与海宁市工商行政管理局签订战略合作协议。双方互相授予"浙江财经大学东方学院政产学研实习基地"和"海宁市工商行政管理局干部培训基地"牌匾,构建了东方学院参与、融入、服务海宁经济发展的新平台。

可见,迁建是物理地址的变化,而扎根新环境、融入新地方需要加强了解和交流,在人才培养等方面适应、对接地方的需求。在这一阶段,东方学院在协同方面相对较为主动,通过领导走访、教师挂职等多种方式进行校地合作需求对接,探寻校地合作的有效可行模式,并积极利用自身优势,服务对方;也努力将地方优势资源用于服务学院建设。

(2)东方学院和浙江财经大学的协同。

①双方关系的变化。

这一阶段,在东方学院通过合作办学协议已经从法定意义上脱离浙江财经大学,成为独立办学主体的情况下,由于迁建异地办学和要符合教育部8号文件的"七独立"要求,东方学院逐步走上了实质性的独立办学过程,在教学、人事和财务等方面,浙江财经大学都开始逐步放权,更多起到指导和监督作用。

②双方的协同内容。

这一阶段双方的协同,主要体现为浙江财经大学对东方学院在办学上的指导以及教学等方面的支持,这是双方在责任方面的协同。

2010 年,浙江财经大学副校长钟晓敏指出,东方学院的定位是教学型,他充分肯定了东方学院全体教职工为营造新校区良好学习生活氛围所做的巨大努力和所取得的良好成绩。会上,他对如何进一步提高教学质量、加强国际化合作办学等方面提出了指导性意见,并且表示今后将在政策和通道上进一步支持学院的发展。2014 年 5 月,浙江财经大学副校长钟晓敏等一行 9 人来东方学院调研。我院党委副书记齐文远等负责接待并举行座谈。会上,双方与会人员就人才引进及教职工培训、人事分配制度改革、国际交流与中外合作办学、资产院校两级管理措施、学校资产保值增值、国际学院的定位、学生体质健康与高水平运动队建设、节约型校园建设等多个方面进行了深入的交流和探讨。

③双方的协同方式。

这一阶段的协同,主要通过浙江财经大学高层调研、双方之间开展座谈等方式实现。

浙江财经大学也有一位联系东方学院的副校长,经常来调研东方学院各项工作,对学院的课题项目申报立项数量、学生工作等问题进行及时沟通,协调解决。

6.4.2.3　第三阶段:转型规范期的多主体协同分析(2015 年 1 月—2017 年 11 月)

这一阶段,从东方学院新校区全面落成时为起点,到顺利接受省教育厅考察组验收独立学院规范设置工作截止。在这一阶段,东方学院以完成规范办学和向应用型大学转型的办学定位以及人才培养模式发展为重要任务。东方学院坚持"以人为本,德才兼育,产教融合,开放协同"的办学理念,创新合作办学体制机制,增强学校办学活力,积极探索与地方经济对接的途径,尝试建立校地、校企合作办学的有效途径和机制,大力推进产教融合。深化人才培养模式改革,建设特色专业提升品牌专业。

根据东方学院的发展规划,到 2018 年,学院加强应用型建设成效初显。着力加强政府、行业、企业、学校的合作,重点开展传统优势品牌专业和新兴特色专业建设,推进学科建设、科学研究与社会服务融入地方经济社会发展和文化建设。

学院发展到一定的阶段,必须实现与母体的错位发展,逐步形成有别于母体并适合自身发展的学科专业特色。在学科专业建设方面,创办适应地方经济社会发展和产业结构调整需要的学科专业,为区域经济和社会发展提供强有力的人才支撑和智力支持。要向用人单位调查了解各种职业岗位对知识结构的实际需求,并以此来构建整体优化的课程体系,体现以市场需求为导向,以实践活动为纽带。

(1)东方学院和海宁市政府的协同。

①双方关系的变化。

在这一阶段,东方学院和海宁市政府通过前期的接触和合作,对双方的需求、各自的优势有了较好的了解,并通过构筑的协议和搭建的平台,创造了合作的条件。因此,这一阶段,双方开展的双向合作不断增多,合作的广度和深度不断加强,形式更加多样。双方逐渐发展为互利共赢的伙伴关系。

②双方协同的内容。

第一,资源协同:东方学院对地方政府实行智力资源支持。2016年10月,海宁市经济和信息化局副局长凌红伟、沈清来我院洽谈校地合作事宜。东方学院希望以海宁各行业协会为依托,向特色行业、龙头企业提供专业咨询,促进地方经济社会发展;努力成为经信局的"智库",并进而以点带面,向海宁市各职能部门提供多样化的社会服务。2017年,东方学院—海宁市政府深化战略合作座谈会得以举行。海宁市各部门介绍了已开展的合作对接项目,并在决策咨询、教师挂职锻炼、专业人员培训、专业课程开发等方面提出了合作需求。

第二,资源协同:战略咨询与战略合作。2015年11月,东方学院发展战略咨询委员会第一次会议在海宁市行政中心召开,海宁市委书记林毅、市长戴峰、常务副市长姚敏忠、浙江财经大学党委书记陈根芳、校长李金昌、副校长卢新波、东方学院党委书记沃健等参加了会议。2017年9月,东方学院与海宁市政府共同讨论签署《东方学院与海宁市全面战略合作协议》。

第三,资源协同:共建产学研研究院,合作内容更加广泛全面深入。2017年11月,我院与海宁市发改局合作共建"海宁研究院",与海宁商务局合作共建"电子商务研究院"。"海宁研究院"是一个面向海宁市各级企事业单位提供研究和咨询的实体机构,将主要开展以下几方面的工作:一是结合海宁经济社会发展,开展调研和专题课题研究;二是联手打造"海宁论坛",增进政企学研合作交流;三是为海宁市发改局提供智库服务,完成相应的咨询与培训活动。"电子商务研究院"是一个常设研究机构,将主要开展以下几方面的工作:一是做好海宁市电子商务产业发展研究;二是做好电商创新典型案例的总结和推广;三是做好海宁市电商应用专业人才的培训认证,开展电商相关咨询和委托服务;四是学院在海宁设立电商教育示范基地和学生实训基地。

第四,资源协同:共建校政企合作学院。2017 年 11 月,东方学院与海宁市司法局、海宁市经济和信息化局联合发起,与海宁高新技术产业园区管理委员会、嘉兴市律师协会海宁分会、海宁市企业培训中心以及域内企业共同建立海宁企业法务学院。这是东方学院"校—政—企"合作不断深化的成果,也是高校、政府、行业、企业多方联动、产教深度融合、资源平台共建共享、高端涉企法律服务人才培养模式的一次创新实践。海宁企业法务学院将整合现有的高校、政府、行业及企业资源,构建校、政、行、企合作平台,共建海宁产业创新服务综合体之企业法律服务中心,搭建培养高素质应用型企业法务人才的产教融合平台,并为地方政府及企业提供优质法律服务,从而不断增强适应"新时代"需要的应用型企业法务人才的实践和创新能力。

③双方的协同方式。

第一,在智力资源协同方面,主要通过海宁市政府相关部门主动到学校洽谈需求,进行项目化合作为主要方式。另外就是通过东方学院和海宁市政府双方举行战略合作座谈会和战略协议的形式进行协同。协同主要是将学校智力资源更好地对接和服务地方。

第二,在创新资源协同方面,双方相互配合,双向推进。具体而言,东方学院与地方政府先合作进行顶层设计,再具体由职能部门实施,双方密切配合,双向推进。东方学院和海宁市政府在 2017 年 9 月共同讨论制定《东方学院与海宁市全面战略合作协议》。此后,东方学院明确了地方应用型大学的办学定位,制定"十三五"规划,并通过学校建平台、制度和保障措施,各个分院具体去联系地方政府、企业对接。而海宁市政府则首先由政府发文,让各个部门配合东方学院,推进东方学院和海宁市政府、企业的全面合作。从不同协同内容的协同方式分析,一方面通过共建校地产学研平台进行协同,协同主要是面向政府服务;另一方面是通过共建校政企产学研平台实现,协同的资源包括多方,协同目的也是服务多方,实现共赢。

该阶段,不但有校地合作,还有校政企三方合作,政府不但充当了合作的主体,还起到了合作的桥梁作用。在该阶段,东方学院应用型建设成效初显,推进学科建设、科学研究与社会服务,努力融入地方经济社会发展和文化建设。

(2)东方学院与浙江财经大学的协同。

①双方的关系变化。

独立学院创建初期和成长都对母体学校具有重大的依附性。独立学院的发展过程体现出对母体公办高校的高度依附,这种依附首先表现为师资主要依托母体公办高校,然后是母体的品牌无形资产。在这一阶段,随着东方学院自身在人事、财务和教学管理等方面不断规范发展,它对浙江财经大学的依附性明显减弱,浙江财经大学更多的是发挥战略规划和方向性上的指导。

②双方的协同内容。

这一阶段浙江财经大学与东方学院的协同,主要是责任协同。即浙江财经大学仍然承担着对东方学院的监护和扶持发展的责任。该阶段两者的协同主要是浙江财经大学对东方学院发展进行战略性的指导。

> 2015年3月,浙江财经大学校长李金昌、副校长卢新波、纪委书记陈金方在党校办相关人员陪同下到我院调研,并与学院领导班子座谈。卢新波副校长、陈金方书记结合各自分管的领域,分别从师资队伍建设、职称评审衔接、依法依规办学、党风廉政工作等方面做出了指示。2015年11月,东方学院发展战略咨询委员会第一次会议在海宁市行政中心召开,海宁市委书记林毅、市长戴峰、常务副市长姚敏忠,浙江财经大学党委书记陈根芳、校长李金昌、副校长卢新波、东方学院党委书记沃健等参加了会议。

③双方的协同方式。

这一阶段双方的协同,主要通过浙江财经大学领导高层调研,召开双方及多方座谈以及会议等形式实现。

表 6-3　东方学院迁建办学合作协议内容要点(2017 年 11 月)

序号	协议名称、签订方和时间	协议内容概况	关键内容
1	合作办学补充协议(浙江财经大学与浙江金海洲建设开发有限公司)—2017.11.4	办学双方均停止对东方学院学费收入分配;45 亩左右土地出让净收益分配	2017 年开始停止学费收入分配;土地出让净收益按财大 30%、金海洲 70%分配
2	资源使用协议(浙江财经大学与浙江财经大学东方学院)—2017.11.14	资源使用费事宜,财大为东方学院提供协议约定的教学资源,东方学院向财大支付费用	协议期限为 2017.1.1—2018.12.31

6.4.2.4　第四阶段:内涵特色期的多主体协同分析(2017 年 12 月至今)

该阶段,东方学院的重要任务和目的是实现人才培养模式特色鲜明,服务地方能力突出,加强应用型建设成效显著。根据《浙江财经大学东方学院加强应用型建设实施方案(2016 年 9 月修订版)》,到 2020 年,特色办学品牌确立,办学机制创新开放,人才培养模式应用型特色鲜明,学院服务地方经济社会发展能力突出,学院成为浙江省本科高校转型发展具有典型示范意义的应用技术型院校。

　　"立足浙江、依托母体、创新发展、塑造特色",黄董良院长用十六个字来介绍东方学院未来发展方向。

独立学院和地方政府的协同过程,是一个从了解需求,到单向项目式服务,到搭建平台,形成常规化、长效化合作机制,再到合作具体实施见效的过程。

6.4.3　浙江农林大学暨阳学院迁建发展的多主体协同分析

6.4.3.1　第一阶段：校区迁址建设期的多主体协同分析（2011 年 8 月— 2013 年 8 月）

这一阶段从浙江农林大学和诸暨市政府签订合作办学协议开始，到暨阳学院校区完成整体迁建为止。由于暨阳学院校区建设采取的是一次性全面建成后的交钥匙工程。因此，在 2013 年 9 月，该校的校园基础设施建设是一步到位的。

（1）暨阳学院和浙江农林大学的协同。

①双方的关系变化。

在浙江农林大学和诸暨市政府签订合作办学协议前两年，即 2009 年 12 月，暨阳学院（原天目学院）按照浙江省教育厅的要求，先按照剥离规范的要求，立足于临安开展相应工作，在校址上，暨阳学院在衣锦校区，浙江农林大学在东湖校区，衣锦校区占地面积 330 亩，东湖校区占地 2000 亩。因此，在迁建前，暨阳学院在物理地址上就和浙江农林大学分开了，在教学管理上实现了相对的独立，师资上也进行了分离。因此，迁建前两者已经形成了两个相对独立的办学主体关系。

合作办学协议签订，从法律契约上进一步明确了暨阳学院和浙江农林大学之间的关系，暨阳学院在物理地址上的外迁，也从实际工作上减少了农林大学对暨阳学院的财务、人事上的过多干预，有助于加快独立学院的独立发展步伐。值得一提的是，与浙江财经大学东方学院迁建海宁有类似之处，暨阳学院的高层领导是诸暨人，这对于促成暨阳学院落户诸暨市和相关协议内容的顺利沟通和达成，具有重要的作用。

②暨阳学院与浙江农林大学的协同内容。

双方在这一阶段主要的协同内容包括两个方面：新校区地址选择和师资。新校区地址选择上，主要是浙江农林大学起到主导作用。师资协同上，是完成从农林大学原来统一安排师资教学到两个办学主体间的师资分离，将原属于农林大学的部分师资分流到暨阳学院，从而完成师资关系的明晰和保证暨阳学院基本的教学实施。

③暨阳学院与浙江农林大学的协同方式。

第一，校址选择协同的方式是采取教代会投票实现的。

　　诸暨 100 多万人，所有的政策推出，不是说是没人反对的，但唯有我们学校迁过来，是没人有反对意见的。我们学校也一样，当时教代会投票，95％的赞成率。当时双方高度一致。

第二,师资分流是采取双向选择的方式实现的。

　　我们迁建以前就双向选择,老师自愿报名的。当时迁建以前,完成了几个工作,一个是教师的工作。我们完成了双向选择。原来暨阳学院的老师,要回本部,你要回去,都可以;原来本部的,你要来暨阳,你自己选择。所以我们过来的师资还是可以的。还有一些本部都不要的人,想到我们这里来,我们也不要。这点还是保证的。不是把你淘汰下来的都拉到我们这里来,这是双向选择。现在已经完成了。

(2)浙江农林大学和诸暨市政府的协同。
①浙江农林大学和诸暨市政府的关系。
在这一阶段,浙江农林大学和诸暨市政府从原来的政府与学校的关系,通过暨阳学院异地迁建,联合办学,成了两个联合办学的共同主体关系。
②浙江农林大学和诸暨市政府的协同内容。
这一阶段,由于暨阳学院要实现异地迁建办学,因此重点是新校区的基础设施建设投入,还包括其他涉及办学稳定在师资等方面的优惠政策。这个阶段的这一任务,是以诸暨市政府发挥主要作用的。

　　这个阶段以诸暨政府为主。地方政府讲,"我们心是诚的,钱是有的",签订的几个原则差不多的。诸暨的四不政策:不占股、不分红、不参与管理、不承担办学过程中的债务。这是合同中很重要的规定。校区建设属于交钥匙工程。整个建设过程是诸暨市负责。整个建设一年时间,到 2013 年 9 月 7 日老生报到,9 月 17 日是新生报到。我们是整体一次性搬迁。

③浙江农林大学和诸暨市政府的协同方式。

两者在这一阶段,围绕校区建设投资和稳定期的各项工作,主要通过双方高层协商并最终以合作办学协议的形式明确双方的权责利。而暨阳学院发展的问题,则通过董事会的形式来进行协同。

2013 年 5 月,浙江农林大学和诸暨市政府共同成立暨阳学院董事会,制定学院的办学章程,完成学院的顶层设计工作。5 月 29 日上午,浙江农林大学暨阳学院董事会成立暨一届一次会议在诸暨市举行。这标志着浙江农林大学和诸暨市的合作办学进一步巩固和深化,步入了常态化、规范化、机制化的新阶段。

(3)暨阳学院和诸暨市政府的协同。

该阶段双方的关系和协同内容、协同方式和浙江工商大学杭州商学院类似。双方主要是投资人与被投资人的关系,主要围绕新校区建设投资、师资引进的优惠政策等方面进行。协同的内容主要是诸暨市政府的优势资源,协同的方式主要是通过暨阳学院的母体浙江农林大学进行洽谈并最终以合作办学协议的形式明确。

6.4.3.2 第二阶段:扎根稳定期的多主体协同分析(2013 年 9 月—2014 年 12 月)

这一阶段是从 2013 年 9 月到 2014 年底,这个时期主要体现为以暨阳学院在诸暨的扎根稳定为主,即一方面实现办学的基本稳定,另一方面尽快地融入当地。因此从这一阶段的工作重点看,首先暨阳学院主要致力于理顺教学常规,稳定教学秩序;其次是理顺政府关系,融入地方,得到地方认可。

我们来了以后,对我们来说是站稳脚、扎下根。平稳迁建了。这个阶段用了一年多的时间——2013 年 9 月到 2014 年底。经过一年半师生的稳定,和当地政府关系的处理,基本把站住脚、扎好根的工作完成了。我们原来想花两到三年时间实现这个目标。一个是校园文化建设。师生的思想心理的安定。还有一个就是教学老师,以前是农林大学本部的老师。来了两次以后就感觉不对了,来了就要耽搁一天时间(路上耽搁,成本太高)。后来就不愿意来了。本部的不来上课。本部老师过来后的生活,也不太习惯。这个大概花了一年多时间,现在理顺了。

　　来了以后,诸暨认不认可,诸暨老百姓认不认可,诸暨市政府、各级主管部门、企业对我们接受不接受,它是排斥的还是接受的,这个非常重要。这个问题处理不好,要站稳脚、扎下根也是困难的。

(1)暨阳学院和诸暨市政府的协同。

①暨阳学院和诸暨市政府的关系发展。

在这一阶段,暨阳学院迁建新校区后,诸暨市政府由于前期巨大的投资,希望暨阳学院能成为地方发展的重要力量,两者的关系更倾向于以暨阳学院服务地方和回报地方为主的关系发展。

②暨阳学院和诸暨市政府的协同内容。

第一,资源协同:诸暨市政府对暨阳学院优势资源的支持。围绕暨阳学院迁建后的平稳过渡,诸暨市政府提供了较多的优惠政策给予支持。主要体现在学院的办学运行经费、科研专项基金以及人才引进政策等方面。

　　第一个是提供交钥匙工程以外,每年补贴 650 万元运行费,补贴 6 年。然后是支持暨阳学院搞科研,每年专门有 300 万－500 万元的专项基金。当然这个是要你(学校)有项目,没项目是不给你的。再一个是来了以后,他们(政府)主动套用一个人才引进政策,我们叫"531":教授每个月补贴 5000 元,博士、副教授补贴 3000 元,硕士、讲师补贴 1000 元。这个每年要几百万了,很厉害的。而且这笔钱没有限期,只要诸暨还执行人才引进政策,我们学校就一直有。

第二,资源协同:暨阳学院对地方的智力资源、文化资源、人才资源等的支持。暨阳学院在服务地方、融入地方方面,围绕诸暨市政府的需求,主要从地方文化建设方面作为突破口进行,辅之以支持地方经济发展、政策制定等。

　　当时我(暨阳学院党委书记)讲过面临六个新的问题:第一个问题,来了以后,诸暨人民期望很大,花了十多个亿,期望很高,老百姓希望大学有个大学的样子。但我们知道,我们只是一个三本。所以我们提了在理念上,我们要开放。我们不是靠我们自己,我们要靠诸暨在外面的人才,诸暨在外面的人才很多,各行各业的人才都是愿意为诸暨为家乡做事的。我们学校要建设成这样一种平台,为诸暨引进人才、引进技术等各方面对外合作的平台,这样定位很明确了,市里也很认可,觉得你这个是对的。

这是一块。第二个呢,这个思路理念对,但是老百姓没感受。我们虽然也引进了几个浙大包括我们海南生物研究所以及国外人才,但是要在经济上短期见效没这么快的。要对诸暨的经济产生面上的影响,是不太可能的,只能在某个点上产生影响。诸暨老百姓希望看到面上的影响。我们在想,能不能从文化上进行,因此我们搞了一支篮球队。高水平的篮球队,以及一个学生艺术团。学生艺术团影响很大,我们基本每周末都到乡村去演出,每个乡镇都走了一遍。实际上省委提出的"双百双进"就是这个形式。诸暨市委市政府很认可。经过一年以后,下面乡镇反映非常好,下面乡镇都主动来联系了。我把县里市里的领导请去一看,感受的确还不错。农村这帮人,一看校园味,感觉还是很新奇的,把文化这个项目炒热了。所以这块一搞,我们在老百姓心目中有印象了。然后是篮球,我们把三大联赛冠军都拿到了。第三个是我们搞了个论坛,前面六七场请的全部都是院士,我们的论坛也是开放的。政府各个部门都组织过来看的,包括一些企业家都过来听。论坛的影响没有篮球、艺术团的影响那么大。这一块一弄,老百姓反映一好,对我们在政府心中的形象树立也有好处。这反过来也证明我们这个阶段站稳脚、扎下根的基本目的达到了,迁建稳定的目的基本达到了。

诸暨市是全国篮球之乡,篮球运动在诸暨是一项开展最广泛、最具群众性和特殊社会影响的体育文化。同时,诸暨也是文化之乡。通过从篮球、校园文化下乡等实现面上短期可见效的方式,使暨阳学院很快地融入了地方,获取了地方的认可。可见,大学和地方的协同,找到融入与合作的契合点非常重要。独立学院能尽快融入地方,就更能获取一个新进入者的合法性地位与地方认同,从而更容易取得地方的理解和支持。

③暨阳学院和诸暨市政府的协同方式。

在这一阶段,独立学院迁建后处于发展建设初期,自身力量较为薄弱,而当地政府由于前期投入巨大,迫切希望独立学院快速成长,和服务地方之间存在协同各方的需求、意愿和能力差距之间的矛盾。同时,这一阶段的协同在内容和目的上更具有面向单方的性质,这都给双方的协同带来了很大的困难,而暨阳学院和诸暨市政府很好地协调和解决了这一矛盾和困难。

第一,找准需求,主动对接。通过对接增加双方的沟通,从而增加了解和相互理解。具体通过利用自身优势进行或者创造条件获取资源来实现。

"2014 年暑假比赛的时候,他们(诸暨市政府)内心还是没有把我们当诸暨人,当时比赛的时候,诸暨体育局要把诸暨篮球联队和暨阳学院队弄场联赛。……这场球打下来,他们认可了。到后来,全国城市篮球联赛,我们代表诸暨打,拿到了冠军。这下他们就完全接受了。""暨阳学院是我看过的浙江省和地方合作最紧密的一个学院。""我们和地方的关系真的很好。"

第二,给予利益激励,形成常态化运作。

一开始每场(文化下乡演出)补贴 6000 元,(诸暨市)一开始不太放心。我们原来想一场你补贴 1000—2000 元就不错了,结果一开口就补贴 6000 元,我们高兴坏了。经过一年以后,下面乡镇反映非常好,下面乡镇都主动来联系了。

诸暨市委市政府很认可,他们每年都给我们钱的。现在直接给暨阳学院每年 20 万元。

诸暨市政府通过积极解决暨阳学院发展中的资金和人才问题,暨阳学院通过积极为地方服务,获取面上的影响,虽然看起来都是单方收益,但通过这种方式,却很好地实现了双赢。

(2)暨阳学院和浙江农林大学的协同。

①暨阳学院和浙江农林大学关系的变化。

在这一阶段,暨阳学院整体实现异地迁建办学,经过迁建前两年的剥离规范,两者已经逐步向两个独立办学主体发展,进而随着物理地址的迁移,这种关系更加明确,但农林大学还对暨阳学院承担着母体的监管和指导职能,因而双方具有一定的依存关系。

②暨阳学院和浙江农林大学的协同内容。

第一,资源协同:农林大学对暨阳学院进行师资分派与教学支持。在暨阳学院迁建后,根据双向选择,原归属于浙江农林大学的部分师资进入暨阳学院;同时,对暨阳学院师资缺乏,无法正常安排的教学任务,农林大学出台政策,鼓励教师支持暨阳学院的教学工作。

> 原来320个教职员工(在临安老校区),在诸暨以后,只引进了90个人。教师基本都是事业编制,合同制比较少,也就20—30个。我们这里本部过来的,所以省事业编也还很高的。本科还有老师过来上课。因为存在两个问题:急急忙忙去引进师资,靠不牢(教学质量没有保障),所以本部还是不能脱离。从2013年到现在,本部鼓励老师过来上课。大概现在本部有70位老师在上课。

第二,利益协同:暨阳学院每年给农林大学缴纳管理费。在迁建前,暨阳学院的全部财权归属浙江农林大学,迁建后暨阳学院每年财务上交5000万元给农林大学。

> 迁建前(暨阳学院)资产是零资产。学费都全部收光。现在我们每年给母体交5000万元。

第三,权利协同:农林大学为暨阳学院提供人才事业编制,其他管理方面暨阳学院具有自主权利。

> 人事上,给我们总编制数量限定,总的是400个编制。本部给的省事业编,我们引进的博士,可以享受省事业编。其他一律不管。我们总的事业编限定、总的编制限定、总的行政人数限定。我们现在财务、人事、运行机制都是相对独立的。干部方面,几个院领导是农林大学的。

③暨阳学院和浙江农林大学的协同方式。

对于暨阳学院和浙江农林大学在资源、利益和权利等方面的协同,主要是通过正式的协议和政策等方式实现双方的协同。

(3)浙江农林大学和诸暨市政府的协同。

①浙江农林大学和诸暨市政府的关系发展。

在该阶段,两者从共同的投资主体关系,转向了产学研的合作伙伴关系。

②浙江农林大学和诸暨市政府的协同内容。

在该阶段,两者除了在暨阳学院发展问题上进行协商外,主要涉及产学研方面的协同创新。其实质是借助于农林大学的科研优势,助推地方创新发展。

2014 年 8 月,中国香榧研究院暨国家林业局香榧工程技术研究中心揭牌仪式在暨阳学院举行,这进一步发挥浙江农林大学和暨阳学院服务诸暨的力度、广度和深度。

③浙江农林大学和诸暨市政府的协同方式。

双方在暨阳学院发展上,主要通过高层的沟通和通过董事会形式进行;在产学研方面的协同创新,则主要通过共建研究平台的形式实现。

6.4.3.3　第三阶段:转型发展期的多主体协同分析(2015 年初—2016 年底)

这一阶段从 2015 年初到 2016 年底,该阶段的关键事件是 2016 年 10 月学院正式成为全省首批通过独立学院规范设置省级验收的独立学院。在这一阶段,暨阳学院重点解决独立学院的规范建设和人才培养问题,同时也兼顾和地方的产学研合作。这一阶段的协同主要体现为,以暨阳学院和诸暨市政府之间的互动合作为主要特征,双方在人才培养和科研等方面都开展了一定的合作。

我们原来定位是定在应用型创业学院,培养的人才是应用型创业人才。这个定位能不能把它实现好。总的思路是前面一个迁建,中间一个稳定,后面一个发展。目前,相对而言发展这个方面关注要更多一些。

(1)暨阳学院和诸暨市政府的协同。

①暨阳学院和诸暨市政府的关系发展。

在该阶段,通过双方之间之前的相互了解和良好沟通关系,双方从之前的单向式服务关系开始形成比较紧密的双向合作关系,形成"共建、共享、共赢"格局。

②暨阳学院和诸暨市政府的协同内容。

这一阶段,双方不再仅仅依赖于对方的优势资源服务于自己,而是从双方互利互惠角度出发,进行资源共享、共建平台等,在人才培养、科研活动、文化交流合作等方面开展合作与协同。

第一,资源协同:人才培养。2016年7月,暨阳学院与诸暨市人民政府在暨阳学院内合作共建陶朱商学院。旨在整合校内外人才、科研、硬件资源,打造成为培训当地需要人才的专业培训机构。

第二,资源协同:产学研合作。2016年9月,暨阳学院以"公司+研究中心+基地"的模式与大唐镇政府开展产学研合作,共建大唐产学研基地。大唐镇政府为基地提供实习实践场所,打造社会服务综合平台,服务诸暨袜业产业发展。

> 我院首个产学研基地设在"袜艺小镇",这有助于加快应用型创业人才的培养,服务袜艺特色小镇发展,实现校地合作共赢。

③暨阳学院和诸暨市政府的协同方式。

第一,校地合作对接、合作协议与规划。首先,通过举行双方的校地合作对接会,来推进相互了解与各方面的合作。如2015年暨阳学院与诸暨市政府举行校地合作对接会,强调充分利用学院人才、科技、文化等方面的资源优势,搭建合作平台,开展社会服务,不断深化校地、校企合作,服务诸暨经济社会发展,实现校地共同发展。其次,是共同制定合作规划,以文件形式明确合作方向、部署工作。2016年9月,暨阳学院与地方联合制定《浙江农林大学暨阳学院诸暨市人民政府校地合作"十三五"规划纲要(2016—2020年)》,以建立一个联盟、共建一个园区、成立一个学院、推进一个平台、实施一项工程"五个一"合作工程为载体,构建校地合作长效机制,推进学院与诸暨市深度融合。最后,签订更为具体的合作协议,明确双方的各项工作权责。在这一阶段,暨阳学院分别与诸暨市旅游局、诸暨市大唐镇政府签订了校地战略合作协议。

第二,校地合作平台。在产学研合作方面,通过在暨阳学院内成立陶朱商学院,以及在地方成立大唐产学研基地,搭建起校地合作平台,实现双方的资源共享和协作共赢。

这一阶段通过以人才培养、科技服务、项目平台为抓手,结合诸暨经济社会发展实际,集聚学院优势资源,发挥学院智库作用,全面主动融入诸暨发展,推进学院与诸暨市深度融合,双方走上了"共建、共享、共赢"的发展道路。

(2)暨阳学院和浙江农林大学的协同。

①暨阳学院和浙江农林大学的关系变化。

在这一阶段,随着暨阳学院自身的不断发展和农林大学的放权,暨阳学院的独立性进一步增强,农林大学主要对暨阳学院发展进行指导和协助,两者之间呈现出具有一定依附性的办学主体间关系。

②暨阳学院和浙江农林大学的协同内容。

在这一阶段,两者之间的协同主要围绕暨阳学院的发展进行,具体涉及校地合作、产学研基地建设等内容。

③暨阳学院和浙江农林大学的协同方式。

双方在这一阶段的协同,主要采取调研座谈与董事会会议等方式实现。

2015 年 12 月,校党委书记宣勇在副校长金佩华和校办、宣传部、战略处相关负责人的陪同下到我院调研指导"十三五"规划工作。他希望学院在"十三五"期间进一步探索体制机制创新,加强队伍建设,搭建合作平台。2015 年 12 月,学院董事长周国模(农林大学党委书记)主持召开董事会一届八次会议。本次会议主要讨论审议学院与诸暨市政府校地合作、预留发展用地启用、陶朱商学院建设、大唐镇产学研基地建设和学生公寓与教师公寓架空层改造等事关学院长足发展的重要议题。

(3)浙江农林大学与诸暨市政府的协同。

该阶段农林大学和诸暨市政府的合作相对较少。

6.4.3.4　第四阶段:内涵特色期的多主体协同分析(2017年1月至今)

这一阶段,暨阳学院的发展开始转向特色办学,与诸暨市的合作协同开始由重点突破到全面推进,各项工作从对接、签订协议、建立基地到全面的落地推进。

> "十三五"是学院推进内涵发展的关键时期,人才培养是立院之本,处于中心地位,是内涵中的内涵、核心中的核心。
>
> 2017年,学院与诸暨市委宣传部签订了文化合作战略协议,构建了"文化直通车"常态化、可持续开展的长效机制,并开启"文化直通车"文化精品工程项目。

基于对暨阳学院迁建发展的多主体协同分析,可见:

(1)校地协同的对接容易,对接后的合作比较难。独立学院和地方政府的对接只是建立关系,但是合作涉及具体的内容、资源投入以及效益等。

(2)学校的内涵式发展和应用型人才培养,离不开外部地方政府的支持,也离不开与企业的合作。反过来,学校人才培养水平的提升,也有助于地方经济的发展和企业的转型升级。

(3)独立学院在对地方建设和互动方面重视度越高,工作开展得越好,越有利于自身的融入,从而得到当地政府的支持和认可,反过来有助于自身办学的发展。

(4)地方政府的作用差别上,主要体现在对引进独立学院的作用的认识与态度、当地经济发展水平高低体现出支持力度差别,以及对独立学院发展中面临的困难和需求的主动关心和积极参与方面。

6.4.4　浙江工业大学之江学院迁建发展的多主体协同分析

6.4.4.1　第一阶段:校区迁址建设期的多主体协同分析(2012年4月—2013年8月)

这一阶段,从浙江工业大学与柯桥政府签订合作办学协议开始,到校区基本建成,第一批学生开学入驻前为止。

(1)浙江工业大学与柯桥政府的协同。

在这一阶段,工业大学和柯桥政府的关系是两个联合投资办学主体,通过合作办学协议,明确双方对之江学院迁建柯桥在投资、管理、师资等方面的责权利。

当时的工大领导也好,之江的领导也好,到周边富阳、德清、余杭,哪怕是杭州高新开发区都去找的,找的过程中还和富阳草签过一个协议,后来因为投资力度不够,我们迁建的话,借也不太现实,所以后来就找到了柯桥,柯桥有轻纺城,经济实力非常强,它也希望有一所自己的大学。当时协议(工大和柯桥政府签订的合作办学协议)上规定,2013年第一届学生入驻,总的投资10.7亿元,其中工大和之江学院投资1.8亿元,其中固定资产投资5000万元,现金投资1.3亿元,其他都由柯桥出资。

双方的协调还包括新校区建设进度,主要是双方高层共同实地调研了解,推进建设。

2013年3月,校党委副书记何智蕴、副校长肖刚一行6人赴之江学院新校区调研9月新生入驻校园建设方案及进度安排。2013年7月,绍兴县委副书记、县长徐国龙在绍兴县副县长祝静芝、学院党委书记郑雅萍及学院相关职能部门负责人的陪同下,前往新校区现场督查建设工作。

(2)之江学院与浙江工业大学的协同。

在浙江工业大学和柯桥政府签订合作办学协议时,之江学院原校址在杭州六和塔,和母体浙江工业大学所在地潮王路朝晖校区已实现了物理地址的分离。虽然迁建前之江学院也是浙江工业大学下属的二级学院,但是之江学院在教学和师资上实现了较为独立的管理。浙江工业大学与柯桥政府签订合作办学协议,从名义上使之江学院从浙江工业大学的一个二级学院,变为了一个独立的办学实体。根据教育部7个独立的要求,浙江工业大学对之江学院迁建前通过政策的形式,明确了双方的师资编制、管理费等权责利。

> 工大母体的政策……以后管理费也不用(之江学院)出了,用在之江学院的发展。另外工大就是明确了老人老办法。包括后来(浙江工业大学)派到我们之江学院的老师,都是工大编制的,都可以双向流动。另外我们也在争取(引进人才的)编制,工大能不能给我们引进。

(3)之江学院与柯桥政府的协同。

在迁建选址和校区建设投入使用前这个阶段,柯桥政府是之江学院的联合投资主体方之一,双方的协同主要是通过浙江工业大学高层和柯桥政府对之江学院新校区建设的投资和师资编制落户、子女教育等优惠政策上进行协商,并以合作办学协议以及补充协议的形式明确下来。

6.4.4.2 第二阶段:扎根稳定期的多主体协同分析(2013年9月—2014年底)

这一阶段,以之江学院第一批学生入驻柯桥新校区起,到2014年底校区的基础设施建设全部完工为止。在该阶段,之江学院的工作重点是迁建稳定和对接地方需求、服务地方。

(1)之江学院与柯桥政府的协同。

在这一阶段,之江学院与柯桥政府从投资方和被投资方的关系,改变为相互合作、相互支持、共同发展的关系。之江学院作为一所地方性大学,开始发挥服务地方的作用。双方围绕之江学院迁建过渡期急需解决的基础设施建设、人才需求、师资住房需求,以及柯桥政府对地方发展的智力需求、科技创新、文化建设服务等进行协同。对于之江学院的基础设施建设和师资住房需求,主要是柯桥政府主动督促和主动追加投资。

> 这三年当中,边迁建边办学,柯桥在几个方面是支持的。一个是所有的建设都是以他们为主,我们是配合的。新建的也好,改造的也好,都是以他们为主。零星的一些,包括室内设备配置是我们。
>
> 到现在(2017年)已经建成了将近22万平方米改造加新建的面积,另外还有5万平方米今年下半年开始,包括后面还要建。10.7亿元今年都已经用完了,有些建设是没法估计的。我们两校区办学(老校区和柯桥新校区同时办学)成本增加比较大。所以到目前为止改造和

新建的 22 万平方米里面,柯桥又追加了 6000 万元投资。总的这个过程中,柯桥确实是非常诚心的,也是全力以赴的。另外,柯桥政府推出建设教职工公寓之江嘉苑,这是柯桥区政府与浙江工业大学合作办学、迁建柯桥的新举措,将大大方便大学教职工的工作与生活。项目 2013年 12 月开工,2016 年 9 月竣工验收。

对于柯桥政府对之江学院的协同内容,主要是以之江学院主动对接地方的政策和部门等方式实现。具体通过依托学院科研处与社会科学界联合会两大部门,搭建校地人才科技对接平台,对接地方合作,服务地方经济。

过去以后,我们重点考虑和地方怎么对接。第一,我们在人才上采取了柔性引进的办法。绍兴本身的千人计划、330 人才还是比较多的,那么我们首先与这些人进行对接,我们每年给他们一定的费用,他们有些住在我们学校,团队也在我们学校;有些是有公司,加入我们的团队。这样的人一共有 7 个左右。第二,我们主要是考虑科技对接。我们和科技局、经信局这些局办进行对接。一个是建设基地,还有就是共建共享一些。还有一些就是服务,无论是柯桥的国际比赛也好,所有大型的会议,旅游盛会、纺博会这些我们都进行服务;还有就是我们送文化下乡。这块是我们对他们特色小镇的规划建设,旅游的开发推广,这些是作为实质性进行的。有几个镇让我们去规划了,因为我们有建筑学院、旅游学院。另外一个我们搞一些高峰论坛,像五水共治,柯桥纺织印染污染压力很大,所以我们搞了五水共治的高峰论坛,搞了旅游文化的高峰论坛,这些都是我们努力为地方服务做的成绩。所以他们的宣传局也好、文广局也好,他们都会来找我们。特别是我们和每个镇联系以后,他们逐步地更加了解,所以什么事都来找我们。我们暑期科技特派员、中层干部挂职也要,都陆续到县里去挂职,沟通也更方便了。

我个人觉得现在整体下来,柯桥对我们还是很满意的。我们主动作为还比较多(独立学院迁建地方后,主动对接地方,为地方发展做贡献)。他们也觉得,有大学就是不一样,有这样一种感觉。所以我们总的班子会讲,到了柯桥,大学怎么样和城市相融合,真正为柯桥做一些事情。

这一阶段的多方面对接,不仅仅是一方对另一方的需求满足与服务,如之江学院针对政府需求的政府规划、文化下乡、大型会议服务、高峰论坛等的对接;也有通过对接对方资源,为自身所用的形式,如对接柯桥当地的人才,实现柔性引进,则对之江学院的发展具有积极作用。通过双方资源的对接、共享,学校分管机构和政府各职能部门的对接,双方需求的对接,从而一方面实现更好的服务,带来对方的满意;另一方面实现将对方资源更有效利用,对自我发展有利。可见,协同首先考虑各方拥有什么样的可用优质资源,即首先是要建立关系,然后才是协作与协调资源和权责分配,努力实现共赢,即通过协作共建,推动实现协调共赢。

(2)之江学院与浙江工业大学的协同。

在这一阶段,双方的协同较少。

6.4.4.3 第三阶段:规范发展期的多主体协同分析(2015 年初—2016 年底)

这一阶段,以之江学院校区基础设施建设完成起,到四届学生全部到柯桥新校区,实现整体迁建止。这一阶段之江学院的两件具有重大意义的事件分别是:2015 年 12 月,学院成为全省首批十所省级示范性应用型高校之一;2016 年 10 月,学院首批完成浙江省教育厅规范设置验收。

这一阶段,之江学院重点工作是规范建设和人才培养。具体而言,一方面,根据教育部独立验收相关规定要求,积极准备独立学院的各项相应工作;另一方面,重点注重依托校外资源进行开放式办学、联合化培养。在这一阶段,独立学院发挥主导作用,自身办学开始有了比较明确的定位和规划。

(1)之江学院与柯桥政府的协同。

①双方关系发展。

经过双方之前的对接与合作,已经形成了较为坚实的合作基础。在这一阶段,之江学院与柯桥政府的关系,进一步发展为双向互利的合作主体关系。

②双方协同内容。

第一,资源协同:专业建设。主要体现为之江学院规划特色专业建设、对接地方需求。之江学院遵循"扎根柯桥,立足绍兴,面向浙江"的区域服务方向定位,以人才培养为首要任务,明确人才培养定位,改革培养模式,立足地方,背靠行业,集中精力发展优势学科和特色专业。

　　浙江工业大学之江学院利用当地是纺织中心的优势,规划特色建设。学院已与绍兴县科技局、意大利时尚创意学院签订三方合作的意向书,意向成立服装学院并设立纺织服装设计研发中心及纺织创意培训中心。

　　现在我们重点考虑三到四块。一个是纺织服装,时尚产业;第二个我们想搞信息产业;第三个我们想再搞一个旅游文化;还有一个就是现代制造这块。所以我们大的方向是这三个部分。其他都要围绕合并到这个里面。

第二,资源协同:产学研合作。通过与地方共建研究院等产学研平台,实现资源共享、优势互补。2016 年 9 月,之江学院与柯桥区人民政府共建"浙江工业大学柯桥创新研究院、浙江省国家大学科技园之江园"。研究院在功能定位上集"创新技术研发、创新成果转化、创新企业孵化、创新人才培养和创新公共服务"五位于一体。

可见,这一阶段,之江学院通过结合当地经济和企业的需求,发展相关专业,对接相关人才和发展相关机构,来寻求独立学院发展定位和支持地方建设、服务地方经济的契合点。

(2)之江学院与浙江工业大学的协同。

这一阶段,双方的协同较少。

6.4.4.4　第四阶段:内涵特色期的多主体协同分析(2017 年 1 月—至今)

这一阶段,以之江学院完成浙江省教育厅规范设置验收,实现整体迁建为起点,一直会持续到未来相当长的一段时间。

这一阶段,之江学院在教学设施、教学管理规范、人才培养以及地方融合等方面基本任务完成后,重心转移到提升内涵,发展为具有办学特色的应用型大学以及作为地方院校,更主动地与地方合作,为地方发展做出更大贡献。之江学院明确了"面向地方、产教融合、开放办学、共同发展"的办学理念,同时确立了"扎根柯桥,立足绍兴,面向长三角"的办学定位。

(1)之江学院与柯桥政府的协同。

①双方关系发展。

该阶段双方将向更为紧密的全方位合作伙伴关系发展,成为共生共赢的依赖关系。

2017 年 6 月,在之江学院与柯桥区委统战部签订校地合作结对共建仪式上,之江学院党委书记郑雅萍指出,学院争创"五个一流",本质上也体现为与绍兴、柯桥全方位合作的过程,在合作中提升学院的办学能力和水平,提升学院的人才培养质量,为区域经济社会的发展提供人才支撑和服务。

②双方协同内容。

这一阶段的协同,将在科学研究、文化建设、人才培养等方面实现全方位、多方式的深度合作与协同。双方在协同的领域、范围、深度等方面都有了进一步的发展。在这一阶段,之江学院由于自身的发展,将在这一过程中居于更为主导性的地位和发挥更为显著的作用。2017 年为之江学院"校地合作服务年",学院加大了服务地方的广度和深度,注重全方位、多渠道服务地方。学院与地方间的合作进一步加强。

第一,资源协同:科研合作。该阶段的科研合作,体现为全方位、多层次性,既有和地方高层合作共建校政企多主体创新平台,也有利用地方政府资源,共建科技园;还包括学院下属二级分院与政府下属机构进行的具体合作。

2017 年 11 月,浙江工业大学柯桥创新研究院、浙江省国家大学科技园之江园开园,标志着之江学院向产学研融合又迈出了坚实的一步。研究院的功能定位包括"创新技术研发、创新成果转化、创新企业孵化、创新人才培养和创新公共服务"五位于一体。双方期望将研究院打造成为高校、政府、企业合作的高端平台,为柯桥的经济发展提供有力的科技和人才支撑。

现在最想办成的是一个科技园,和地方共建一个科技园。科技园放在我们大门口 1 万平方米的房子,想做一个科创园。这块呢我们本来希望投入 500 万元,我们老师可以入驻,千人、万人、330 或者企业可以入驻。最大的好处是学生可以参与进去,我们之前也尝试直接到企业去建这个园,但是路途不方便,学生不太愿意去,测量也没直达的班车。那么现在换一种方式。另一块是想把工大的科技园引进去。这个也已经谈得差不多了,也是和柯桥共建的,这个弄好呢也是真正能为地方政府起一些作用的。这是我们假期重点推的。

2017 年 3 月,之江学院商学院党政班子与柯桥街道负责人就校地、校企合作事宜进行对接交流。商学院党政班子与柯桥街道负责人就社会培训、教师挂职锻炼及学生志愿者服务等进行了深入交流,并在多个合作项目上达成了初步意向。

第二,资源协同:人才培养。

在这一阶段,政府在与学院协同的一个显著变化是当地政府不仅仅是校地合作的直接参与者,还是校企合作的牵头者和推动者,发挥着学校与企业之间合作的中介桥梁作用,为学校和企业的协作牵线搭桥。

2017 年 2 月,浙江工业大学之江学院和绍兴东方山水旅游度假区达成合作协议,成立企业学院——之江东方山水学院。这意味着校企之间在产学研合作、深化高层次应用人才培养、促进高校与企业转型升级等方面将实现优势互补、共同发展。柯桥区旅游局局长金秀芳出席签约仪式。

第三,资源协同:文化宣传全面推进。

2017 年,学院百场文化下乡演出活动陆续走进柯桥街道兴越社区、绍兴潮汕商会、华舍街道亭西文化礼堂,3 场演出共吸引 1200 余名观众观看。

双方协同方式:共建基地、共建平台;学院教师到政府挂职。

2017 年 3 月,学院第四批干部赴柯桥挂职对接会在柯桥区委组织部召开。据悉,学院将在今后持续选派干部到柯桥区挂职,逐步形成长效机制。这一阶段，校地合作从初步接触发展为常态化运行。

2017年10月，学院首次派出中层正职干部赴柯桥区各局办工作岗位挂职锻炼，在企业项目对接、科技产教融合、文化产业研究、公益志愿服务、外商服务、新农村建设等方面做了大量卓有成效的工作。

(2)之江学院与浙江工业大学的协同。

①双方的关系发展。

在这一阶段，随着工业大学不断放权，之江学院自身不断成长，学院的办学主体性和独立性进一步显现，之江学院与工业大学之间开始从依附监管式的不平等主体间关系，向趋向平等的亲密战略合作伙伴关系发展。

②双方的协同内容。

资源协同：科研桥梁。之江学院在工业大学与柯桥政府的科研合作中充当中介桥梁作用。

这个假期当中我们去了解，我们应该起到工大在柯桥的一个桥头堡作用，成立一个地方研究院。地方研究院我们机构都有了，包括创新创业学院，我们……但我们怎么依托母体，把这个研究院做大，有这个考虑。所以假期里面也希望工大的这个环境啊（环境学院）调研一下，做点事情出来。如果绿色印染能够搞起来，地方政府绝对是欢迎的。

③双方的协同方式。

主要是通过之江学院牵线搭桥，通过共建研究基地，柔性利用母体的人才实现。

6.5 研究发现与结论

根据独立学院迁建发展的不同阶段发生的关键事件、不同阶段的重要任务、被访谈者对独立学院发展阶段的划分，以及基于访谈资料中反映的主体间关系与作用的变化，我们将4所独立学院的迁建发展划分为4个典型阶段，如表6-4所示。

表 6-4　浙江省 4 所独立学院迁建发展的阶段划分与关键事件一览表

迁建阶段＼学院	浙江工商大学杭州商学院	浙江财经大学东方学院	浙江农林大学暨阳学院	浙江工业大学之江学院
第一阶段：校区选址建设期	2011 年 8 月—2014 年 8 月	2007 年 6 月—2010 年 8 月	2011 年 8 月—2013 年 8 月	2012 年 4 月—2013 年 8 月
	2011 年 8 月，浙江工商大学与桐庐县拟定合作办学协议	2007 年 6 月，浙江财经学院与海宁市签订合作协议，合作办学正式启动	2011 年 8 月，浙江农林大学与诸暨市人民政府签订合作办学协议	2012 年 4 月，浙工大与绍兴县签订合作办学协议
	2012 年 12 月，学校正式奠基并开工建设	2009 年 2 月，东方学院长安校区工程正式开工建设	2012 年 3 月 31 日，学院新校区举行奠基仪式	2012 年 5 月新校区开工建设
第二阶段：扎根稳定期	2014 年 9 月—2015 年 8 月	2010 年 9 月—2014 年 12 月	2013 年 9 月—2014 年 12 月	2013 年 9 月—2014 年 12 月
	2014 年 9 月，第一届学生入驻桐庐新校区	2010 年 9 月，学院从杭州市文华校区整体迁址至海宁市长安镇新校区	2013 年 8 月底，学院完成整体迁建	2013 年 9 月新校区迎来第一批学生
	2015 年 1 月，浙江工商大学与桐庐县人民政府签订深化合作框架协议	2014 年 11 月，举行新校区全面落成典礼	2014 年 9 月，学院举行更名揭牌仪式，正式更名为浙江农林大学暨阳学院	2014 年底校区的基础设施建设全部完工
第三阶段：规范转型期	2015 年 9 月—2017 年 10 月	2015 年 1 月—2017 年 11 月	2015 年 1 月—2016 年 12 月	2015 年 1 月—2016 年 12 月
	2017 年 6 月，完成省教育厅规范设置验收	2015 年 11 月，东方学院发展战略咨询委员会第一次会议在海宁市行政中心召开	2016 年 9 月，学院与地方联合制订《校地合作"十三五"规划纲要（2016—2020 年）》	2016 年 9 月，之江学院完成整体迁建
	2017 年 9 月，四届学生全部入驻桐庐新校区，完成整体迁建	2017 年 11 月，省教育厅考察组验收独立学院规范设置工作	2016 年 10 月，学院成为全省首批通过规范设置省级验收的独立学院	2016 年 10 月，学院成为全省首批通过规范设置省级验收的独立学院

续　表

	2017 年 11 月至今	2017 年 12 月至今	2017 年 1 月至今	2017 年 1 月至今
第四阶段:内涵特色建设期	2017 年 11 月,接受省教育厅教学巡回诊断检查	2017 年 12 月,接受省教育厅教学巡回诊断检查	2017 年 12 月,接受省教育厅教学巡回诊断检查	2017 年 5 月,接受省教育厅教学巡回诊断检查

6.5.1　独立学院迁建发展不同阶段的多主体协同机制及演进

根据对上述 4 所独立学院、母体高校和地方政府多主体之间在不同阶段的关系、协同内容和协同方式差异的分析,我们进一步总结提炼出不同阶段的多主体协同机制。

6.5.1.1　选址建设期的多主体协同机制:基于协议规范的基础投资型依附式协同

独立学院的选址建设期阶段,这是独立学院异地迁建的第一阶段,它是以独立学院所在母体高校与地方政府签订合作办学协议为起点到新校区第一届学生入驻前的阶段。在这一阶段,协同主体以母体高校和地方政府为主导,以合作办学协议为依据,以独立学院新校区基本建设为内容,主要依托地方政府进行投资建设而进行的协同,独立学院在这一过程中处于依附关系。

(1)协同主体间关系分析。

独立学院在该阶段的主要工作重心,是完成异地选址、基础设施建设、组建师资队伍、完成管理团队架构等,为后续迁建进行正常的教学、科研打下坚实基础。从独立学院在该阶段具备的能力和与母体高校的关系分析,在迁建前,独立学院或是以母体高校的"校中校"形式存在,如浙江工商大学杭州商学院,与母体在物理地址上进行了剥离;如浙江工业大学之江学院,仍然是母体的一个二级学院,在师资队伍、教学设备等教学资源方面,对母体具有很大的依附。在选址建设期,从法律意义上看独立学院已经成为一所大学,母体高校主要负责学院领导的人事任命,财务和其他人事权基本下放,实行董事会领导下的院长负责制。独立学院只具备名义上的独立,尚不具备独立能力,仍需要母体充当其代理人和监护人的角色。因此,这一阶段协同的主体主要是母体高校和地方县域政府,双方作为独立学院联合办学的两个主体进行磋商协调。独立学院和地方政府在这一阶段是投资人与被投资人的关系,独立学院对地方政府也存在依附性。

(2)协同内容分析。

选址建设期的协同内容,主要是围绕独立学院办学的基础设施建设进行各方资源投入与各自职责协商,最后以合作办学协议的形式明确母体学校、当地政府和独立学院之间的关系、权利和义务。对于母体高校而言,更多的是以软性的品牌资源、教学指导等投入为主,而在校区用地、校区基础设施建设资金等方面,更多依赖于迁入地政府。

(3)协同方式分析。

本阶段三方的主要协同方式是合作办学协议,但母体高校对独立学院的监护责任远大于获得的利益。为了争取独立学院异地发展,浙江省教育厅的行政命令和介入也是不可忽视的协同方式。可见,这一阶段独立学院和母体之间法律上的平等关系是用契约来规范和约束的,而监护人的关系则是来自省教育厅的行政命令。法律意义上,两个主体是平等关系,但实质上还存在依附关系。

6.5.1.2　扎根稳定期的多主体协同机制:基于项目监管的权利责任型服务式协同

独立学院的扎根稳定期阶段,即独立学院实现在新校区办学开始,到教学管理基本稳定,初步在地方扎根的过程。这一阶段,随着独立学院作为一个法人实体正式登上历史舞台,开始参与多主体协同。

(1)协同主体间关系分析。

独立学院和地方政府之间的关系,从第一阶段政府单方投资型转变为双方开始依据各自需求进行对接服务;母体高校在师资上支持独立学院发展,在财务和管理上不断放权,从独立学院的决策代理人更多地向实际运营监管人的关系转变。可见,这一阶段多主体的协同,主要是以单方短期需求为出发点,带有针对性的服务协同。独立学院已经有了一定的主动性和意识去主动对接地方需求,服务地方发展,也通过上缴资源占用费等形式作为对母体高校的利益回馈。独立学院在运行上迈开了第一步,但由于自身基础和实力的限制,对母体高校和地方政府仍具有一定的依赖性。

(2)协同内容分析。

对独立学院而言,刚脱离母体进行异地迁建办学,如何在办学体制机制和日常的基本管理上实现稳定,以及如何尽快融入新办学环境,能否被地方认可是面临的主要问题。这一阶段的协同内容,重点是围绕独立学院迁建后的师资队伍、教学管理、人事、财务放权、优惠政策落实、服务地方等进行。具体而言,独立学院和地方政府之间的协同,开始从政府单方投资型转变为双方需求对接式,地方政府不断兑现合作协议里的各种支持,同时独立学院也开始发挥其文化、智力、技术高地的优势,对地方政府提供项目咨询、文化宣传等服务。母体高校则继续发挥其对独立学院教学、人事、财务等方面的监管职能。

(3)协同方式分析。

独立学院和母体高校的协同方式,主要是通过召开董事会、母体高校领导指导等形式,对独立学院发展的相关事务进行磋商,实现人事、财务等方面的权利让渡,不断提高独立学院管理能力的提升。在这个阶段,独立学院和当地政府之间的协同处于错位矛盾之中,独立学院尚未发展壮大,但地方政府预期过高,可能导致地方政府的"不满意",不愿加大对独立学院的进一步投入。因此,地方政府引入独立学院的正确定位与初始预期非常重要,在这一阶段的主动作为和主导作用也更重要。如诸暨市政府不仅在浙江农林大学暨阳学院校区建设上全面负责,采取交钥匙工程,同时每年补贴650万元运行费,主动套用诸暨市的人才引进"531"政策。海宁市政府则主要通过领导进行专题调研的形式,在浙江财经大学东方学院的校园建设、师资队伍等方面进行协调处理。桐庐县则通过派出主要干部到浙江工商大学杭州商学院担任学院副院长,实现相互沟通和事务处理。同时,独立学院积极了解地方政府需求,主动服务政府关切也同样重要,如浙江农林大学暨阳学院以地方文化建设方面作为突破口,通过组建高水平篮球队代表诸暨参赛、校园文化下乡等实现快速融入地方,获取了作为地方新进入者的合法地位。这种基于对方需求开展服务的协同,关键在于找到诉求点和着力点,因此协同的主要方式是以走访调查、座谈交流、互派人员任职以及基于互惠互利和长远共赢的心理契约等形式实现。

6.5.1.3 规范转型期的多主体协同机制:基于基地平台的资源共享型合作式协同

独立学院规范转型期,即从独立学院完成了基本的稳定融合工作,校区基本建设完成、教学常规工作步入正常化开始,到通过省教育厅规范设置验收为止。

（1）协同主体间关系分析。

在这一阶段，独立学院的重心工作转到了规范设置和转型发展上。因此，如何根据地方需求，发展能为地方服务的优势特色专业，加强应用型人才培养，将是独立学院的工作重点。在这个过程中，也需要更好地与地方合作，在取得地方大力支持的同时，不断增强自身的实力，从而更好地服务地方，加强双方在各个领域的广泛深入合作。这一阶段母体高校的指导开始倾向于战略方向的把握和引导，双方不断实现错位发展。因此，随着自身的不断成长和在迁入地的扎根，独立学院在这一阶段的多主体协同中地位和作用都更为凸显，协同更多是以独立学院为主导。独立学院、母体和地方政府之间的协同关系逐步趋于平等化、常态化和长期化，它们之间通过共同构建的平台、基地和联合办班等实现资源共享，互惠互利式合作，协同的双向性、互动性得以增强。

（2）协同内容分析。

这一阶段，独立学院和地方政府之间的协同从互利互惠角度出发，协同内容更多是基于双方的优势，通过共建教学科研基地、搭建合作平台，进行紧密的协作，实现资源共享，优势互补，形成"共建、共享、共赢"格局。如浙江农林大学暨阳学院与诸暨市人民政府在学院内合作共建陶朱商学院，为当地企业培训经管人才。暨阳学院与大唐镇政府开展产学研合作，共建大唐产学研基地，大唐镇政府为基地提供实习实践场所，把基地打造成为社会服务综合平台，服务诸暨袜业产业发展。浙江工业大学之江学院提出"面向地方、产教融合、开放办学、共同发展"的办学理念，与柯桥区人民政府共建"浙江工业大学柯桥创新研究院、浙江省国家大学科技园之江园"，开展产学研合作。浙江工商大学杭州商学院与桐庐政府建立"制笔创新中心"，与桐庐人社局合作共建教学实践基地，实行"开放式办学、联合化培养"的办学和人才培养。浙江财经大学东方学院与海宁市共同建立海宁企业法务学院，为地方政府及企业提供优质法律服务。对于独立学院和母体高校，随着独立学院的独立性进一步增强，母体高校对独立学院的协同主要体现为从放权转变为战略指导。

（3）协同方式分析。

这一阶段独立学院与地方政府的协同方式，主要采取共签协议、共建平台实现。如浙江农林大学暨阳学院与地方联合制定《浙江农林大学暨阳学院诸暨市人民政府校地合作"十三五"规划纲要(2016－2020 年)》,浙江财经大学东方学院与海宁市政府共同讨论制定《东方学院与海宁市全面战略合作协议》,构建校地合作长效机制,推进学院与地方的深度融合。独立学院与母体之间,主要采取领导层的走访、调研座谈与董事会会议等方式实现母体对独立学院的工作指导。在这一阶段,随着独立学院的成长,它在多主体协同中的主导作用日益增强,在与母体高校和地方政府的协同关系中处于相对平等的地位,多主体协同向平等战略合作关系发展,合作的基础与关系更加稳定,合作的领域更加广泛,合作的成效也更加明显。

6.5.1.4 内涵特色期的多主体协同机制:基于互动创新的全面发展型 伙伴式协同

目前,案例调研的 4 所独立学院都已经先后顺利通过了浙江省教育厅的规范设置验收,开始进入到新的发展阶段:内涵特色建设期。这一阶段的多主体协同机制:基于互动创新的全面发展型伙伴式协同。

具体而言,独立学院的发展开始转向特色办学,与地方政府和母体的协同进入全面推进阶段。各项工作从对接、签订协议、建立基地到全面的落地推进,多主体间将在科学研究、文化建设、人才培养等多领域实现全方位、多渠道、多方式的深度合作与协同。双方协同的领域、范围、深度等方面都将大幅提升,合作进一步落地。如母体和独立学院之间错位发展后,双方可以在师资共享、学科建设以及学术交流等方面进行多种合作。如浙江工业大学之江学院在浙江工业大学与柯桥政府的科研合作中发挥中介桥梁作用,通过共建研究基地,柔性利用母体的人才来服务地方。在这一阶段,政府与独立学院协同作用的一个显著变化是当地政府不仅仅是校地合作的直接参与者,还是校企合作的牵头者和推动者,发挥着学校与企业之间合作的中介桥梁作用,为学校和企业的协作牵线搭桥。同时,教育主管部门职能角色也需要实现从"管"到"服"的转变,推动独立学院全面走向独立发展。

表 6-5　独立学院迁建发展不同阶段的多主体协同机制一览表

协同阶段 协同机制	选址建设期：基于协议规范的基础投资型依附式协同	扎根稳定期：基于项目监管的权利责任型服务式协同	规范转型期：基于基地平台的资源共享型合作式协同
协同主体的关系	独立学院与地方政府关系：投资方与被投资方	独立学院与地方政府关系：项目为主的互动合作关系	独立学院与地方政府关系：多层次全方位合作共赢
	母体高校与地方政府关系：联合办学主体	母体高校与地方政府关系：独立学院监护人	母体高校与地方政府关系：合作伙伴
	独立学院与母体高校关系：从二级学院到法律意义的独立	独立学院与母体高校关系：扶持性放权独立	独立学院与母体高校关系：较平等办学主体间合作
协同内容	独立学院与母体高校协同内容：管理费、组织管理架构	独立学院与母体高校协同内容：财务、人事、师资	独立学院与母体高校协同内容：多领域多形式合作
	独立学院与地方政府协同内容：基础建设投资和优惠政策	独立学院与地方政府协同内容：人才培养、科学研究、智力支持、文化建设	独立学院与地方政府协同内容：校政企产学研合作
	母体高校与地方政府协同内容：双方的投资、优惠政策	母体高校与地方政府协同内容：校园建设、政策落实、教学稳定	母体高校与地方政府协同内容：科研和智库
协同方式	独立学院与地方政府协同方式：合作办学协议和办学章程	独立学院与地方政府协同方式：走访调查、座谈交流、合法性与互惠互利	独立学院与地方政府协同方式：共签协议、共建平台
	独立学院与母体高校协同方式：合作办学协议与教育厅监管	独立学院与母体高校协同方式：合作办学协议、教育厅监管、走访视察指导	独立学院与母体高校协同方式：非正式交流与正式协议
	母体高校与地方政府协同方式：合作办学协议	母体高校与地方政府协同方式：对独立学院发展的相关事务磋商	母体高校与地方政府协同方式：委托协议、联合攻关

6.5.1.5 独立学院迁建发展不同阶段的多主体协同机制的演进分析

（1）协同主体关系的演变。

从协同主体关系的演变分析，独立学院和其他两个主体之间的关系呈现出从依附关系到扶持关系再到合作互利关系的趋势特征。具体而言，迁建前，独立学院自身多数在运行上还完全依赖于母体高校进行。因此，在校区选址、校区建设、教学管理和师资队伍以及财务等方面对母体高校和地方政府都具有高度的依赖关系，需要这两个主体进行大量的投入和扶持，直到转型发展期，随着独立学院的发展壮大，三者之间就有了相互合作、互利共赢的基础与条件，呈现出合作互利、共生共赢的关系特点。

（2）协同主体作用的演变。

从协同主体作用的演变分析，呈现出从单一主体主导到多主体共同主导，从单主体发挥作用，到相互共同发挥作用的趋势特征。具体而言，早期的协同主体更多的是地方政府和母体、学院两两之间的协同，在迁建前协同的主体主要由地方政府主导和发挥作用；迁建初期，则是母体高校和地方政府联合发挥作用；而后期更多发展为多方主体之间的协同，不但有独立学院和母体高校、母体高校与地方政府之间，还有三者之间以及校政企之间的协同，独立学院参与和发挥的作用日益显著，各方主体都起到重要作用。

（3）协同方式的演变。

从协同方式演变分析，呈现出从外部化到内部化，正式化到非正式化的趋势特征。具体而言，早期阶段的协同组织是通过双方各自的相关部门进行对接（如母体是人事部、财务部，学院是社科合作部，地方是发改委、人社局等）；而后期则可能上升到双方共建的机构（董事会、教学基地、产学研合作平台）进行，因此协同方式的演变是从双方外部机构之间的对接到共建机构的内部协同。从协同具体方式看，早期主要是通过合作办学协议、战略协议等进行，后期则通过调研、走访、非正式交流等更为日常和非正式化的方式进行。

（4）协同内容的演变。

从协同内容的演变分析，呈现出从硬件资源到软性资源再到战略资源协同的趋势特征。具体而言，独立学院迁建时需要土地、资金等办学的基本条件和硬件资源；迁入后需要师资、专业建设等提高竞争力的软性资源。而独立学院长期发展则需要融入当地发展，利用当地资源，形成双方良性互动和融合共生。对地方政府而言，则需要独立学院逐步为地方提供政策帮助的智力支持、产业升级的科研人才、文化建设宣传推广的队伍以及经济发展的高层次人才等软性资源和长期发展的战略资源。

综合上述分析，我们可以得到如下结论：

（1）独立学院迁建发展的多主体协同，从实质上分析，是通过协调、协作促协同，通过共建共享达共赢。即通过协调权利、责任、资源和利益，构建合作基础和方式，形成相互协作，相互支持，进而实现资源共享、优势互补、多方共赢。在协同初期，企业、政府与高校基于自身发展需求，会自发寻找合作；但这种行为是短期化的和项目式的点对点的单向需求解决式协同，需要转变为主动对接、政府搭桥、制度设计、平台搭建，形成联合机构，实现共同发展，使协同向常态化、制度化和长期化的高级阶段发展。只有优势互补、资源共享，才可能有合作的共同需求和基础，也才可能互利互惠、共生共赢。

（2）独立学院迁建的协同发展过程，是独立学院从最初的完全依附，到部分独立，再到完全独立的不断演变过程，也是独立学院发展由设施建设、稳定规范到内涵特色建设的过程。在独立学院发展的不同阶段，主要的需求和供给来源也具有很大差异。独立学院在迁建前主要依托于母体的多种资源，到脱离母体异地迁建发展，更多依赖当地政府提供的资源转变，到后期自身更为主动积极地寻求转型和发展，开始逐步在地方发展和母体高校合作中进行反哺的过程。在整个过程中，母体高校和地方政府能否在独立学院迁建前期很好地理顺相互的关系，提供各种有利于独立学院发展的支持，对于后期独立学院的发展具有非常重要的意义。

（3）独立学院迁建的早期阶段，当地政府和母体学校更多是以单向的扶持、帮助为主，来帮助和扶持独立学院在脱离母体，迁移到新办学地时建立稳定性和适应性。此后，地方政府角色从资源投放型（短期刺激）转变为长期的协同和帮助支持学校可持续发展。母体高校也从师资分流、教学常规监管转变为人事、财务上放权，转而进行战略发展上的指导和引导，可见在独立学院迁建过程中，多主体间的关系、协同内容以及协同方式都与独立学院所处的阶段需要实现动态匹配。

（4）从独立学院和母体高校的关系发展分析，两者最初类似"家长—新生孩子"之间的母子依附关系，发展为"家长—未成年独立孩子"之间的委托监护关系，到独立学院发展后期，两者开始朝向"家长—成年完全独立孩子"之间的平等协作共赢型关系转变。从两者的协同发展分析，由于独立学院的异地迁建需要从原有母体的二级学院脱离为一个独立的办学主体,因此它在创建初期和成长都对母体学校具有重大的依附性。双方的协同在较长时期都具有很强的依附性质或者说不平等性质,主动权、话语权和主导性都在母体高校一方。因此,上级教育主管部门的介入和监管机制就显得非常必要和重要。

(5)从独立学院和地方政府的协同发展分析,在双方合作初期,各自的主要诉求点有较大差别,不必要也不可能根据双方各自的需求开展合作,更多的可能是对接对方资源和需求的单方面服务性质,但这一过程有助于加强双方的了解和建立合作基础,发展双方关系,为后续高层次的合作打下基础。在校地合作协同中主要的协同机制包括:①找到对方的主要诉求点和突破口,努力培育相关能力,提供支持;②利用自身已有优势,服务对方的主要需求;③需求建立合作,合作的结果能优势互补,利益共享,各取所需。可见,校地协同,需要各方主体明确理念,主动规划,积极对接,围绕需求,形成契合点并最终发展到资源共享、优势互补、全面合作、互利共赢的局面。

6.5.2 独立学院迁建发展不同阶段的多主体协同模式及演进

从前面基于理论的文献分析和基于浙江省4所独立学院迁建发展的多主体协同的案例研究看,多主体之间的协同,基于双方关系的不同,围绕双方的资源、权利、责任与利益等内容,采取不同的协同方式带来不同的协同程度。由此我们可以按照协同主体、协同内容和协同程度三个维度来刻画多主体的协同模式,并进一步考虑独立学院迁建发展不同阶段,这三个维度上组合的差异,描绘出多主体动态的协同演进轨迹。

具体而言,在协同主体这个维度上,主要基于独立学院、母体高校和地方政府谁发挥主导和决定性作用,以及主要的协同内容依赖于谁出发,将其划分为单一主体主导或多个主体主导;在协同内容上,根据资源、权利、责任、利益等的类别和类型多少,划分为协同单一内容和在广泛的内容上进行协同;在协同程度上,根据主体间采取的协同方式,划分为外显的调研、项目委托等较低程度的协同和深入的共建基地、研究所等高级形式的协同。

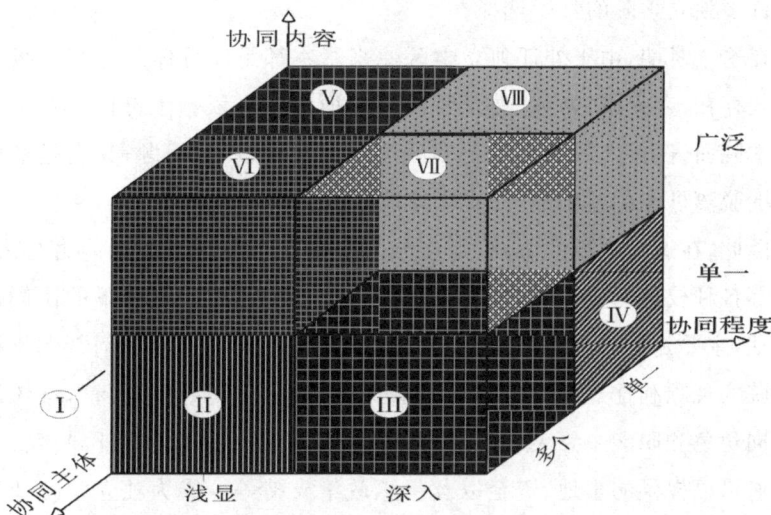

图 6-2　独立学院迁建发展的多主体协同模式图

　　独立学院迁建发展过程中在协同主体、协同内容和协同程度三个维度上的差异，形成了不同的协同模式。从图 6-2 中可见，理论上存在着 8 种（2×2×2）不同的协同模式。这 8 种协同模式，本身具有优劣的差别，相对而言，从静态视角出发分析，在三个维度上，协同主导主体多、协同内容广泛、协同程度深入的模式七（Ⅶ）在理论上是最优的；而协同主导主体少、协同内容单一、协同程度浅显的模式一（Ⅰ）在理论上是最差的。但从动态视角分析，由于各自主体在不同阶段的主要任务、自身资源和能力上的差距，带来实际的和适合的协同模式可能会不一样，虽然多主体协同的初始模式和最终理想模式是相同的，但是不同独立学院、地方政府和母体高校各自的实际情况不同，从而导致从比较初级的协同模式发展到高级的协同模式的演进路径和实际所处的演进阶段也可能会具有较大差异。

6.5.2.1　独立学院迁建发展不同阶段的多主体协同模式

　　（1）独立学院选址建设期的多主体协同：单一主体主导下单向服务模式。

　　独立学院迁建初期，是指从独立学院的母体和地方政府签订合作办学协议到新校区开始投入使用这一阶段。在这一阶段，由于教育部 26 号令的出台，浙江省众多独立学院的校区面积达不到政策要求，母体高校所处一般是区域中心城市，无法在原校区附近找到合适的场地，因此采取迁建规范便成为许多独立学院的唯一选择。

在这个时期,由于外迁独立学院原来基本都是以母体的一个二级学院的形式存在,在人事、财务、教学管理等方面都完全依赖于母体。对于外迁独立学院而言,首先面临的是新校区建设的土地、资金问题;其次是如何在法律上脱离母体的基础上,在实际异地办学中能够独立运行。

因此,在这一时期的协同,是在独立学院自身缺乏资源和能力与人事、财务等各种权利的情况下,依附于母体高校和地方政府背景下的协同。这一时期,主要是母体高校和地方政府作为主体主导下,围绕如何帮助支持独立学院实现顺利迁建和办学的单向服务的协同模式。具体而言,母体高校的协同角色和职能主要表现在两方面:①为独立学院迁建选址和落实迁入地政府可以提供的土地、资金以及优惠政策支持等。②为独立学院迁建后独立办学运行做好组织机构、师资等的安排,并明确独立学院迁建办学后的人事、财务权利。在上述两方面的协同中,母体高校都具有主动性和主导性。对迁入地的地方政府而言,除了从合作办学协议上明确对独立学院的支持外,这一时期协同的主要职能是督促完成独立学院新校区基础设施建设工作,以实现独立学院如期迁建新校区办学。这主要由地方政府发挥主导作用。在这一阶段,独立学院虽然从协议形式上已经成了一个新的独立办学主体,但是自身实际仍然以母体的一个二级学院的形式存在,因此它在这一阶段的话语权是很弱的,在协同中,主要充当被服务的对象,它对于母体高校和地方政府都具有很强的依附性。综合上述分析,在独立学院迁建初期的多主体协同主要是围绕独立学院校区建设和迁建后将面临的异地独立办学开展的协同,是以母体高校和地方政府分别主导下的单向服务模式,独立学院在这一过程中具有很强的依附性,还没有作为一个实际主体在协同中发挥作用。

(2)独立学院迁建稳定规范期的多主体协同:多主体参与下双向对接模式。

独立学院迁建稳定规范期,是指独立学院迁建新校区开始到接受教育主管部门的规范验收的这个阶段。这里需要说明的是,为了和协同模式的归纳相对应,将前面划分的扎根稳定期和规范转型期两个时期统称为稳定规范期。在这一阶段,根据独立学院工作重心的差异,又可以细分为两个节点:一是迁建后的教学管理、日常秩序的稳定;二是自身在财务、人事以及办学条件上不断成长和规范,满足教育部"七独立"的规范要求。

在这一时期,随着独立学院作为一个独立办学主体实质上的运作和发展,它与母体高校和地方政府的关系都发生了较为明显的变化,多主体协同关注的焦点、协同的内容、形式也有了很大的区别。

具体而言,从独立学院和母体高校的协同分析,在这一时期,独立学院对母体高校还是具有较大的依赖性,但母体高校对独立学院承担的主要任务,转变为财务和人事等方面的放权,教学和管理方面的监管引导,以帮助独立学院逐步实现真正意义上的独立。因此,双方开始进行师资、人事任命、财务分配、专业建设等方面的对接和传递。反过来,独立学院在这一阶段开始作为独立的实体登上了和地方政府和母体高校协同的舞台发挥作用。在与母体高校的协同中,主要是在管理费等利益分配方面和母体高校双向协同。

从独立学院和地方政府的协同分析,地方政府在迎来了一所全新的大学之后,需要帮助学校尽快地在地方扎根成长,这主要需要地方政府在独立学院师资引进的政策落实、人才培养方面的基地打造协助等方面发挥重要作用,这是地方政府主动对接独立学院迁建后稳定和规范建设需求的协同内容。而反过来,独立学院在得到地方政府多种资源、优惠政策支持后,进入地方办学,也希望能主动融入地方、服务地方发展。因此,独立学院会有意愿去主动和地方政府走访洽谈,了解对方需求,对接相应的资源和提供相应的服务。地方政府在当地有了汇聚智力资源、文化资源和人才资源的地方大学后,也会找到独立学院寻求支持与服务的需求。另外,获取地方相应的资源,为独立学院的人才培养和科研等提供支持,也是双方在增强了解基础上的另一种协同对接方式。

从母体高校和地方政府的协同分析,在这一时期,双方作为两个合作办学主体,主要围绕如何将办学协议中对独立学院的各种责任兑现,以及对独立学院迁建中遇到的困难进行协商,对发展进行规划,在协商讨论过程中,还会有独立学院参与。

总之,在这一时期,独立学院、母体高校以及地方政府,开始了多主体的协同,尤其是独立学院与母体高校以及独立学院与地方政府的协同,都是在基于己方或对方需求基础上进行的优势资源对接,进而达到服务自身或者对方的目的,即对接彼此的需求和对接彼此的资源。因此,这一时期的协同是多主体参与下双向对接模式。

(3)独立学院迁建内涵特色期的多主体协同：全方位互动合作共赢模式。

这一时期，随着独立学院办学条件的不断成熟和发展，自身的师资、教学管理日益规范，财务、人事权利逐步独立，独立学院开始呈现出与母体不一样的办学定位与办学特色，自身的实力也在不断增强。在这一时期，独立学院在多主体协同中发挥着越来越重要和突出的作用。而随着前一阶段多主体的协同，已经建立了合作的渠道和增加了彼此的了解。因此，在这一时期，多主体的协同呈现出一种校校、校地的全方位深度互动合作共赢模式。

具体而言，从独立学院与地方政府的协同分析，在这一时期，双方在经济、技术和文化方面开始全方位合作协同，双方的协同更多的是基于双方各自的优势，联合打造基地、平台，推动双方共同发展，合作开始进入常态化、规范化和战略化为特征的阶段。独立学院和地方政府不但充当了协同的主体，还成为连接母体高校、地方企业的桥梁，形成校政企、校校政企等共同参与的全面合作。

从独立学院与母体高校的协同分析，随着独立学院的进一步发展壮大和母体高校的进一步放权，母体在战略规划等方面仍然对独立学院发挥指导作用，但双方已经开始发展为各自具有显著办学定位差异和不同办学特色的办学主体。因此，双方的协同更多围绕人才培养、学科建设、师资交流、科学研究以及社会服务等方面开展交流合作，形成优势互补，双方向战略合作关系发展。

从母体高校和地方政府的协同分析，双方在这一时期，一方面仍然是合作办学主体，对独立学院发展的战略规划进行探讨；另一方面，双方又通过独立学院的桥梁中介作用，在科研、社会服务方面增强合作。

可见，在这一阶段，多主体的协同向着协同的理想模式发展，开始在真正意义上呈现出协同的本质：共建、共享、共赢。独立学院在这一阶段的地位和作用越来越重要，独立学院、地方政府与企业以及母体高校之间呈现出基于多方面内容的全方位互动深度合作。

```
    选址建设期              稳定规范期              内涵特色期

┌─────────────┐      ┌─────────────┐      ┌─────────────┐
│ 单一主体主导下  │      │ 多主体参与下    │      │ 全方位互动     │
│ 单向服务模式    │ ───→ │ 双向对接模式    │ ───→ │ 合作共赢模式    │
└─────────────┘      └─────────────┘      └─────────────┘
       ↓                    ↓                    ↓
┌─────────────┐      ┌─────────────┐      ┌─────────────┐
│ 1.母体高校对独立  │      │ 1.母体高校对独立学 │      │ 1.独立学院和母体高 │
│ 学院迁建选址和各  │      │ 院在财务和人事上  │      │ 校进行战略引导和优 │
│ 种资源的争取，对 │      │ 放权，在教学管理 │      │ 势互补战略合作    │
│ 独立学院迁建办学  │      │ 上监管引导      │      │ 2.独立学院和地方政 │
│ 运行提供支持和帮  │ ━━▶ │ 2.地方政府对独立学 │ ━━▶ │ 府基于各自的优势资 │
│ 助          │      │ 院在资金、师资优 │      │ 源，开始共建平台，常 │
│ 2.地方政府对独立  │      │ 惠政策上落实；在 │      │ 态化发展，互利共赢  │
│ 学院提供校区建设  │      │ 人才培养上提供帮  │      │ 3.母体高校和地方政 │
│ 的土地、资金和师 │      │ 助；也主动寻求独 │      │ 府即使合作办学主体， │
│ 资等方面的优惠政  │      │ 立学院智力等方面  │      │ 也通过独立学院开展  │
│ 策          │      │ 的支持        │      │ 多方面的合作     │
│ 3.独立学院对母体  │      │ 3.独立学院主动对接 │      │            │
│ 高校和地方政府高  │      │ 地方需求并提供服  │      │            │
│ 度依附       │      │ 务，也积极利用地 │      │            │
│            │      │ 方资源为己所用   │      │            │
└─────────────┘      └─────────────┘      └─────────────┘
```

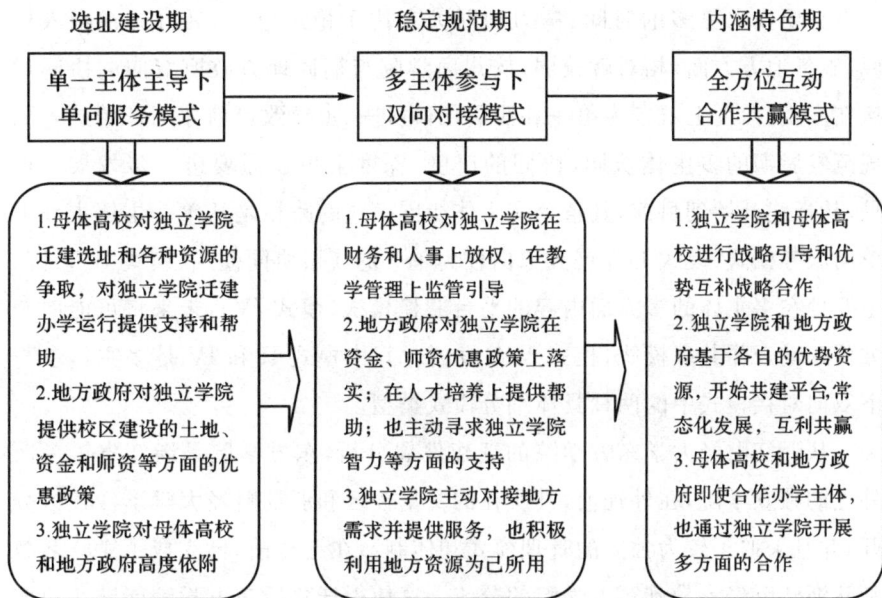

图 6-3　独立学院迁建发展不同阶段的多主体协同模式演进图

　　独立学院迁建发展不同阶段的多主体协同模式，从整体而言可以划分为三个阶段：选址迁建期、稳定融入期和规范发展期，三个阶段对应的多主体协同模式分别是单一主体主导下单项服务模式、多主体参与下双向对接模式以及全方位互动合作共赢模式。

6.5.2.2　独立学院迁建发展的多主体协同模式演进比较

　　从浙江省 4 所外迁独立学院的实际情况看，由于迁建前独立学院自身的基础、与母体高校的关系以及迁入地地方政府发挥的作用等形成的较大差异，导致它们在不同阶段的多主体协同路径上也具有显著区别。

　　从浙江工商大学杭州商学院的迁建发展分析，在选址迁建期，母体工商大学在选址和与桐庐地方政府谈判为杭州商学院提供土地、资金以及优惠政策方面发挥着主导作用，但由于桐庐地方政府提供的资金支持不能完全解决新校区建设所需资金，这让杭州商学院在迁建初期背负了较大的债务；同时，在迁建前，杭州商学院的财务、人事以及教学管理完全依托于工商大学，这使得迁建后面临着较长时期的稳定过渡期，再加上杭州商学院的迁建模式是校区边建设边办学，整个校区基础设施建设直到 2017 年才完成，学生也是每年一届的迁入,这使得杭州商学院在稳定融入期历时更长,而且由于自身要投入更多的时间、精力和财力专注于稳定过渡。因此,在融入桐庐、服务地方方面,相对就较弱,杭州商学院与桐庐地方政府双向的协同对接在广度、深度上就较为单一和浅层化,也进一步导致目前才刚开始进入到规范发展期的多主体协同,协同的广度、深度上也还需要进一步发展。可见,从迁建开始到目前,其整个多主体协同模式的路径是从单一主体主导下单向服务模式(模式 I)发展到双向较为单一的浅层协同模式(模式 II),目前主要处在多主体的多方面内容的平台共建模式(模式 IV),未来将可能向全方位互动合作共赢模式(模式 VII)发展。其中模式 II 和 IV 是多主体参与下双向对接模式中的两种具体细分模式类型。

从浙江财经大学东方学院的迁建发展分析,东方学院是浙江省第一所外迁的独立学院,在外迁前,其所在的文华校区和浙江财经大学下沙校区分开,并且采取了较为独立的管理模式和体制。在迁建前,已完成了 190 名教师从浙江财经大学到东方学院的分流。这使得迁建后东方学院能够快速实现稳定,也有一定的精力和实力对接和服务于地方。海宁政府也对学校发展提供了多方面的支持和协助。因此,在迁建稳定融合期,多主体的协同呈现出多主体参与下的双向需求对接合作模式,即一方面对接各自的需求,呈提供服务的短期项目式协同;另一方面,搭建合作平台利用各方的优势资源,呈常态化、长期化的战略协同。目前,独立学院、地方政府、地方企业以及母体高校开展的合作不断增多,合作的广度和深度不断加强,形式更加多样,已经发展到全方位互动合作共赢模式(模式 VII)阶段。

从浙江农林大学暨阳学院的迁建发展分析,在签订合作办学协议前,暨阳学院已经开始了剥离规范工作近 3 年了,和母体在校址、师资和教学管理等方面形成了相对独立的关系,而根据合作办学协议,采取的是交钥匙工程,诸暨市政府承担了暨阳学院新校区设施建设的所有费用;同时,暨阳学院采取的是整体一次性搬迁的迁建模式,而且,母体高校在暨阳学院迁建前,就进行了师资分流。因此,这使得暨阳学院迁建后的基本办学条件相对较好,能全身心集中于迁建后的教学管理工作。同时暨阳学院也有较好的师资条件和意愿主动融入和对接地方需求,地方政府也对应地对独立学院给予了更多人才培养和发展的支持。因此,在迁建稳定融入期,暨阳学院与诸暨市政府协同的程度更高,采取的协同模式是双向单一文化内容的深度协同(模式 III),而后双方进一步在技术创新、人才培养、培训等多方面开展协同,采取的协同是双向多内容的较深入合作模式(模式 IV),这两种模式是多主体参与下双向对接模式中的两种具体细分模式类型。目前,多主体的协同已经发展到全方位互动合作共赢模式(模式 VII)阶段。

从浙江工业大学之江学院的发展分析,在迁建前,之江学院便开始在六和塔办学,和浙江工业大学朝晖校区有了较远的地理距离;之江学院自身的师资、管理等相对而言对浙江工业大学不是完全的依附关系,而是已经相对的独立。迁建的联合投资方柯桥政府则提供了较大的校区建设资金支持和各种优惠政策,这又减少了其异地迁建办学的经济压力,但之江学院的迁建模式也属于边建设边办学模式,校区建设陆续花了两年多时间,而学生则和杭州商学院一样采取每年一届的迁入,这在一定程度上分散了学院的办学精力。所以,在学院迁建后的稳定融合期,多主体的协同模式,首先是之江学院领导层从观念上主动考虑并实施的对接地方政府需求的多内容、较浅层次对接模式(模式 V);然后是之江学院和柯桥政府之间相互的双向多内容、较浅层次的对接协同模式(模式 VI),这两种模式也都属于多主体参与下双向对接模式。而在这一阶段后,目前,和暨阳学院一样,多主体的协同已经发展到全方位互动合作共赢模式(模式 VII)阶段。

从上述 4 所独立学院实际迁建发展过程中不同阶段的多主体协同模式及演进分析可见:

①由于不同独立学院迁建前和母体高校的关系不同,自身在师资、教学管理以及实力上形成了较大差异;同时,地方政府在对独立学院迁建校区的建设和发展的重视程度和提供的支持力度不同,使独立学院自身迁建后的实力、面临的工作任务具有较大差别,因而导致多主体协同模式、协同演进所处阶段和协同的水平都具有较大差异。

②多主体的协同模式和独立学院发展所处不同阶段之间具有动态匹配关系,独立学院迁建发展所处不同阶段,各自主体间关系不同,自身实力和重要的工作任务不同,相互的熟悉了解程度以及建立的合作基础也不同,这使得需要与之匹配的协同模式也具有重大差异。

③协同各方拥有的资源、能力和相互匹配度也会对协同产生重要影响。独立学院迁入早期得到母体和地方政府的支持越多,自身迁建过渡期的稳定工作压力就越小,就越有可能有更多时间和能力去主动服务对接地方需

求,尽快地融入地方和得到地方的认可,这样后期和地方的合作就越顺畅。

6.5.3 本章小结与启示

6.5.3.1 主要结论

(1)独立学院迁建发展可划分为选址建设期、稳定融合期、规范转型期和内涵特色期四个阶段。通过浙江省 4 所独立学院迁建发展不同阶段的多案例研究,从独立学院、母体学校及迁入地政府三大主体之间基于不同协调内容、协调方式与关系变化,建立多主体协同发展机制。独立学院四个发展阶段相应的协同机制分别是基于协议规范的基础投资型依附式协同、基于项目监管的权利责任型服务式协同、基于基地平台的资源共享型合作式协同和基于互动创新的全面发展型伙伴式协同。

(2)从协同主体、协同内容、协同程度三个维度出发,可以得到独立学院迁建发展与母体高校、地方政府的多主体协同模式。多主体的协同模式和独立学院发展所处不同阶段之间具有动态匹配关系。其中选址迁建期、稳定规范期(稳定融合与规范转型期)和内涵特色期三个阶段,分别对应的多主体协同模式分别是单一主体主导下单项服务模式、多主体参与下双向对接模式以及全方位互动合作共赢模式。

(3)独立学院迁建发展过程,由于协同内容、协同主体以及协同程度都在不断变化,多主体协同演进轨迹呈现出协同主体由单一向多元,协同内容由常规教学到战略合作,协同方向由单向逐步向双多向,协同程度由低级向高级,协同目标从单方服务到多方共赢的特征。

(4)由于不同独立学院迁建前和母体高校的关系不同,自身在师资、教学管理以及实力上形成了较大差异;同时,地方政府对独立学院迁建校区的建设、发展的重视程度和提供的支持力度不同,使独立学院自身迁建后的实力、面临的工作任务具有较大差别,因而导致多主体协同模式、协同演进所处阶段和协同的水平都具有较大差异。

(5)从独立学院和地方政府的协同发展分析,在双方合作初期,各自的主要诉求点有较大差异,具有对接对方资源和需求的单方面服务性质,但这一过程有助于加强双方的了解和建立合作基础,发展双方关系,为后续高层次的合作打下基础。可见,校地协同,需要各方主体明确理念,主动规划,积极对接,围绕需求,形成契合点并最终发展到资源共享、优势互补、互利共赢局面。

6.5.3.2 管理启示

(1)独立学院迁建发展所处不同阶段,各自主体间关系不同,自身实力和主要的工作任务不同,相互的熟悉了解程度以及建立的合作基础也不同,这使得需要与之匹配的协同模式也具有重大差异。

(2)协同各方具有的资源、能力和相互匹配度也会对协同产生重要影响。独立学院迁入早期得到母体和地方政府的支持越多,自身迁建过渡期的稳定工作压力就越小,就越有可能有更多时间和能力去主动服务对接地方需求,尽快地融入地方和得到地方的认可,这样后期和地方的合作就越顺畅。

(3)对于不同独立学院的迁建发展而言,虽然都有一个不同阶段较为理想化的协同模式或者协同趋势,但由于每个独立学院和母体高校以及地方政府之间的关系都是独特的,在具体实施不同阶段协同时,有着各不一样的协同路径,都有可能会带来比较好的协同效果。因此,没有必要也没有可能采取整齐划一的协同模式,也不存在最优的单一的协同路径。

(本章节主要内容已发表在《教育学术月刊》2019 年第 3 期。文章题目是《独立学院迁建发展的多主体协同及其演进——基于"浙江现象"的多案例研究》。)

结论、政策建议与管理启示

第 7 章

7.1　研究结论

综合本文上述各章节的研究,得到如下主要结论:

1.独立学院异地迁建办学的"浙江模式",从根本原因出发:一方面,独立学院办学发展的现实需要与理性选择。另一方面,则来自迁入地政府的政治考量与现实考量,双方具有共同的契合点,从而使迁建模式成为浙江省独立学院实现教育部"七独立"的典型模式选择。

2.独立学院迁建与地方发展相互之间具有相互依赖、相辅相成的紧密关系。从对浙江省内 4 所迁建规范独立学院对地方发展的作用分析,它们都通过自身具有的专业设置、人才培养定位、师资力量、科研特色和文化等资源优势,积极融入和对接地方政府与企业需求,通过打造培训基地、举办高峰论坛、开展咨询规划、建立产学研平台、构建校外实训基地以及文化演出宣传等六个方式与途径,发挥人才培养、地方智库、技术研发、知识培训交流、文化传播等作用,推动地方的经济发展、技术进步和精神文明建设。从浙江省 4 所迁建规范的独立学院发展中地方政府和企业的作用分析,地方政府通过自身在国有土地所有权、资金和政策制定及人才设施方面的优势,在迁建独立学院在新校区建设、师资队伍稳定和人才引进、科研以及人才培养等独立学院发展过程中面临的各种重大问题上发挥了重要作用。具体的方式/途径包括:(1)提供土地、建设资金;(2)建设教师住宅,制定教师落户和子女教育政策;(3)提供科研配套经费;(4)联合建立产学研中心;(5)联合打造或牵线建立教学实践基地。从地方企业的作用分析,它们通过自身具有的强大应用型科研和实践人才、实践场所和设备等优势和人才需求,对迁建独立学院的科研提升,协同育人,打造符合地方需求的应用型人才具有重要作用。具体的方式/途径包括:(1)共建教学实践基地;(2)订单培养;(3)共建研究中心。

3.独立学院迁建发展过程与地方政府以及母体高校之间存在着多方面的互动,其实质是通过各种要素的流动来实现资源的合理配置和优化组合。在独立学院与母体高校的互动中,主要围绕独立学院迁建、独立学院整体发展、教学管理、师资、科研等方面进行;而独立学院与地方的"校地互动"具体包括了独立学院与地方政府和独立学院与地方企业的互动。其中,从浙江省4所独立学院迁建实践分析看，4所独立学院与地方政府的互动主要围绕迁建发展、人才培养、人才共享、科研合作和文化建设等五个方面进行，从互动形式分析，既有单向的技术支持与智力服务，也有双向的共建基地等形式。

4.独立学院的迁建，可以划分为选址建设期、稳定融合期、规范转型期和内涵特色期四个阶段，独立学院发展所处的不同阶段与多主体协同机制与模式之间具有对应匹配关系。独立学院四个发展阶段相应的协同机制分别是基于协议规范的基础投资型依附式协同、基于项目监管的权利责任型服务式协同、基于基地平台的资源共享型合作式协同和基于互动创新的全面发展型伙伴式协同。选址迁建期、稳定融合期、规范转型期和内涵特色期四个阶段，分别对应的多主体协同模式分别是单一主体主导下单项服务模式、多主体参与下双向对接模式以及全方位互动合作共赢模式。

5.独立学院迁建发展的多主体协同，从实质上分析，是通过协调、协作促协同，通过共建共享达共赢。独立学院迁建的协同发展过程，是独立学院从最初的完全依附，到部分独立，再到完全独立的不断演变过程。独立学院在迁建前主要依托于母体的多种资源，到脱离母体异地迁建发展，更多依赖当地政府提供的资源转变，到后期自身更为主动积极寻求转型和发展，开始逐步在地方发展以及和母体高校合作中进行反哺的过程。在整个过程中，母体高校和地方政府能否在独立学院迁建前期很好地理顺相互的关系，提供各种有利于独立学院发展的支持，对于后期独立学院的发展具有非常重要的意义。

6.独立学院迁建的早期阶段，当地政府和母体学校更多的是以单向的扶持、帮助为主。此后，地方政府角色从资源投放型（短期刺激）转变为长期的协同和帮助支持学校可持续发展。母体高校也从师资分流、教学常规监管转变为人事、财务上放权，转而进行战略发展上的指导和引导，可见在独立学院迁建过程中，多主体间的关系、协同内容以及协同方式都与独立学院所处的阶段主要工作目标之间需要实现动态匹配。

7.从独立学院迁建发展过程的多主体协同过程及结果分析：各主体间的合作意愿和主动性越强，合作的实际开展就越顺利，效果也会越好；合作的各主体间对对方了解得越多，合作开展的可能性和效果就越好。

7.2　政策建议

1. 对于主管独立学院的教育行政管理部门的政策制定而言,一方面明确独立学院必须走向独立这个根本原则与底线;另一方面,在独立学院迁建初期,应当促使母体高校为推动独立学院成长牺牲或者放弃一部分利益,规定在独立学院发展到后期,再给予母体高校一定的回报,这会让母体高校更有积极性去放手和推动独立学院的独立建设进程。

2. 教育行政管理部门需要在独立学院发展不同阶段发挥多主体协同的外部参与者和管理者作用。具体而言,其职能应当从独立学院萌芽时的"宽"(宽松),明确规定独立学院走向独立的"管"(管控),再发展为独立学院规范设置和内涵建设中的"导"(引导、指导)和"服"(服务)。在独立学院迁建和规范期,明确独立学院必须走向独立的根本原则与底线,对独立学院的规范建设进行指导,并兑现独立后的各种政策承诺,为独立学院发展提供良好平台。

3. 对于独立学院迁入地的地方政府而言,应该形成对独立学院发展过程和高等教育发展规律的正确认识,避免在引入独立学院时急功近利,急于希望独立学院在地方发展中能发挥重要作用。地方政府应在独立学院迁建初期给予更多的支持和帮助,为独立学院提供宽松和良好的发展环境,这样才能有助于独立学院健康成长,从而能更好地反哺地方建设。

7.3　管理启示

1. 校校、校企、校地的协同发展,必须朝基于优势互补、资源共享、互利互惠为基础的方向发展,才能使合作各方有合作的意愿和合作的可能。对于学校而言,其优势在于智力、人才培养、技术能力和文化阵地;对于政府而言,其优势在于资金、优惠政策和承担校企合作的中介与桥梁;对于企业而言,其优势则在于具有实践经验的员工、实训场所以及技术实力。各方基于自身优势,围绕人才培养、产学研创新、文化建设等具有共同合作需求的内容,搭建合作平台,构建长效、常态化的合作,才能更好地实现多方共赢。

2. 从独立学院和地方政府的协同发展分析,学校与迁入地具有的"地缘"关系或学校与地方政府官员的良好社会关系,对于双方在选址和后续合作沟通、交流中具有重要作用。同时在双方合作初期,各自的主要诉求点有较大差异,具有对接对方资源和需求的单方面服务性质,但这一过程有助于加强双方的互相了解和建立合作基础,发展双方关系,为后续高层次的合作打下基础。可见,校地协同,需要各方主体明确理念,主动规划,积极对接,围绕需求,形成契合点并最终发展到资源共享、优势互补、互利共赢局面。

3. 迁建学校在选择迁入地时,要考虑自身已有优势专业设置、人才优势等能否和地方的特色产业发展和人才需求相匹配,不仅仅考虑到对方提供的土地、资金和其他优惠政策支持,因为从长远看,如果这些方面不匹配,双方的合作和对彼此发展的促进都很难进行。

4. 从独立学院和母体高校的关系发展分析,两者最初从类似"家长-新生孩子"之间的母子依附关系,发展为"家长-未成年独立孩子"之间的委托监护关系,再到独立学院发展后期,两者开始朝"家长-成年独立孩子"之间的平等协作共赢型关系转变。因此,母体高校在独立学院发展不同阶段,扮演好"家长"的角色十分重要。上级教育主管部门应适当介入独立学院和母体高校,帮助其理顺权利义务关系,从而更快地实现独立学院的真正独立。

附录　访谈提纲

（一）针对独立学院的访谈问题

1. 本校迁建的基本情况介绍。

2. 独立学院在迁建和发展中面临哪些大的障碍和问题？在这一过程中的不同阶段（迁建前、迁入后），母体学校、当地政府分别提供了哪些支持措施？（采取什么方式合作、协调与沟通的）

3. 独立学院在迁入前和迁入后不同阶段所面临的重点工作是什么？当地政府和母体学校在其中分别发挥了怎样的作用？

4. 独立学院在迁建之前和母体学校的关系是怎样的？在迁建和发展过程中，与母体学校的关系发生了哪些明显变化？两者是如何协调相互之间的关系和利益的？采取的主要方式和方法是什么？效果如何？后续支持独立学院发展，可以在哪些方面继续加强合作？

5. 独立学院迁建过程中，政府介入后，对独立学院的发展与人才培养等带来了哪些影响？在这一过程中和当地政府之间是如何协调关系的？这一过程是谁作为主导方？协调的内容包括哪些方面？采取的主要方式是什么？取得了什么结果？存在哪些问题？迁入前和迁入后有哪些明显的区别？

6. 独立学院迁入当地后，对当地发展带来了哪些影响？独立学院未来如何更好地融入和服务当地的经济建设？在这一过程中，在哪些方面可以进一步加强与当地政府沟通合作或者希望当地政府提供支持和帮助？

7. 未来独立学院发展，与母体高校和当地政府之间的关系发展你期望的理想模式是什么？哪些方面还需要进一步提高和完善？

（二）针对母体学校的访谈问题

1. 在考虑独立学院迁建地选择时，主要考虑的因素有哪些？为什么？

2. 独立学院在迁建过程中，需要母体高校"扶上马、送一程"，母体学校是如何扶和送的？采取的主要方式方法是什么？

3. 在后期迁入地发展方面，独立学院缺乏了母体的诸多依附后，母体学校又采取了哪些政策和措施来改变对独立学院的支持的？

4.独立学院和母体在迁建前是什么样的关系？在独立学院迁建后，母体是如何看待和处理与独立学院的关系和协调相互利益的？管控机制、利益分配机制等发生了哪些变化？双方在哪些方面存在着不一致？从独立学院长远发展而言，双方之间的关系处理还存在哪些障碍？

5.在独立学院迁建前和后期迁入发展过程中，当地政府、母体学校和独立学院三者关系利益协调方面，主导的主体分别是谁？与当地政府之间主要协商的重点是什么？主要通过什么方式来进行？

6.独立学院真正独立后，是否会影响到母体学校的经济利益及教育资源？是否担心独立学院发展不好对母体声誉造成负面影响？

7.独立学院后期发展，母体的作用是不是会进一步淡化？双方未来可以在哪些方面合作？

(三)针对当地政府的访谈问题

1.当地政府引入独立学院的初衷和目的主要是什么？为支持独立学院发展，分别提供了哪些优惠措施？

2.在独立学院筹建和发展过程中，主要有哪些重要的问题涉及当地政府？当地政府和独立学院的母体以及独立学院是如何协调的？结果如何？

3.独立学院迁入后，对当地带来了哪些积极影响？今后独立学院还可以进一步在哪些方面发挥更大作用？

参考文献

[1] 许志娥.独立学院的产生和发展[J].现代企业教育,2008(10):197
    —198.

[2] 张国华."国有民办二级学院"办学体制质疑[J].教育发展研究,2002
    (3):16—19.

[3] 祁正新,赵飞,万卫华.公有民办二级学院办学新理念初探[J].江苏高
    教,2004(5):54—55.

[4] 王建华,邬大光.对国有民营二级学院的若干思考[J].教育发展研究,
    2000(9):23—26.

[5] 李功林."名校+政府"型独立学院发展战略研究[D].成都:电子科技大
    学,2009.

[6] 王丹.独立学院"独立"的困境与对策研究[D].南昌:江西师范大
    学,2015.

[7] 周金其.基于共生理论的高校独立学院演变研究[D].杭州:浙江大
    学,2007.

[8] 王建华.我国独立学院制度:问题与转型[J].教育研究,2007(7):46
    —49.

[9] 林修风.独立学院合法性合理性的质疑[J].高教探索,2009(1):18
    —22.

[10] 胡伟华.独立学院可持续发展对策研究[D].合肥:安徽大学,2007.

[11] 翟秀芹.独立学院与其举办高校间关系研究[D].南京:南京师范大
    学,2007.

[12] 刘镇秀.利益相关者视角下的独立学院治理结构研究[D].青岛:青岛
    大学,2009.

[13] 许为民,林伟连,楼锡锦.独立学院的发展与运行研究[M].杭州:浙江
    大学出版社,2008.

[14] 阙明坤.我国独立学院转设区域分布现象、归因及对策[J].教育发展

研究,2015(7):11—17.

[15] 王娜.母体独办型独立学院办学体制转型研究[D].厦门:厦门大学,2011.

[16] 王建华,乌大光.对国有民营二级学院的若干思考[J].教育发展研究,2000(9):23—26.

[17] 安云初等.依托与依赖:独立学院与母体高校关系思辨[J].中国高教研究,2006(5):42—44.

[18] 赵红.从"依附"到"合作":独立学院与母体高校关系新选择——来自联邦制大学的经验[J].中国高教研究,2013(11):85—89.

[19] 方路.我国独立学院发展历程回顾及未来展望[J].科教文汇旬刊,2009(25):6—7.

[20] 郑晨梓.多中心治理视域下的独立学院管理模式研究[D].南京:东南大学,2015.

[21] 肖静,甘安德.准确定性促进独立学院健康发展[J].教育发展研究,2006(6):40—42.

[22] 闻曙明,王剑敏,董召勤.独立学院发展新探[J].现代教育管理,2006(4):15—18.

[23] 雷蕾.独立学院转型发展对策研究[D].荆州:长江大学,2014.

[24] 张会敏.独立学院的发展道路探索——基于资源依赖的理论视角[D].武汉:华中科技大学,2008.

[25] 王爱琦."浙江模式"独立学院的优势、困境与出路[J].中国高教研究,2012(2):82—85.

[26] 向永胜.传统大学向应用技术大学的转型与建设研究:基于商业模式创新视角[J].现代教育管理,2016(7):40—45.

[27] 刘彦军.地方本科高校转型发展模式研究[J].中国高教研究,2015(10):82—86.

[28] 张大良.把握"学校主体、地方主责"工作定位积极引导部分地方本科高校转型发展[J].中国高等教育,2015(10):23—32.

[29] 阙明坤.独立学院"迁址办学"现象研究——基于江苏、浙江两省的实证调查[J].教育发展研究,2016(13—14):9—15.

[30] 赵映川.试析独立学院与母体高校的关系[J].湖北社会科学,2005

(11):142—144.

[31] 倪超美.异地迁建独立学院可持续发展的生态学思考[J].浙江工业大学学报,2014,13(1):41—44.

[32] Solow,R. M. A Contribution to the Theory of Economics Growth [J]. Quarterly Journal of Economics,1957 (2):1—20.

[33] Schultz,T. W. The Economic Value of Education[M]. New York: Columbia University Press,1963.

[34] Romer,P. M. Endogenous Growth and Technical Change[J]. Journal of Political Economy,1990(98):71—102.

[35] 熊波.机会均等视角下的高等教育成本分担机制研究[M].武汉:华中师范大学出版社,2010.

[36] Caffry,J.,Isaacs,H. H. Estimating the Impacts of a College or University on the Local Economy[R]. Washington,DC:American Council on Education,1971.

[37] Bluestone,B. An Economic Impact Analysis[D]. Boston:The University of Massachusetts,1993.

[38] Batterbury,S.,Hill,S. Assessing the Impact of Higher Education on Regional Development:Using a Realist Approach for Policy Enhancement[J]. Higher Education Management and Policy,2004. 16(3):35—52.

[39] 厉以宁.教育经济学[M]. 北京:北京出版社,2002.

[40] 罗国荣,罗秀. 校地合作 实现高校与地方经济社会的互动双赢[J]. 乐山师范学院学报,2006,21(11):1—6.

[41] 杨帆.试论高等教育对地方经济发展的作用[J].肇庆学院学报,2002 (6):68—70.

[42] 于凯生.地方高校对地方经济和社会发展的作用[J].鸡西大学学报, 2002,2(4):1—2.

[43] 刘健,李忠红,梁红. 论高等教育与区域经济发展的关系[J]. 教育与经济,1999(4):20—21.

[44] 陈国民.高等教育与区域经济发展的相关性分析[J].中国科技信息, 2007(20):291—294.

[45] 范明. 正确处理区域经济发展与高等教育的关系[J]. 现代经济探讨, 2003 (5)：19－21.

[46] 郜学群. 试论高校在区域经济发展中的作用[J]. 教育探索, 2014 (11)：12－14.

[47] 王琳玮. 民办高校服务区域经济社会发展的实践与思考——以黄河科技学院为例[J]. 科技创业月刊, 2013(12)：144－145.

[48] 杨清红, 李国年. 广东独立学院服务地方经济社会发展策略探析[J]. 黑龙江高教研究, 2011 (9)：11－13.

[49] 姜帅. 谈独立学院如何更好地为地方经济社会发展服务[J]. 科技信息, 2011 (27)：197－198.

[50] 李光勤. 基于区域经济导向的独立学院发展策略研究[J]. 科技创业月刊, 2012(10)：114－115.

[51] 贾小鹏. 独立学院服务区域经济的三级目标体系构建[J]. 宁波经济（三江论坛）, 2008(11)：18－20.

[52] 赵一强. 区域经济与高等教育发展的和谐把握[J]. 黑河学刊, 2011 (12)：166－167.

[53] 杜苏, 徐丽. 独立学院省内招生的地区差异及对策研究——以江苏科技大学南徐学院招生情况为例[J]. 江苏科技大学学报(社会科学版), 2011(11)：93－97.

[54] 张洪, 周敏. 苏北地区高校人才稳定影响因素的调查分析[J]. 黑龙江高教研究, 2007(2)：157－159.

[55] 陈伟鹏, 理阳阳. 发达地区民办高校服务地方文化产业经济的优势及挑战[J]. 湖南工业职业技术学院学报, 2012,12(3)：22－24.

[56] 李光勤, 杨刚. 独立学院人才培养与区域经济互动研究——以浙江省为例[J]. 中国电力教育, 2012(26)：32－34.

[57] 赵秉真, 张伟, 雷骥. 服务区域经济是独立学院实现充分就业的突破口[J]. 边疆经济与文化, 2011(5)：99－100.

[58] 陈雷. 区域经济与地方高校建设的耦合效应[J]. 长春工程学院学报, 2012,13(2)：20－23.

[59] 匡维. "三螺旋"理论下的高等职业技术教育校企合作[J]. 高教探索, 2010(1)：115－119.

[60] 周春彦,亨利·埃茨科威兹.三螺旋创新模式的理论探讨[J].东北大学学报(社会科学版),2008,10(4):300-304.

[61] 蒋晓霞.地方高校区域性协同创新现状及策略研究[D].桂林:广西师范大学,2011.

[62] 李刚,周加来.共生理论视角下的区域合作研究——以成渝综合试验区为例[J].兰州商学院学报,2008,24(3):39-45.

[63] 丁小琴.利益相关者视角下独立学院转设问题研究[D].成都:四川师范大学,2013.

[64] 王世权,牛建波.利益相关者参与公司治理的途径研究——基于扎根理论的雷士公司控制权之争的案例分析[J].科研管理,2009,30(4):105-114.

[65] H.哈肯.协同学引论[M].北京:原子能出版社,1984.

[66] 李祖超,梁春晓.协同创新运行机制探析——基于高校创新主体的视角[J].中国高教研究,2012(7):81-84.

[67] 黄敏.基于协同创新的大学学科创新生态系统模型构建的研究[D].重庆:第三军医大学,2011.

[68] 曾鸿鹄,张学洪,林华.解读"协同创新":地方高校与区域社会互动发展战略研究——以桂林理工大学为例[J].高教论坛,2012(7):17-19.

[69] 饶燕婷."产学研"协同创新的内涵、要求与政策构想[J].高教探索,2012(4):29-32.

[70] 石贵舟.高校产学研协同创新的涵义、作用及机制构建[J].现代教育管理,2015(11):50-54.

[71] 吴琨,殷梦丹,赵顺龙.协同创新组织模式与运行机制的国内外研究综述[J].工业技术经济,2016(4):9-16.

[72] 李焱焱,等.产学研合作模式分类及其选择思路[J].科技进步与对策,2004,21(10):98-99.

[73] 鲁若愚,张鹏,张红琪.产学研合作创新模式研究——基于广东省部合作创新实践的研究[J].科学学研究,2012,30(2):186-193.

[74] 王章豹,韩依洲,洪天求.产学研协同创新组织模式及其优劣势分析[J].科技进步与对策,2015(2):24-29.

[75] 石贵舟.产学研协同创新驱动下的高校内涵发展研究[J].学术论坛,2016(3):150－154.

[76] 易振龙.独立学院与母体高校关系研究——对独立学院出路的思考[J].成都师范学院学报,2013,29(11):6－9.

[77] 徐军伟.独立学院"浙江模式"的探索与思考[J].中国高教研究,2010(8):77－78.

[78] 阙明坤.我国独立学院转设现状分析及对策研究[J].教育研究,2016(3):64－71.

[79] 王晓晖.基于独立取向的独立学院基本制度研究[D].南京:南京师范大学,2011.

[80] 费坚.当前我国独立学院"独立"的困境研究[J].高教探索,2008(1):99－103.

[81] 胡飞帆.促进独立学院发展的政策研究——以湖北省独立学院为例[D].武汉:华中师范大学,2012.

[82] 张小兰.独立学院可持续发展研究[D].北京:中国地质大学,2006.

[83] 徐钧.独立学院与其母体高校合作模式的再认识[J].教育发展研究,2007(7－8):57－61.

[84] 张莉莉,张文敏.国外高校与地方经济发展互动模式的启示与借鉴[J].高教探索,2005(6):27－29.

[85] 陈勇强.地方高校与区域经济互动发展模式探析[J].长江师范学院学报,2013,29(2):94－97.

[86] 于红波,司现鹏.地方高校与区域经济社会发展互动模式探究——基于对山东省12所地方高校的案例研究[J].青岛农业大学学报,2014,26(3):53－56.

[87] 谢鹏,邹树梁.地方高校与区域经济发展的良性互动探析[J].南华大学学报,2010,11(3):32－34.

[88] 吕京.地方高校与地方经济共生发展研究[J].特区经济,2008(4):138－140.

[89] 顾永安.校地互动:地方高校科学发展的新思路[J].高等教育研究,2011(2):50－55.

[90] 何根海,张勇.校地合作共建视野中政府与高校的角色定位研究[J].

中国高教研究,2009(9):62—64.

[91] 刘勇.地方高校与地方经济的互动发展[J].新余高专学报,2006,11(5):39—41.

[92] 孔凡柱,赵莉.高校与地方经济协同发展策略研究[J].商场现代化,2015(22):240—241.

[93] 吴淑娟.地方高校与地方经济社会互动发展的障碍与对策研究[J].长江大学学报,2008,31(4):121—125.

[94] 刘星.地方高校与区域协同发展的路径与保障[J].邢台学院学报,2015,30(1):147—148.

[95] 冯叶成,刘嘉,张虎.政府—高校—企业协同的产学研合作模式探索与实践——以清华大学与淮安市产学研合作为例[J].科技进步与对策,2012,29(22):67—70.

[96] 张德化,国海.地方应用型本科院校服务区域经济能力提升路径探究——以安徽科技学院为例[J].安徽科技学院学报,2015,29(5):75—79.

[97] 杨敏.地方高校服务地方经济社会发展的路径探索[J].福建论坛,2011(6):82—84.

[98] 刘松平,刘国平,周艳荣.基于共生理论的区域经济与地方高校互动发展研究[J].当代教育论坛,2008(5):34—35.

[99] 李晓钟,俞晓诺,唐建荣.经管类创新创业人才协同培养模式探索[J].中国校外教育,2013(7):46—46.

[100] 杨荣翰.构建地方经济社会发展与区域高校互动双赢模式研究[J].广西青年干部学院学报,2013(2):76—78,83.

[101] 陈毕晟,张琪.依托高校学科优势服务地方经济[J].浙江理工大学学报,2008,25(4):493—496.

[102] 张玲玲.独立学院与区域经济互动发展研究——以温州为例[J].青海社会科学,2007(2):5—9.

[103] 杨会良,宋跃男.河北省高校与区域经济社会协同发展的实证分析与对策[J].河北大学成人教育学院学报,2015,17(2):101—106.

[104] 彭华安.独立学院:创生背景、演进态势与政策议题[J].教育理论与实践,2015,35(15):3—6.

[105] 路正南,周西安,孙国.新形势下独立学院的发展历程及路径分析

[J].教育与职业,2012(33):26－28.

[106] 蔡小忠.浙江国有民办二级学院与母体之关系初探[J].杭州师范学院学报(自然科学版),2004(6):528－530.

[107] 陈学飞等.独立学院地方性发展实践的政策启示——基于浙江省独立学院的实地调查[J].复旦教育论坛,2011,9(1):56－60.

[108] 周国平,周光迅.浙江省独立学院发展的动因、历程与基本经验[J].教育发展研究,2009(22):35－40.

[109] 霍金仙.基于地方经济持续发展的政府与高校互动关系[J].山西大同大学学报(社会科学版),2008,22(3):55－58.

[110] 刘光胜.独立学院与区域互动发展的运行机制研究[D].武汉:中南民族大学,2006.

[111] 孟令秋.地方高校与区域经济互动发展的体制下障碍分析——以河北省为例[J].教育探索,2009(10):29－30.

[112] 许霆."校地互动"战略:背景分析、实施内容与机制保障[J].江苏高教,2011(6):41－43.

[113] 陈卫东,李晓晓.产学研协同创新互动模式分析[J].天津大学学报(社会科学版),2016,18(1):1－5.

[114] 范旭,方一兵.区域创新系统中高校与政府和企业互动的五种典型模式[J].中国科技论坛,2004(1):66－70.

[115] 朱士中.地方本科高校"校地互动"应走战略发展之路[J].现代教育管理,2011(10):40－43.

[116] 张展,张洪娟.协同创新模式研究综述[J].沈阳大学学报(社会科学版),2015,17(6):751－755.

[117] Eisenhardt, K. M. Building Theories from Case Study Research [J]. Academy of Management Review, 1989,14(4):532－550.

[118] 罗伯特·K·殷,周海涛,李永贤,等.案例研究:设计与方法[M].3版.重庆:重庆大学出版社,2009.

[119] 李平,曹仰锋.案例研究方法:理论与范例——凯瑟琳·埃森哈特论文集[M].北京:北京大学出版社,2012.

[120] 王金安,黄董良,冯睿.创建独立学院办学特色的路径分析——以浙江财经学院东方学院为例[J].中国高教研究,2008(11):51－53.